青蓝文库

青蓝文库

高科技风险决策过程的法律规制

以核电的开发应用为分析对象

杨尚东 著

中国法制出版社
CHINA LEGAL PUBLISHING HOUSE

问渠那得清如许

经过两年多的策划和工作，“青蓝文库”终于面世了。这中间，凝聚了很多人的努力和期待。中国法制出版社邀我写一个总序，考虑到丛书包涉法学各个专业，自己所学狭薄，我一开始有些犹豫。但又想到司马迁所言：“序者，绪也，所以助读者，使易得其端绪也。”参与和见证一段历史，无形中就承载了记录绍介的义务。读者可能希望了解到这套文库的来龙去脉，如果我的序能够有所帮助，那还是义不容辞的。

说来话长。这套文库的大致雏形，最早涌现于 2016 年 3 月某日，中国法制出版社的马颖女士与我在陈明楼办公室的一番叙谈。马颖在法律出版界是资深编辑，那时刚接任编辑六部主任一职，很想为法制社的学术出版再开局面，拓展出一些新气象。而我自己当时手头文债积压，并无新货，于是，我们就聊到其他出版项目，其中就包括，法制社打算资助出版一批优秀博士论文。

如所周知，博士论文凝聚了一个人以学术为业的最初心血，是他走上学术之路的叩门砖，意味着从汲取导向的学生，开始向创新导向的学者蜕变。而且，从学术史经验来看，博士论文中也不乏经受住了时间检验的经典之作。尽管意义与价值如此之大，但是，在当下的出版环境中，博士论文出版却非常之难。一来，是由于纯粹的学术著作的受众市场本身就非常狭小；二来，在逼仄的市场中，书的销量和效益又往往与作者的知名度挂钩。于是，一个名不见经传、初出茅庐的学者，捧着手中新鲜出炉的博士论文，既不容易得到学术市场的认可，也因此很难获得出版社的支持。名家大腕被争相约稿，而刚出道的新人，即使自掏腰包自费出版，恐也难逃被冷落敷衍的命运。所以，尽管每年中国的法学院校里有很多博士生毕业，但是，即使是其中最优秀的博士论文，想要立即出版也非易事，往往是"养在深闺人未识"，直到作者闯出腕儿来、有了学术名声的那一天，蒙尘的明珠才可能绽放光芒。

然而，此时出版，已有些错过，不再是学术新人最渴望自我肯定和向学界证明的迫切时机，也不是学者在最艰难的出道之初，最急需的支持和鼓励，因而，可能只是锦上添花。过往，中国人民公安大学出版社的《北大刑法博士文丛》，以及武汉大学出版社的《武汉大学刑法学博士文库》，为很多刚毕业的刑法博士提供了论文出版的平台，成就了他们人生中的第一本书，那是颇有高义的雪中送炭之举。不过，这两套文库作者限于特定高校和刑法专业，影响不免有限。如今，法制社有意精心打造一套文库，推出全国法学院各专业的优秀博士论文，这种对学术新人鼎力相助的力度，可谓前所未有，出版社的学术情怀和社会担当更是令人敬佩。因此，当听到马颖提出这个出版计划并征询我的具体建议时，我也感到很振奋，愿意尽自己绵薄之力，帮助她绘成这个蓝图。

我当时向马颖建议，可以通过民间渠道邀请一批中青年学者，而非官方机构来遴选优秀论文。这不仅是由于，机构评选论文的形式已成窠臼，更主要是考虑，如果评审人与被评审人年龄代际相近，那么无论是个人的学术潜质还是论文情况，都一定更为熟悉。而且，相对于年长的学界大家来说，中青年学者距离在毕业前后的艰难岁月中努力跋涉的经历，时间还未久远，因此，对学术新人出头的不易，以及博士论文出版的困难，大都有尚未淡化和忘却的切身体会，可能更愿意去投入精力帮助后来人。加之较少社会杂务，更多爱惜学术羽毛，评选上也会更加认真、负责和公允。

马颖是个很有决断力的人，她听了我的建议后，完全赞同这个新的民间方案，并请我推荐和联系编委会人选。我被马颖的热诚感染，受她之托，给一些学界朋友打了电话。大家在了解到这个出版计划后，几乎都是毫不犹豫地应允下来，愿意义务承担审查来稿和推荐优秀论文的工作。编委会的人员组成很快就确定下来。这也让我颇有感触，一个有情怀的出版项目，不需要多少鼓吹，自会焕发出它的光彩，吸引和召唤着有学术责任感的学者们汇集。

万事俱备，只欠开会。2016 年 4 月 18 日，第一次神仙会胜利召开。根据出版社的记录，第一次与会的学者名单如下：车浩、陈新宇、侯猛、劳东燕、雷磊、栗峥、王莹、许德峰、张翔、张龑、赵宏、朱腾、谢海定。舒丹、马颖、王雯汀三位法制社编辑策划主持了第一次聚会。聚会之日适逢当年的北京电影节，于是，由我提议，大家在小西天附近餐叙后，又集体遛弯到中国电影资料馆，看了一场银河映像系列之《暗花》。从电影院出来，仍然意犹未尽，找了一处胡同里的茶馆继续聊。

这次聚会颇有成果。商定的内容包括：（1）在全国范围内面向各个高校和专业征求优秀论文。（2）采用作者自荐和编委推荐两种方式确立稿源。（3）编委会的工作制度和推荐评审的义务。（4）兼顾图书质量和出版规模等基本理念和规则。其实，答应参与编务的学者，虽然是法学各个专业里出类拔萃的青年才俊，但毕竟有学校和专业的隔离，相互间并没有想象中那么熟悉，甚至是闻名已久但从未谋面的神交，是“青蓝文库”这个出版项目中包含的学术理想和情怀，调动了每个人的学术热忱，大家才聚到一起来。每个人都很珍重自己的责任。在集聚餐、喝茶、看电影于一体的聚会中，严肃活泼地讨论了问题，达成了共识，像这样的交游轶事，对我们每个参与者都是很奇妙的体验，也是一次弥足珍贵的回忆。

第一次聚会后不久，法制社就在征求各位编委意见的基础上，面向全国，推出了正式的征稿启事。“‘青蓝文库’是由中央级法律专业出版社中国法制出版社创设的重大出版项目，专门出版中国法学专业优秀博士学位论文。文库旨在发现有潜质的学术新星，为法学博士论文的发表搭建优质平台。文库支持和推动高校不断推出创新性成果，与学界一起探索和确立中国法学博士论文的优秀标准。”这份启事，包括我本人在内，多位老师参与修改润色，应当说，完整地表达了出版社编辑和我们编委会成员的共同心声。

在这份启事中，中国法制出版社郑重承诺：“青蓝文库”的出版无需任何资助；出版社会精心打磨每一部作品，以精美的版式设计和装帧风格匹配作品的学术价值；对“青蓝文库”的出版成果，出版社会积极联系各学术刊物、报刊媒体、学校官方平台等进行大力宣传；每一年度出版社将邀请出版论文作者参加“青蓝出版沙龙”，享受一次打破学科专业界限相互交流的盛会。显而易见，这些承诺如能一一实现，那么，进入“青蓝文库”，对于博士毕业的学术新人在学界影响力的彰显和提升，将会有极大的助力。这可能是青年学者能在国内出版界得到的最好的亮相机会了。当然，这份启事中也写明了我们这些编委的承诺，即编委会成员将尊重学术研究视角和立场的多元化，本着充分的学术包容精神，对挑选出真正有价值的论文怀有使命感，力求评选结果客观公正。

出版社与编委会的第一次碰头议事，设在小西天，以独特的方式，取得了非常好的效果。在其乐融融的气氛中，沟通了感情，增进了对“青蓝文库”这项共同事业的认同度和使命感。可能是受此激励，三个月后的一个周末（2016 年 7 月 23、24 日），马颖很快又趁热打铁组织了第二次编委会会议，地点设在京郊。报到当天下午，大家就开始了分组审稿的工作。第二天，在北京实创西山科技培训中心，召开了正式的评审会。针对符合征稿要求的 21 篇博士论文，按照“严格筛选、宁缺毋滥”的原则，以编委的个人初审为基础，经过分组审稿、分组讨论以及集中评审后，编委会成员进行匿名投票。再由出版社统计全体编委的推荐意见，当场公布获得三分之二（即 12 名以上）编委推荐的论文名单。针对入选的论文，编委会确定一至两名编委，综合全体编委的修改意见，会后与论文作者直接沟通，提出完善建议。至此，第一次评审会圆满完成，共评选出 4 篇优秀论文，作为“青蓝文库”第一批次推出的作品。

这是一次非常成功的论文评审会。这首先得益于，马颖、王雯汀、罗莎、侯鹏、吴宇辰等几位出版社的编辑及工作人员，为这次评审会付出了大量的心力来准备、策划和安排。其次，参加评审会的编委会成员，包括陈杭平、侯猛、劳东燕、雷磊、栗峥、王莹、许德峰、尤陈俊、张翔、张龑、朱腾、赵磊以及本人在内，都本着珍重这份责任的态度，对评审投入了很大精力。会前，出版社就已经通过邮件把论文发给了编委进行预审，等到开会当天，各学科组的编委对所推荐论文和存在争议的论文讨论得非常深入，争论得也十分激烈，可以说是充分且坦诚地交换了意见。

之后很长时间，我都常常想起这次令人难忘的评审会。马颖等各位编辑老师的策划安排，可谓煞费苦心。会议所在之地离龙泉寺很近，龙泉寺是全国有名的佛教古刹，出过很多高僧，常常以现代人喜闻乐见的方式传播佛法，寺内香火旺盛，游客如织，置身其中，感受到一种出世般的内心宁静，但也不会斩断与人间烟火的勾连。浸染在这种情绪中，特别适合投入接下去的评审工作。因为学术一途，本来也是素心人之事，要能脱心志于俗谛之桎梏，而付出精力去评审和推荐他人的论文，更是要有一种对学术共同体的使命感。所以，我觉得法制社的这次会议策划颇有禅机、值得回味。

半年之后，我们又在法制社的会议室召开了第三次编委会，也是第二次论文评审会。有了前两次成功的会议打下的基础，编委会磨合日趋顺畅，后面的评审会就进入了良性运转的正常轨道。值得一提的是，在几次会议中，大家逐渐达成一项共识，即“青蓝文库”支持的对象，不仅仅是优秀论文本身，而且是论文作者的学术之路。因此，虽然论文质量不错，但是作者博士毕业后就不再从事学术工作的，原则上不纳入出版计划之列。

受命作序，回想往事，点点滴滴都涌上来。这样不厌其详地叙述过往细节，正如开头所言，因为要向读者诸君讲述“青蓝文库”的来龙去脉，希望文库的每一位作者都能记住历史。法制出版社多次表示，他们有能力、有信心将“青蓝文库”的项目坚持下去，十年、二十年甚至更久。我也相信，未来将有更多的青年才俊，以这套文库为阶，走上学术舞台的中心。序中所记，是在这套文库诞生过程中，出版社编辑和编委会成员付出的热情和心血，当然，肯定还有很多我不了解的幕后工作无法呈现。我一直认为，缺乏学术传承和积累，是中国法学曾被人讥为“幼稚”的重要原因。而学术传统的形成，不是某一两个人甚至一两代人就能毕功的事业。我们每个人，都是在无尽的历史长河中来承担各自的使命。我们努力完成自己的作品，也不要淡忘先行者的努力和恩惠，同样，有能力时，更应尽力去帮助和支持学术之路上的后来人。由此，学术共同体才可能写下历史记忆，中国法学才可能形成绵延不断的积累。

问渠那得清如许？我想，年轻学者们锐意十足的作品、学界同仁间相互守望和提携的赤诚、出版界襄助学术的热忱，就是那永不枯竭的源头活水吧。愿中国法学的学术传统涓涓不息，清水长流！

是为序。

车浩

2018 年 4 月 9 日于北大陈明楼

推荐序

推进高科技风险规制决策过程的各论研究

“风险”概念和现象涉及自然科学、医学、工程学、社会学、文化、经济、法律等多学科，[1] 其横亘于理论与实践、事实与价值之间，可谓“横看成岭侧成峰”。或可对风险的特征做如下的概括：其一，诸如气候变化、食品药品安全等风险，已经超越了一国的领土范围，构成了风险的全球化；其二，有些风险构成了复合风险，乃至涉及不同风险的叠加；其三，风险有时会造成巨大的乃至不可逆的损害后果；其四，风险具有时间性，有时很难预判风险发生的时间或阶段；[2] 其五，风险也是政治、经济、法律和科学变迁的产物，风险是动态演进的；其六，公众有时很难对风险有理性的认知，有可能高估或低估风险；其七，风险并非一种客观的程度或数值，而是一种社会建构（social construct）。[3] 或有必要建构风险法的学理体系，将风险法理解为以保护集体利益或公共利益为依归，以科学为信息来源，

[1] Ortwin Renn, *Risk Governance: Coping with Uncertainty in a Complex World*, Earthscan, xv (2008).

[2] 刘刚编译：《风险规制：德国的理论与实践》，法律出版社 2012 年版，第 22 页。

[3] 周桂田主编：《台湾风险公共性考察》，台湾远流出版事业股份有限公司 2015 年版，第 20 页。

来进行规范建构，进行利益权衡的规则体系。[1]

近年来，我国行政法学者对风险规制与风险行政法进行研究，对英国、美国、德国的风险行政法和风险规制理论进行译介。[2]赵鹏讨论了风险规制与发展的关系。[3]王贵松讨论了风险行政的组织法构造，认为风险行政组织的架构应符合中立性、独立性、透明性、参与性和科学性等特别要求，应特别关注风险行政中的专家咨询机构、事故调查机构和议事协调机构的作用。[4]金自宁主张风险规制的"民主化"，倡导引入公众参与和软法治理。[5]但目前对高科技风险领域规制决策过程的学术研究成果，还尚不多见，结合某一具体风险规制领域的研究则更为寂寥。

尽管自2019年9月1日起施行的《重大行政决策程序暂行条例》中明确规定了科学决策、民主决策、依法决策原则，要求依法履行法定程序，充分听取各方面意见，保障人民群众通过多种途径和形式参与决策，但目前高科技风险规制决策过程往往还是呈现出"自上而下"的决策模式，其形成程序往往是封闭或半封闭的，就风险规制政策的议程设定和规制方案实体内容的选择而言，专业行政部门往往占据了主导地位，具体内容则会咨询某些与行政部门有经常联系的专家。公众参与的时间节点相对较晚，很难通过恰当的程序装置来表达自己的利益诉求，理解风险规制政策的实体内容，也很难有能力提出实质化的建议。风险规制决策呈现出行政权力与专家权力的合谋，"科学""专业"往往成为捍卫此类封闭式规则制定程序的最好辩护。潜台词是对于公众而言，科学的精义在于确定性和精确，科学永远不会犯错误，科学问题可以有唯一正解。

---

[1] 刘刚编译：《风险规制：德国的理论与实践》，法律出版社2012年版，第94页。

[2] [美]史蒂芬·布雷耶：《打破恶性循环：政府如何有效规制风险》，宋华琳译，法律出版社2009年版；金自宁编译：《风险规制与行政法》，法律出版社2012年版；刘刚编译：《风险规制：德国的理论与实践》，法律出版社2012年版。

[3] 赵鹏：《风险规制：发展语境下的中国式困境及其解决》，载《浙江学刊》2011年第3期；赵鹏：《风险社会的行政法回应》，中国政法大学出版社2018年版。

[4] 王贵松：《风险行政的组织法构造》，载《法商研究》2016年第6期。

[5] 金自宁：《风险规制与行政法治》，载《法制与社会发展》2012年第4期。

但风险规制并非纯粹科学、客观的过程，还涉及价值排序、政策考量、利益衡量。因此，有必要探究如何将审议民主的理念注入风险规制的形成过程之中，通过改革风险规制的组织体系，完善专家咨询制度，引入公众参与，以实现“科学过程的民主化”。这并非追求客观的终极答案，更非去预设一种绝对的、确定的标准，而是要设计能包容多元利益、多元价值的程序，使为达成科学合意建构商谈、辩论与妥协的空间；让包括公众、社会团体、新闻媒体在内的利益相关方，都能在信息充分、参与机会平等、决策程序公平的条件下，对相应风险政策进行公开讨论；让不同声音都能进入政策的竞技场，以调和彼此不同的利益、立场与目标，进而，改进风险规制决策的程序正当性和实体合理性。

风险规制或许是绵亘于法律、科学和政策之间的“跨科学”（trans-science）学问，如仅仅停留在一般原理层面的讨论，而不结合具体行政领域的具体场景展开阐发，则很难将研究深入下去，也无以“致广大而尽精微”，通过分论研究提炼风险行政法的学术原理，或许是一条可行性的方案。而核能核电领域的风险规制决策问题，是颇具理论性与实践意义的学术课题。1979 年美国三里岛核电站事故，1986 年苏联的切尔诺贝利核电站事故，2011 年日本福岛核事故，都是核电领域的惨痛教训。我国是世界上为数不多拥有完整核产业链体系的国家，《核安全法》于 2018 年 1 月 1 日起施行，其第五章题为“信息公开和公众参与”，要求就影响或涉及公众利益的重大核安全事项，通过问卷调查、听证会、论证会、座谈会，或者采取其他形式征求利益相关方的意见，并以适当形式反馈。这构成了研究核电规制的制度背景。

呈现在读者面前的这部由杨尚东博士完成的书稿，题为《高科技风险决策过程的法律规制——以核电的开发应用为分析对象》，是基于他的博士论文，之后历经数年打磨而成。作者在本书中以核电开发应用为分析对象，探讨了核能核电规制的课题，但其研究旨趣更侧重于为高科技风险决策过程系上法治之锚。作者在一定程度上关注到了行政法学的结构转型，认为行政法学不能仅仅关注行政诉讼的“下游”，还要关注作为行政过程的“上中游”，关注由行政法释义学向行政法政策学的转型。

杨尚东博士在北大读博时曾在美国加州大学伯克利分校访学，这使得他能够利用较多关于核能核电规制的英文学术文献，他还较多利用了我国核能核电规制的实证资料，这使得研究立论相对更为扎实。本书结合行政组织法的视角，结合美国、法国核能规制体系的不同制度安排，探讨我国核电风险监管机构的架构方式，探讨行政规制与专家咨询之间的关系。本书结合风险文化，讨论了公众的风险认知，并探讨了如何有助于公众理性认知风险的制度设计。本书较为系统地讨论了核电风险规制决策中的信息公开、公众参与、专家咨询与说明理由。本书还利用比较法的素材，讨论了核电风险司法审查的法理及可能的制度要点。本书不仅是对核能行政法的一次探险与寻踪，也有助于提取出若干“中度抽象水准”，来推动建构我国风险行政法的一般理论，从而更好把握我国高科技风险领域的规制体制、风险认知、行政程序、公众参与、信息公开、专家咨询、说明理由、司法审查等课题。

杨尚东博士这部著作是对核能行政法研究的重要推进。作为行政法学人，挺进此种具有高度技术性、政策性的行政领域，难免会遇到实证资料不易寻觅、技术术语难以理解等困难，面临难以把握实务真问题、难以在学术理论上有所贡献等挑战，但杨尚东博士迎难而上，借助制度史的梳理、比较法的借鉴和行政法学理论层面的分析，借助若干公共管理学、认知心理学的知识，给核能行政法的研究带来了学术增量，为风险规制决策过程的法律研究贡献了智识。

我与杨尚东博士相识多年，在 2019 年“青蓝文库”的评审过程中，我首次完整阅读这部书稿。我当时认为尚东能选择核电风险决策这样一个高难度的选题，并贡献了若干知识增量和理论增量，虽需完善，但应嘉许。在之后的一年半时间里，我和尚东博士就这部书稿的修改，以电邮、电话、微信等形式交流多次，我也曾对这部书稿的过程稿作出过数百处批注，总体建议是聚焦核能核电风险规制主题主线，探求行政法学、政府规制理论与核能核电规制实践的交融。尚东博士数易其稿，使得著述的研讨深度与论述精度有了较大提升。相信这部著作能对核能监管部门、核能行业有裨益，对关注风险行政法、风险规制与治理的同人有所启发。

就包括核能行政法在内的行政法各论研究而言，未来应深入研究具体行政领域，努力探求行政法各论的制度改革。同时还应探求行政法各论与总论的互动，我们首先要梳理行政法各论的法律规范、法律制度和法律案例，但其间还要尽量把握具体法律问题的学术坐标，从中提炼出对一般性法律理论、一般性法律制度的思考。通过行政法学各论与分论的相互学习互动，让行政法学总论真正成为能根据外部环境变化适当增减内容的动态体系，并推动行政法学总论的持续改革。[1]

以上不成熟的见解，与尚东博士及学界同人分享。衷心祝愿杨尚东博士未来在风险行政法、核能行政法领域取得更为丰硕的学术成果，也希望更多学者能在行政法分论领域攻城略地，各有专攻，并期待更多同人能投身包括核能、食品、药品、环境、职业安全、公共卫生等领域在内的风险行政法诸领域研究，让研究成果能更好地回应我国风险法治建设实践需求，推动行政法学总论的结构性改革。

宋华琳

2021 年 7 月 31 日

---

[1] 黄宇骁:《行政法学总论阿基米德支点的选择》，载《法制与社会发展》2019 年第 6 期。

前 言

本书共分七章，除导论和结语外，其他五章以应对核电风险整体法律制度框架的思考——核电安全管理机构的建构——公众对于核电风险可接受性研究——决策程序的规范化研究——司法审查功能的再定位为逻辑脉络。具体各章内容如下。

第二章首先探讨如果要规制核电风险，整个法律体系框架需要面对哪些挑战以及相应的对策。我们先对核电风险的内涵与外延进行分析，将核电风险划分为客观风险和主观风险两类。对于这两类风险，规制的方式是有所差别的。为此，我们又从四个方面分别论述了规制核电风险需要处理的问题，即规制主体究竟选择市场还是政府、如何看待专家理性、科学的民主化难题以及司法机关在判决因核电风险所引起纠纷时的困境。毋庸讳言，对于这四个问题，原有的法律体系已经无法提供适当的解决之道，必须寻求变革。当然重构整个行政法的框架需要一个突破口，我们选取的突破口就是重新定义“合法性”这一概念。详言之，在传统行政法的研究范式中，学者们在评判行政活动是否具有“合法性”时，仅仅停留于是否满足“合法律性”的要求，而我们现在是需要追问行政机关能否为其行为提供充分合理的解释并且能否让民众接受。随着合法性概念的拓展，我们的研究视野也变得很宽泛，已不再局限于司法审查活动，整个行政法的研究重心也已转移到行政决策过程之中。

第三章的关注点主要聚焦于核电风险规制领域，怎样的管理机关最适合于管理因新建核电站所带来的风险，怎样的权力配置才能有效地完成既定的规制目标，怎样的制度架构最能保护公众的合法权益，怎样的制度设置才能防范来自外界的非正常干扰因素，以及设置的新的管理机关是不是能被现有的法制框架所容纳等。在传统的行政法学研究范式中，行政机关的具体架构并不在研究范围内的，而是将其让与行政管理学。但是随着规制权力行使的过程牵扯越来越大的裁量空间、利益分配和公共性等因素，这些并不是采用技术方面最优的管理方式就能予以解决的。这就涉及从行政法学的知识框架下研究行政组织的另一个问题，即采用什么样的方式是实现行政目的最合适的方式。所以，从本章节一开始我们就从为何需要将行政机关的运作模式纳入行政法学的研究范围入手展开分析。接下来，又从两个方面阐述监管核电行业的行政机关应采用独立管制模式的原因，即弥补行政决策知识不足的缺陷和保障行政决策不受不相关因素的影响。实际上，放眼域外，我们重点探析了两种不同类型的独立管制模式的利与弊：一种是美国的行政—专家相对分离模式。这是一种技术精英完全负责决策的模式，即通过设立相对独立的核安全管理委员会，并赋予其相关政策的最终决定权（final say）。另一种则是法国的行政—专家融为一体模式。这一模式最大的特征不是追求核电安全管理机构在法律地位上能享有绝对的独立性地位，而是将其放置在整个行政体系的框架之内，在此基础上，确保其享有相对独立的法律地位。对于这两种不同的模式做如此深入的比较研究，其出发点还是考虑如何建构中国自己的核电监督管理机构。所以，在本章节最后一个部分，我们的关注点又聚焦于中国问题本身，从两个层面进行论述：一方面，结束多头管理的局面，尽快建立独立的核电管理机关；另一方面，具体模式的选择，究竟是选择专家主导模式抑或行政主导模式，这才是最为棘手的问题。

第四章紧紧围绕一个问题展开分析，即民众为何不愿意接受核电风险，以及如何说服民众接受核电风险。详言之，我们的政府在面对“反核电”声浪的时候，似乎已陷入一种很难处理的困境中，即“核电项目上马—公众反对—宣布停止”的消极过程，而更为吊诡的是，各地遭到反对的核电工程并没有明显的法律瑕疵（各类手续齐全且符合环评的要求），这不免让我们所有人都心生疑惑。不过在展开具体分析之前，我们会厘清几个前提性的假设条件：公众可以就核电风险问题与政府机关或专家展开协商，但对话的基础是科学理性，避免陷入科学虚无主义的误区；在研究路径方面，一定要突破“知识缺失模式”的束缚，即简单地将公众不能接受专家的意见（核电是低风险的）归因于公众缺乏相关的科学知识，实际上，事情的缘由远比这要复杂；科学如何能够被理解，尽管还存在一定的争议，但已建成的核电站通过运行事实表明核电的确是非常安全的，发生事故的概率也是比较低的，但让我们感到困惑的是：为何公众不能接受核电？因此，探知民众的安全底线就显得尤为重要。接下来，我们会详细分析公众不接受核电风险的原因，并主要归纳为三个方面：一是政府公信力的问题。当政府部门失去公信力时，公众在潜意识方面则已经认定政府是在欺骗他们，从而反对政府所做出的相关决定。二是邻避情结，基于个人利益的权衡。随着个人权利意识的日渐增强，因核电建设而发生的邻避抗议活动时有发生，所以个人权益的保护机制必须尽快完善。三是区域既有文化的影响，同样不容忽视。相关事实已经证明，在与民众沟通有关核电风险问题的过程中，说服对方接受专家意见最为紧要之处恐怕不是科学事实本身，而是取决于能否协调好既有区域文化与科学事实之间的关系。随后针对这三方面的问题，我们提出了具体的应对措施：一方面通过过程透明和同行评审制度重塑政府的公信力；另一方面引进公众参与机制并完善个人利益补偿机制，最大限度平衡社会公益与个人利益二者之间的关系，努力实现从邻避情结到迎臂效应（yes in my backyard）的结果转变。另外，也就如何在文化影响之下，建构规制风险的制度提出了一些建议。最后，还是回到中国问题层面，即如何能让民众接受“核电风险”。为此，我们建议从三方面完善现有的制度：核电信息一定要公开、透明；完善专家监督体系；建立和完善合理的利益补偿机制。

第五章主要是从程序上思考如何规范与核电建设有关的决策过程。正因为核电建设的重要性，决定权（final say）应当置于法律的控制之下。那么，究竟应以哪种方式规范政府的决策过程呢？既然囿于知识的不足，不能在实体方面建构完善的、明确的规则体系，那么只能从程序着手。为此，首先，应对决策的现状进行客观描述，力求准确、全面地掌握制度发展的特征：行政决策的法治化日益受到重视，科学性、民主性不断增强；经过不断努力，以安全性为目的的程序规则体系正在形成；为满足公众不断提升的信息需求，核电决策的信息日渐公开、透明；随着核电建设与公众利益之间越来越紧密的联系，政府在作出相关决策的时候，也有意识地吸纳公众参与其中，尽管目前参与的广度和深度都非常有限。其次，在清晰认识现状的基础上，仔细观察、总结和梳理决策程序所存在的问题，大致可归纳为四个方面：程序的公平性仍有待提高，在整个决策过程中，公众的话语权则明显不足；信息公开还需更彻底、准确，涉及核电建设的信息都应在第一时间向社会公布；专家、民众的参与仍不充分，核电建设技术含量非常高，须增强专家的话语权，在关键的技术环节，还应授予其决策权，同时也应让公众实质性地参与到决策过程中；行政决定的合理性说明需要加强。任何一项决定都应有充分的、科学的依据予以支撑，做与不做都应说明理由。再次，从制度层面更深层次地探析问题成因：程序法制不发达，没有一部统一的程序法典；正当程序理念还未充分贯彻于决策过程之中；专家、民众参与的重要性贯彻执行不充分、不全面；行政决定权的监督机制还不完善。最后，对症下药，提出有针对性的改革建议：应制定一部专门规范核电决策过程的程序法典；应在决策过程中树立正当程序原则；应设置增加专家决策权的程序；应完善公众参与决策的程序；应整合监督体系，完善问责程序。

第六章主要是从法教义学的角度探讨在涉及核电纠纷的案件中，法院究竟应当扮演怎样的角色。坦率地讲，传统的司法体系框架已经不能为案件的裁决提供理论上可行、规范上可欲、实证上充分的说明，改革势在必行。不过在重新建构新的司法体系框架之前，有几项基本原则需要提前言明：审查的目的不应局限于“个人权利”的保护。理由很简单，毕竟社会公益更重要，如果能让更大范围的民众享受到清洁能源，适当的牺牲也是必要的；司法机关应当保持谦抑，不能代替行政官员作出决断。当然，这主要是指涉及科学事实方面的事项；以程序建构为抓手，重塑新的司法审查制度框架。然后，依据这三个原则，我们开始思考如何具体建构理想中的司法审查制度：首先，本书需要解决的问题是，对于行政机关就科学事实问题作出的判断，法院究竟应当持何种态度。对于这一问题我们不可能以一种“拦腰截断”的方式进行处理，为达到司法审查目的，需要建构一系列精巧的制度。其次，因为在科学事实的判定方面，法院能起到的作用非常有限。所以在建构整个司法审查制度的时候，我们将公众参与权作为核心支点，尽最大可能发挥法院外在的监督作用。最后，重点强调的是，一旦政府作出修建核电站的决定，部分民众的合法权益就可能受到损害，政府有责任给予他们公平的补偿。至于是否公平，则需要引入“第三方力量”（主要是法院）予以评判。在此基础之上，我们再将观察的目光拉回到中国司法体制改革的路径选择方面，即在符合中国政治体制结构的前提下，思考如何具体建构能解决因发展高科技而引发纠纷的司法裁判制度，如核电、化工工程和转基因食品等。为此，我们建议从以下两个方面寻求解决的办法：一方面固本清源，抓紧制定《原子能法》和《行政程序法》；另一方面行政诉讼制度本身也需要变革，如扩大受案范围、改变证据提供的规则和完善公益诉讼制度等，以适应高科技风险规制的要求。

目 录

第一章

导　论

一、研究背景

自核电技术被发明那天起，人们对它的态度就是错综复杂的，既垂涎于它所能带来的丰富能源资源，又忧心于核电事故所引发的灾难性后果。为此，各国政府都根据本国的国情，制定了不同的核电政策，拥核和弃核的国家均有之。例如，中国、美国、法国、日本、韩国、俄罗斯等国家都建立了大规模的核电站，并支持核电技术发展。[1] 但是，拥有 17 座核电站的德国受福岛核电站事件冲击，在 2011 年表示最迟要在 2022 年前关闭所有的核电站。[2] 目前，中国是世界上最大的应用核电技术发电的国家，在 20 年内，运行的核反应堆数量就从 3 座增加至 47 座，就数量而言，仅落

[1] 本刊编辑部:《世界十大核电国家》，载《华北电力技术》2014 年第 10 期。

[2] 王丕屹:《德国为什么放弃核电》，载《人民日报（海外版）》2011 年 6 月 4 日，第 6 版。

后于美国和法国。[1]

随着中国核电技术发展规模的不断扩大，“安全”成为政府和公众都最为关切的议题。尽管核电技术本身的安全性日渐提升，风险已经降至很低的水平，但是制度方面的建设却是落后于实践发展，增强制度方面的供给能力已经刻不容缓。国家的最高决策层也已充分认识、理解制度保障核安全的重要性，各项制度建设都在加快进行。2014 年在荷兰海牙全球核安全峰会上，习近平主席首次全面、系统阐述中国的核安全观。[2]2018 年 1 月，《核安全法》正式实施，核安全监管的事权、责任、分工更加明确，核工业主管部门、核安全监管部门、企业甚至个人，都要共同承担法律赋予的责任，共同保护我国的核安全。

（一）核电建设：在“争议”中继续前行

2011 年 3 月，日本发生了后果非常严重的福岛核泄漏事故，引起全球范围内对核电不同程度的恐慌。随后，主题为“核电是否应继续发展”的讨论在很多国家相继展开。但仔细梳理各国在这次事故后对本国未来核电政策的表述，完全放弃核电的国家只是极少数，大部分国家都表示他们将不会放弃现有“发展核电”的计划（参见表 1.1），但同时会加强对核电安全的监管（regulation）[3]，尤其是制度方面的建设。

---

[1] 庞名立:《2020：核电之最》，载中国电力网，http://www.chinapower.com.cn/zx/zxbg/20200319/11745.html，2020 年 5 月 30 日访问。

[2]《中国首次公开核安全观，极大丰富核安全内涵》，载新华网，http://www.xinhuanet.com/world/2014-03/25/c_126314597.htm，2020 年 6 月 7 日访问。

[3] 目前，英语单词“Regulation”在中文中被译为“监管”“规制”“管制”等，在本书若无特别交代，这三个词语均可同义使用。

表 1.1 世界主要国家核电政策的立场汇总（日本福岛核事故以后）[1]

国家	核电发展的政策声明
美国	维持核电发展，核电提供了全美 20% 的电力供应，2012 年 2 月再次批准新建两座新型核反应堆
法国	2012 年核电占法国发电量的 75%，共有 58 座运转中核电机组。同年 10 月总统奥朗德召集核政策委员会会议，会议中研讨到 2025 年核电发电占全法国发电总量的比例将从目前的 75% 降至 50%
英国	维持强力发展核电之立场。预估未来核电在 2030 年将增加到 40%。同时决定到 2050 年重新建设 22 座核电机组
印度	持续发展核电发电，计划兴建 20 座核电厂，7 座正在建造中，预计 2030 年核电比例提高至 13%
俄罗斯	持续发展核电发电，计划兴建 14 座核电厂，10 座正在建造中，目标是到 2020 年核电发电量扩大一倍
德国	尽管专家的技术评估意见认为德国核电厂总体安全可靠，存在的主要问题是应对来自空中的恐怖袭击的能力不足，德国政府依然做出了逐步关闭核电厂，在 2022 年前完全退出核电的政治决定
意大利	在 1991 年已终止所有核电计划并关闭核电厂。2011 年 6 月对“是否恢复核电发电”进行公投，结果为不再使用
日本	时任首相安倍晋三在福岛核灾届临两周年之际表示，政府会在安全有保障的情况下，将再次启动核电发电计划
韩国	韩国政府已将核电产业列入贸易输出的支柱产业，当然不会因福岛核事故而改变，而且要继续努力扩大核电出口。与此同时加强对国内运行与在建机组安全性的检查和监督

在发生如此严重的核事故后，核电的发展趋势并没有如一些评论家所预测的那样，陷入低潮，甚至停滞。世界大部分国家即使是日本，还愿意继续发展核电，其缘由可归纳为如下几点。

[1] 相关的数据来自国际原子能机构（IAEA）的官方网站，http://www.iaea.org/NuclearPower/Systems-and-Databases/index.html，2019 年 12 月 29 日访问。

1. 全球继续变暖，减少碳排量已成共识

自工业革命以来，由于人类广泛采用化石燃料，致使向大气中排入的含碳的温室气体逐渐增多，从而造成了一系列环境恶化的情形。根据专家的研究，这些负面的影响大致表现为以下几个方面：(1) 全球变暖；(2) 地球上的病虫害增加；(3) 冰川融化，海平面上升；(4) 天气反常，极端气候增加；(5) 土地沙漠化正日益严重；等等。[1] 而这些变化现在所造成的危害"与重大战争和经济大萧条相比不相上下"[2]。因此，世界各国政府已决心通力合作，共同降低向大气中排放的含碳的温室气体，为子孙后代留下一个宜居的生态环境。如 2005 年正式生效的《京都议定书》，其目标就是"将大气中的温室气体含量稳定在一个适当的水平，进而防止剧烈的气候改变对人类造成伤害"[3]，截至 2012 年年底，全球共有 180 多个国家的政府签署并予以执行该协定。

事实上，随着各国政府严格落实《京都议定书》所设定的减排计划，大部分国家都面临着"能源危机"的困境，亟须解决。具言之，一方面，发展本国经济，肯定要以消费大量的能源为支撑，特别是在人口众多的发展中国家，能源供需紧张的关系会更为突出；另一方面，依据《京都议定书》的规定，各国都不同程度地承担了减少消费化石能源的义务。所以，发展和使用清洁能源如核电、风能和太阳能等，已成为各国政府的优先选择。但从目前的情形来看，我们的能源消费主要集中在煤、天然气和石油这三种能源上（这三类能源大致占总消耗能源的 85%）。

科学研究已证明，大量燃烧这些有机燃油会对环境造成污染，如排碳所造成的温室效应，致使全球气温升高，从而影响人类的整体生存环境。

---

[1]《温室效应与环境保护》编写组：《温室效应与环境保护》，中国出版集团 2010 年版，第 57—97 页。

[2]《英国报告指出：温室效应危害堪比世界大战》，载新华网，http://news.xinhuanet.com/photo/2006-10/30/content_5267628.htm，2019 年 12 月 30 日访问。

[3] 韩昭庆：《"京都议定书"的背景及其相关问题的分析》，载《复旦大学学报（社会科学版）》2002 年第 2 期。

因此，各国政府通过协商签订了《京都协议书》，其目的就是限制二氧化碳的排放量。相较之下，利用核电就不会存在这样的问题，核电站只需要把“三废”（废水、废气和固体废弃物）回收封存，最终排放的就只是回收以后剩下的一点尾水和尾气，而这些对环境并没有实质性的影响。

2. 核电技术发展较为成熟，优势明显

综观当前能使用的、可替代的清洁能源，唯有核电可胜任化石能源的“替代”角色，尽管它在安全性方面还不能做到“万无一失”，但是仔细均衡各种利害关系，这已是当前最好的选择。

（1）核电技术使用时间较长，科学工作者已经积累了大量的实践经验。自 1954 年苏联建成第一个核电站以来，经过几十年的发展，当前全世界已有 30 多个国家拥有核电站，共有 440 个核电机组，总装机容量为 390 吉瓦，发电量约占全球发电量的 11%（参见表 1.2）[1]。在长期的使用中，很多国家已经积累了非常丰富的核电使用经验，大量的新设备、新技术也不断投入实践之中，安全系数越来越高，事故率一直处于非常低的状态。

表 1.2　截至 2018 年 1 月，拥有核电数量排名前六的国家

国家	在运营核反应堆数量	在建核反应堆数量	拟建核反应堆数量	装机容量（万千瓦）
美国	99	5	5	9936
法国	58	1	1	6313
中国	46	12	40	5800
日本	43	3	9	4257
俄罗斯	35	8	25	2425
韩国	24	4	8	2066

（2）其他可再生能源在技术上还存在较大问题，还不能为工业提供持续、可靠的能源供给。鉴于核电站一旦发生事故，将造成非常可怕的后果，

[1] 相关的数据来自国际原子能机构（IAEA）的官方网站，http://nucleus.iaea.org/Home/index.html，2020 年 6 月 17 日访问。

各国政府都曾投入巨大的人力物力，尝试研究更安全的可再生能源技术，但从当前研究的效果观察，都不甚理想。例如，“太阳能”和“风能”，一方面，这两种能源对于地理因素要求很高，不易满足，所以很难提供稳定的、大量的能源供给；另一方面，囿于技术的不成熟，运输成本过高。通常这两种能源都产自偏僻的地方，若将其转换为电能再传送至人口聚集区，造价太高，远远大于民众的承受能力，普遍使用不现实。

（3）核原料储藏量丰富，取之不尽。事实上，少量的核原料就可以产生巨大的能量。核电通常来源于两种核燃料，一种是金属铀，另一种是金属钍，这两种材料都能以裂变的方式产生核电。据专家估算，地球上这两类物质储藏量都很丰富，如果将它们都裂变，那么这些原料所产生的能量大致为煤和石油所能产生能量总和的 20 倍。另外，核电需要的核燃料其实很少，但是很少的质量却可以产生巨大的能量，比如说功率为 100 万千瓦的核电机组，一年需要 30 吨核燃料就可以了。为更好说明此问题，我们还可以做一个有趣的比较，一个 100 万千瓦的火电站每一天要烧 1 万吨煤，若按一列火车可以装载 1000 吨煤计算，这个火电站一天需要 10 列火车去运煤，而同样功率的核电站一年才用 30 吨核燃料，而一列火车所装载的核燃料可以用 30 年。[1]

（二）能源现状：中国庞大的核电计划

这篇论文写作的时代背景在于我国现阶段的能源结构不尽合理，清洁、环保的能源所占比率相对较低，生存环境日益恶化，能源供给制度改革的呼声日益强烈，但同时，高速发展的经济亟须消费大量的能源予以支撑，一旦没有稳定的能源供给，经济发展必然陷入停滞，后果不堪设想。

中国政府在“十三五发展规划”中，对能源的发展作出了具体的规划，即为满足国家日益增长的能源需求，在这一个五年发展计划中，我国将加

[1] 郭桐兴：《中科院欧阳予院士做客漫谈核电源问题》，载腾讯科技网，http://tech.qq.com/a/20061220/000277_6.htm，2020 年 7 月 13 日访问。

快发展以电力为主导的能源产业。同时，为更好地保护生态环境，国家也将发展安全、高效的核电（主要目的是降低火电在我国电力生产中所占的比重），到 2025 年我国核电运行装机容量将达到 7000 万千瓦，[1] 这就意味着我们在不久的将来会修建更多的核电站（参见表 1.3）。

表 1.3　我国核电站已运行、在建和拟建情况表 [2]

已运营核电站	浙江秦山核电站（一期、二期和三期）、广东大亚湾核电站、广东岭澳核电站（一期和二期）、江苏田湾核电站
建设中核电站	辽宁红沿河核电站、福建宁德核电站、福建福清核电站、广东阳江核电站、北京方家山核电站、浙江三门核电站、广东台山核电站、山东海阳核电站、山东石岛湾核电站、海南昌江核电站和广西防城港核电站
规划中核电站	湖南桃花江核电站、湖北大畈核电站、江西彭泽核电站、广东陆丰核电站、辽宁徐大堡核电站、重庆涪陵核电站、广东陆丰核电站、四川三坝核电站、浙江龙游核电站、辽宁东港核电站、安徽芜湖核电站、河南南阳核电站、湖南小墨山核电站、吉林靖宇核电站、安徽吉阳核电站、福建漳州核电站、福建三明核电站、广东揭阳核电站、广东韶关核电站、黑龙江佳木斯核电站、浙江苍龙核电站、湖北松滋核电站、江西烟家山核电站等

虽然 2011 年 3 月发生的福岛核泄漏事件延缓了中国政府建设核电站计划的实施 [3]，但是仅在一年以后，政府相继通过了《核电安全规划（2011—2020 年）》和《核电中长期发展规划（2011—2020 年）》，这也意味着被搁置的核电计划再度开启。尽管核电还有很多“瑕疵”，但就目前的情形讲，核电是“唯一能补充煤电水电不足的能源” [4]，大力发展核电有其必要性，

[1]《中华人民共和国国民经济和社会发展第十四个五年规划和 2035 年远景目标纲要》，载中国政府网，http://www.gov.cn/xinwen/2021-03/13/content_5592681.htm，2022 年 1 月 11 日访问。

[2] 参见中国核电信息网，http://www.heneng.net.cn/index.php?mod=npp，2020 年 1 月 3 日访问。

[3] 2011 年 3 月福岛核事故发生以后，中国政府全面暂停核电站项目的审批，并审查在建的核电项目，以期确保核电项目的安全万无一失。相关内容可参见邹树梁、邹旸：《日本福岛第一核电站对中国核电发展的影响及启示》，载《南华大学学报（社科版）》2011 年第 2 期。

[4] 谢振华：《从环境角度看中国核电的发展》，载《核经济研究》1995 年第 4 期。

具体理由如下。

1. 生态环境的重要性与日俱增，环境保护已经成为社会各界普遍关心的重要议题。由于我国工业很长一段时间内采取粗放型发展模式，国内大多数城市如北京、上海、天津、成都等都面临着严重的大气污染威胁，据报道："2013 年 1 月 30 日，全国灰霾面积达 143 万平方公里，北京等地雾霾笼罩……全国仅海南三亚和广东湛江空气质量为优。"[1] 而想要彻底改变这一状况，就必须降低含碳能源的使用，更多地采用清洁能源。以大亚湾核电站为例，它虽然只拥有 5 台百万千瓦的在运核电机组，但与同等规模的燃煤电站相比，"相当于每年少消耗电煤约 1330 万吨，减少排放二氧化碳约 3700 万吨。如果这些电煤用火车运输，一年 365 天不间断地运输，每天需要由 15 列火车运送，（一般一节火车皮可运输 50 吨煤，一列火车共有 50 节车厢），全年共需要 26 万节火车皮"[2]。

2. 虽然核电利用存在一定的风险，但相较于其他可再生能源，核电是目前可采用的"唯一"可靠能源。就以曾经被寄予厚望的风能为例，一方面，从收益成本的角度考虑，我国的风力资源主要分布在人烟稀少的西部和北部地区，由于西部经济欠发达造成风电难以就地消化，必须通过并网且远距离输送到东部地区才能被全部消化，生产、运输成本实在是过于高昂[3]；另一方面，从其可利用的限度来计算，也不能满足我国巨大的能源需求。专家预计，"我国有风力资源 253 吉瓦，但风电设施平均年运行 2500—3000 小时，到 2050 年即使有 200 吉瓦开放利用，其提供的一次能源量也只有 1.5 亿—1.8 亿吨。……而现在我们国家的能源缺口是在 20 亿吨标煤左右"[4]。再以太阳能为例，它是公认的地球上最为丰富的可再生资

[1]《中国灰霾面积达 143 万平方公里，北京等地雾霾笼罩》，载中国新闻网，http://news.cntv.cn/2013/01/31/ARTI1359566930530934.shtml，2019 年 12 月 26 日访问。

[2] 李彤：《为什么要发展核电》，载《南方日报》2011 年 4 月 2 日，http://energy.people.com.cn/GB/14303624.html，2019 年 12 月 26 日访问。

[3] 邓向晖等：《核电在低碳发展中的地位与作用分析》，载《中国能源》2012 年第 6 期。

[4] 吴宗鑫、吕应运：《中国需要大规模发展核电》，载《清华大学学报（哲学社会科学版）》2001 年第 3 期。

源，如果得以充分利用，足以满足中国乃至世界的能源需求。但是不可忽略的是，太阳能开发在中国尚处于起步阶段，未来 10 年，我国电力和电量两方面缺口并存且逐步扩大：预计 2025 年煤电装机将达 12.3 亿千瓦，按照“十四五”年均新增新能源 1 亿千瓦考虑，2025 年电力缺口约 6000 万千瓦，年均电量缺口约 500 亿千瓦时。[1] 从供给角度而言，也唯有核电有此能力在短期内弥补这一缺口。

另外，从国家能源安全的角度考虑，我国能源需求既然存在缺口，那么期望通过从国际能源市场进口清洁能源来弥补这一缺口是不太现实的，也是不安全的。最稳妥的方法应是借助国内的资源予以解决。核电的主要燃料是铀，而当前我国已探明的铀矿资源的存量可供 100 吉瓦的核电容量使用 20 年，并且依据专家基于我国地质状况的估算，我们的铀资源的存储量应该更为丰富。[2]

（三）核电安全：中国亟须完善与核相关的法律制度

正如上文所述，发展核电是中国必然的选择，不能因为日本福岛核事故的发生而改变，“核工业是高科技战略产业，是国家安全重要基石。要坚持安全发展、创新发展，坚持和平利用核电，全面提升核工业的核心竞争力，续写我国核工业新的辉煌篇章”[3]。既然“弃核”不成，那么思考重点就应当放置在核电的安全使用方面，尽早制定发展的规划，“我们已经将核安全纳入国家总体安全体系，写入国家安全法，明确了对核安全的战略定位”[4]。此外，核安全已经上升成为总体国家安全观中的非传统安全要素之

[1] 苏南：《国网能源研究院：预计“十四五”煤电装机新增 1.5 亿千瓦》，载《中国能源报》2021 年 12 月 13 日，第 12 版。

[2] 相关的数据来自国际原子能机构（IAEA）的官方网站，http://nucleus.iaea.org/Home/index.html，2020 年 6 月 17 日访问。

[3]《习近平就我国核工业创建 60 周年作出重要指示》，载新华网，http://www.xinhuanet.com/politics/2015-01/15/c_1114011173.htm，2020 年 6 月 28 日访问。

[4]《习近平在华盛顿核安全峰会上的讲话（全文）》，载新华网，http://www.xinhuanet.com//world/2016-04/02/c_1118517898.htm，2020 年 3 月 3 日访问。

一，其内涵既包括防范人为的核攻击（Nuclear Security），也包括防范核事故（Nuclear Safety），[1] 并直接由《国家安全法》予以规范[2]。作为重要的民用核设施，核电站安全运行成为贯彻总体国家安全观的应有之义。

为确保核电能被安全使用，我们应立即着手两个方面的工作：一方面，努力提高核电的安全使用技术，鼓励更多的科研力量投入这方面的研究之中。值得欣慰的是，中国核电的安全管理水平一直都在不断地提升，近些年来的事故数量也呈降低趋势，“2017 年、2018 年和 2019 年每台机组的平均运行事件数量分别为 0.87、0.89 和 0.64 起，低于美国的 2.6、2.1 和 1.7 起，也低于法国等许多国家”[3]。另一方面，建立、完善与核安全相关的法律制度，杜绝因人为因素造成核事故的可能性。尤其值得警醒的是，到目前为止，中国还没有制定一部综合性的《原子能法》[4]。举目环望，拥有核电站却没有《原子能法》的国家是少之又少。很多国家在其核电站还没有大规模兴建之时就已然颁布了《原子能法》，如美国早在 1945 年就制定了类似的法律。事实上，核安全法律与核电安全技术同样重要，它不但可以有效控制政府和监管部门在审批或监管中的自由裁量权，而且可以保障一国的核电发展能持续、均匀和稳定地进行。

综合分析、归纳和总结各国原子能立法的内容，规范的领域主要包括以下几个方面：其一，原子能利用。主要包括核设施设计、建造、运行、

[1] 刘黎明、苏全霖：《论总体国家安全观视域下的核安全》，载《江南社会学院学报》2016 年第 1 期。

[2]《国家安全法》第 31 条规定：“国家坚持和平利用核能和核技术，加强国际合作，防止核扩散，完善防扩散机制，加强对核设施、核材料、核活动和核废料处置的安全管理、监管和保护，加强核事故应急体系和应急能力建设，防止、控制和消除核事故对公民生命健康和生态环境的危害，不断增强有效应对和防范核威胁、核攻击的能力。”

[3]《国家核安全局：海阳核电厂 2 号机组两起运行事件均为 0 级事件》，载新华网，http://www.xinhuanet.com/2020-03/22/c_1125751597.htm，2020 年 3 月 21 日访问。

[4] 目前我们还是有一些与“核”相关的法律，如《放射性污染防治法》《核材料管理条例》《民用核安全设备监督管理条例》《核电厂核事故应急管理条例》等，只是这些与核安全相关的立法体系，主要是以部门规章为主，效力层次太低，与核电的重要性不太匹配。徐辉鸿：《新能源开发利用中的安全机制立法研究》，载《南京工业大学学报（社科版）》2007 年第 3 期。

反应堆监督管理、辐射防护等。其二，核材料的管理。主要包括开采、冶炼、运输、持有、贸易等。其三，核技术的研究和人员培训。通过规范技术研究和人员培训的过程，最大限度为核电的安全运营创造一个有利的外部环境。其四，其他与核有关的领域。[1]当然我们一直没有制定《原子能法》最主要的一个原因，就是在很长一段时间内对于核电的利用持“谨慎”的态度，核电站的建设规模也非常小。但现在国家已明确对核电的利用原则将从以往的“适度发展”变成“积极发展”，核电的建设速度明显加快，那么制定和完善与核相关的法律制度也就迫在眉睫。

由于受到切尔诺贝利核事故的冲击，各国核立法的重点开始向构建和完善核安全法律制度转移。在国际原子能机构等国际组织的倡议和推动下，世界范围内掀起了核安全立法热潮。综观域外立法，核安全法律制度的立法方式主要表现为通过修改或制定核能综合法、专门制定核安全法以及就个别核安全法律制度单独进行立法这三种模式进行。[2]对于中国而言，制定专门的核安全法律会使某些重大关切的核安全制度如核安全监管、核损害赔偿责任和核应急准备与响应等得以放大并强化实施，是符合我国现状的立法模式。近几年来，我国国家立法机关明显加快了“核电”方面的立法工作，整个规范核电发展过程的法律框架已经搭建完成，配套的制度也在不断地完善之中。特别是中国首部《核安全法》已于2017年9月1日经十二届全国人大常委会第二十九次会议表决通过，并于2018年1月1日起施行，有关核安全的基本方针、原则、主要制度、监督管理体制等重大问题已经上升为法律。同时，《核安全法》还明确了核企业的安全主体责任，对核设施营运单位的资质也作出了明确规定，这对进一步完善我国的涉核法律体系具有里程碑意义。

但仍需警醒的是，为降低核电使用风险，仅仅是颁布一两部法律是不够的。核电风险问题已然不是一个单纯的技术规范问题，毫不隐讳地讲，

[1] 陈俊:《我国核法律制度研究基本问题初探》，载《中国法学》1998年第6期。

[2] 胡帮达、汪劲、吴岳雷:《中国核安全法律制度的构建与完善：初步分析》，载《中国科学：术科学》2014年第3期。

翻开任何一本介绍核电站的科普读物，其内容大致基本相同。尽管核电的利用技术在不断提高（核电设备已更新到第四代），但其工作原理并没有改变。简言之，这个过程就是将用铀制成的核燃料放在反应堆内进行裂变（当铀的原子核受到外来中子轰击时，一个原子核会在吸收一个中子后，分裂成两个质量较小的原子核，同时放出2—3个中子。而此次裂变产生的中子又将去轰击另外的铀原子核，引起新的裂变），伴随这一过程的进行会有大量的热能释放出来，然后用高压下的循环冷却水把热能带出，进而通过蒸汽发生器生成蒸汽，再利用高温高压的蒸汽推动汽轮机，最后推动发电机旋转产生电能。一般情形下，核电站由两部分组成：核岛和常规岛。前一装置是原子核裂变生产蒸汽的发生场所（包括反应堆装置和回路系统）；后一装置则是蒸汽发电的发生场所（包括汽轮发电机系统）。[1] 是不是我们只要在法律上对每一个运行环节设置严格的技术标准，就可以把风险控制在最低的程度？

实际上，对于风险的理解我们绝不能仅仅停留于技术层面，尽管客观存在的技术风险也很重要，但风险认知是多维、复杂的，其他方面也应关注。一方面，技术标准制定本身就是一种权力的运行形式，事实上，所谓的技术标准并不存在一个绝对客观、公正的表达形式，它需要专家群体用某种专业术语去定义、表达，因此从某种程度而言，专家就拥有了解释风险的权力，但专家并不等同于科学，信任的前提是专家能正确地表述科学知识，若因其他非正常因素，专家故意歪曲科学知识的时候，那么专家的解释就会失去权威性和正当性；另一方面，由于认知能力的不同，公众和专家对于风险的认识是有很大区别的，很有可能出现的一种情形是，专家认为是低风险的事物，公众却认为是存在很高风险的。正是由于对于风险的认知不能形成共识，很多高科技项目，包括核电项目，出现了因公众强力阻扰而建设停滞的情形。因此，在制定法律时，必须考虑风险的可交流

[1] 姜振飞：《2011年中国核安全报告》，载科学网，http://blog.sciencenet.cn/blog-38979-583907.html，2019年7月7日访问。

性问题，在政府、专家和公众之间建立起一个有效的沟通平台，尽量统一对风险的认知。

另外，在此过程中，我们还需要转变一种观念，之前我们认为公众不支持高科技项目，是因为他们所获得的信息不够充分，对项目的安全性缺乏了解，为此，一些先进的西方发达国家开始了一场以推动公众理解科学为目的的运动。有学者将此称为“缺失模式”（deficit model），其基本观点就是认为公众对科学的认同度与科学素质相关，若要确保公众对科学创新的事物有较高的接受度，唯一可行的路径就是提高公众的科学素养。[1]但事实已经证明，即使通过大众传媒、博物馆、讲座等形式向公众进行科普教育仍不能有效解除其对于这类创新事物的紧张感，同时这也证明科普虽然很重要，但它并不是解决问题的最紧要因素，而最关键的问题是在存在一定安全风险的情况下，如何说服当地居民同意、支持项目的建设，即风险的可接受性问题。

二、研究内容

在思谋这篇文章整体结构的过程中，常常夜不能寐，可以说是一个幽灵一直折磨着我，即这篇论文将要研究的问题是不是一个真问题，是不是一个立足于中国现状亟须解决的问题？例如，美国虽然是核电大国，但在三里岛事件后，公众对于专家和政府的信任度降低，同时，又由于其国内的能源需求较为充分，对于核电的渴求并不是很急迫，因此核电项目长时间陷入暂缓实施的状态。而与之形成鲜明对比的是法国的核电建设情况，法国也是一个核电大国，核电站较为密集地分布在其狭小的国境内，然而，世界范围内几次重大的核电事故均没有影响到该国的核电发展计划，究其原因，大致可归纳为两个方面：一方面，法国能源短缺，煤炭资源并不丰

[1] Evans, G., Durant, The Relationship Between Knowledge and Attitudes in The Public Understanding of Science in Britain. Public Understanding of Science, 1995,4（1）.

富，若要自主解决能源问题，就必须依靠核电，目前法国国内 80% 的用电量都是依靠核电来提供；另一方面，存在对技术精英高度依赖的传统。法国的核电监管机构的负责人均由专家担任，因此民众对于核电的政策制定过程极其信任，基本上都相信政府有能力解决核电的安全问题，发生重大核电事故的可能性几乎没有。

据此，在考虑借鉴别国具体制度时，我们必须认真考虑中国的现实状况，如我国的能源需求现状、政府的公信力、民众的可接受性以及文化传统等因素，尽可能根据本国国情，制定最适当的政策，这样才能防止“南橘北枳”情形的发生，即某项法律制度在别国可能实施得很好，但一到中国就出现“水土不服”的情形。

（一）研究的对象和总体框架

1. 收集、整理与核电发展决策制度有关的文献资料。政府的政策制定过程长期以来都不是法学界的热点和焦点，缺乏系统性的法规范研究，因此从法学角度切入的研究起步较晚，但是随着新行政法理念逐渐为更多学者所接受，尤其是青年学者的广泛赞同，成果已日渐丰硕，研究的广度与深度都在不断地加深。为此，充分吸收、借鉴学界前辈和同人的研究成果，方能看得更远。具体包括：与行政决策制度有关的基础理论研究、法学视角下行政决策制度的研究路径研究、中国核电风险规制的对策性研究和国外关于核电风险规制制度的研究。

2. 核电风险的监管在中国实践及其问题。随着核电在中国的广泛采用，因核电而产生的争议会越来越多，政府在作出相关决策时也承担着越来越大的压力，但纠纷往往不是在法律框架内解决。因此，实践迫使解决纠纷的机制应尽快革新。而化解矛盾的前提在于对现实有一个客观、公正的认识。对学者而言，除了收集、整理个案以外，还必须从制度运行现状的实证调查入手，最大可能占有一手资料，应重点研读四个方面的文献：核电风险类型，核电风险产生的根源，政府发展核电相关决策的程序、方式以及核电风险规制的制度现状。

3. 核电决策过程中规制风险的制度建构。决策过程若能充分实现民主化和科学化，那么，适用核电的风险将会大大降低。为此，决策过程中的程序制度建构就显得至关重要。但是不同的风险类型对于程序的要求是存在差异的，在处理结果上也是不同的。特别是不同风险类型相互交叉时应如何解决，如何提升整个决策系统的整体效率和效果，从源头上将安全风险控制在一个可接受的水平，等等。这些问题都需要对相互交叉的不同风险类型进行精细的制度建构，以程序为抓手规范整个决策的过程，从而提升政府监管、降低核电风险的能力。

（二）研究的重点、难点

在本书中，我们需要解决的核心问题是怎样的法律制度才能确保核电的安全使用？“安全至上”应是发展核电中最根本的原则。对于这个命题，我们可以试着调整观察的角度，从普遍性和特殊性两个角度去理解它，依据前一角度，核电的安全性是一个共性问题，发展核电的国家都会遭遇这一诘问。事实上，各国需要处理的问题都是相同的，所以互相借鉴经验时，就不会存在制度与价值之争。相较之下，依据后一角度，因为与核相关的法律制度还不是很健全，国家的文化传统与制度建构与其他国家又存在很大的差异性，在具体建构中国的核电法律制度体系过程中，我们无疑将要面临巨大的挑战。尽管本书更多泼墨于分析各国建构核安全法律制度过程中共性的东西，但是会处处显露其“中国问题”的底色。

在具体处理上文提及的问题（怎样的法律制度才能确保核电的安全使用）时，我们将重点从两个方面展开论述：一方面，怎样的制度安排能确保监督机构的科学性和可靠性？因为核电技术的高度专业性和复杂性，不可避免地导致行政机构对专家的依赖性，甚至在某种程度上可以断言，科技知识将支配行政机关的行为。因此，在行政体系中如何设置核电监管机构将显得尤为重要，既需要确保该监督机构在知识上有能力判断核电利用过程中是否存在风险，同时还需在制度上保障这个机构能不受外界非合理因素的影响。而这一领域的研究，我们是比较欠缺的。“在传统的以‘行政行为—司法审查’为主轴的行政法学范式下，行政自制往往被划入‘内部行政法’，因而得不到重视。”[1] 另一方面，怎样的制度安排能让各方的利益代表（尤其是公众代表）有效参与到核电安全的规制过程之中？美国行政法学家斯图尔特曾经说过：“一个日益增长的趋势是，行政法的功能不再是保障私人自主权，而是代之以提供一个政治过程，从而确保在行政程序过程中广大受影响的利益得到公平的代表……”[2] 在价值和利益多元的当下，行政权的运行仅依靠严格遵守已有立法（更何况立法机构能提供“精确”规则的能力不断降低）来解决其正当性问题是不充分的。如经过合法审批、手续齐全的核电站建设规划，在开工建设时可能因遭到当地民众的激烈抵制而停建。不过，这也并不意味着“法律可以虚无化”，严格遵守通过民主程序制定的规范是最基本的要求，只是在此基础上，我们对整个决策过程提出了更高的要求。正如王锡锌教授所言：“行政过程在很大程度上已经‘政治化’了，其正当性也就需要更为多元的证成。”[3]

值得注意的是，大众参与如核电这样的高科技决策时，知识的缺乏决定了其参与的限度，我们特别需要关注的是在确保专家独立性和可靠性的前提下，如果科学共同体对某个问题已经达成高度共识时，那么怎样通过制度构建达到民众接受专家意见的目的？在 20 世纪的 70 年代，美国学者 O’Hare 首次提及邻避设施（not in my backyard，NIMBY）及其引发的邻避冲突[4]，依此理论框架，可以部分解释因兴建大型工程所引发的各种矛盾的原因，即选址附近的居民主要是因为自利动机和环境保护意识高涨，而自发地抵制工程的建设。

邻避设施大致有三个明显的特征：首先，具有一定的社会利益，满足

[1]《中外法学》编辑部：《中国行政法学发展评价（2010—2011）》，载《中外法学》2013 年第 4 期。

[2] [美] 理查德·B. 斯图尔特：《美国行政法的重构》，沈岿译，商务印书馆 2011 年版，第 2 页。

[3] 王锡锌：《行政正当性需求的回归：中国新行政法概念的提出、逻辑与制度框架》，载《清华法学》2009 年第 2 期。

[4] O’Hare M., Not on My Block You Don’t: Facility Sitting and the Strategic Importance of Compensation, Public Policy, 24（4）, 1997, pp. 407–458.

社会需求。邻避设施存在的价值随着社会的发展愈加明显。其次，会产生明显的外部负面作用。这主要包括空气污染、水质恶化、生态影响和噪声污染等，从而引发对是否损害身体健康的隐忧。最后，成本与效益显失均衡，有不公平之嫌。邻避设施通常对大多数人（尤其是那些不居住在工程建设地的居民）来说，都是利远远大于弊，可对于那些居住在建设地附近的人而言，承担的成本要远远高于所得到的利益，尤其是具有高度邻避效果的设施（参见表 1.4）。基于这两个理由，居民通常会反对将这类大型工程项目建设在自家附近，并且在邻避情结的支配下，邻避设施的兴建基本上都会引发激烈的冲突。

表 1.4　邻避设施的分类

标准	主要特征	具体种类
轻度邻避后果	有正面外部效益，也有负面外部效益，但以正面外部效益为主	学校、车站、购物中心等
中度邻避后果	有正面外部效益，也有负面外部效益，但以负面外部效益为主	疗养院、智障中心、菜市场、监狱等
重度邻避后果	只有负面外部效益	核电厂、垃圾焚烧厂等

（三）研究的创新点

本书在研究上述问题时，若按传统规范法学的径路，法律是一个由各种效力不同的规则组成的体系，具体而言包括宪法、法律、法规、规章乃至规范性文件，然后将行政机关的行政行为放入其中，那么对行政权力合法性的判断将是一个非常简单的技术性动作。但是对于风险规制而言，恐怕并非如此简单。以核电风险规制为例，以下两个方面与传统的行政法研究对象有很大的不同。

一方面，“不确定性”的挑战。尽管核电技术的安全性现在已经很高，但还不能保证万无一失，若遇到极端情形，仍存在发生事故的可能性。因此，建设核电站风险究竟有多大，该如何控制以及控制在什么水平之内是可接受的，这一系列的问题都面临着不确定信息，即便是科学家，恐怕也无法达成共识。既然科学上还存在一定的不确定性，那么这也决定了在此领域立法机关是有先天局限性的，即无法为行政机关的行为提供完全、精准的规则。

另一方面，“公众不服从”的隐忧。在人类学、文化学上，风险是一个群体对危险的认知，它的作用是辨别群体所处环境的危险性。[1]例如，同样的一个核电站，距离远近不同的群体会有不同的风险感知，对于那些风险感知强烈的群体，他们的诉求若在现有的法律框架下不能得到妥善解决的话，那么他们很可能采取一种公开的、诉诸公理的抗争行为，其目的就在于抵制、改变那些被认为会给他们带来不能承受的风险行为。因此，在核电风险规制过程中，传统的行政法框架在解释现有行为的合法性问题时，已显得无能为力。我们必须寻找新的研究范式。

目前可行的建议是把行政法学的研究范围扩大，将行政决策的过程纳入研究视阈中。首先，我们应当对行政决策有一个正确的认识，就其具体内涵而言，学界基本达成共识，并没有多大争议，即具有法定行政权的行政机关或行政官员为了实现行政目标，依据既定的政策和法律，对面临要解决的问题，拟定并选择活动方案，做出决策的行为，这一行政活动具有公共性、执行性、广泛性、法定性等特征。[2]但需要强调的是，这一概念并非传统法学的研究对象，而是归属于公共行政学的研究范畴。详言之，传统行政法学研究范式的建构是以“行政行为—司法审查”为中心，并且行政决策多属于行政机关的内部行为，通常是将其归入行政行为制定的过程之中，所以并没有给予其过多的关注，不过随着行政程序法治的不断深入，传统行政法学研究范式的不足日益凸显，“往往只是静态地考察行政行为的法律效果而没有对行政行为法律效果的形成过程予以足够的关注，这

[1] 杨雪冬:《全球化、风险社会与复合治理》，载《马克思主义与现实》2004年第4期。

[2] 刘峰、舒绍福:《中外行政决策体制比较》，国家行政学院出版社2008年版，第2页；徐文惠等:《行政决策学》，中国人民大学出版社1997年版，第2页；贺善侃、黄德良主编:《现代行政决策》，上海大学出版社2001年版，第17页。

种‘静态行为类型论’的研究范式必然将行政决策作为一种事实行为而排除在行政行为类型的视野之外”[1]。

为此，我们应当考虑在整个宏观行政过程之中，并以一种动态的视角去把握行政决策这一研究对象，精确认知这一活动的法律属性（包括法律制度性质、法律实体规制以及程序规制等），从而将其引入法治的范围内。也正如有的学者所述：“‘行政行为’受到民法上法律行为效果的影响，强调行为本身对当事人实体权利义务的约束性影响，力图借此限制政府权力为个体权利提供更多的保护，有极其强烈的个人主义倾向。‘行政决策’的概念更为开放，能够容纳行政决策的全部过程，可以为政治意义上的民主化科学化和法律意义上的行政程序权利提供更为广阔的制度空间。”[2]

具体到核电风险规制领域，一方面，由于被规制对象存在着高度不确定性的特征，导致无法通过明确的法律条文精准地规范政府行为，只能大量地授权行政机关，赋予其诸多事项的最终决定权（final say），如核电领域内各项技术标准的制定；另一方面，发展核电所能带来的巨大收益也影响着决策过程。众所周知，建立一座核电站不仅可以为本区域提供廉价的清洁能源，而且直接的经济效益也是非常可观的。参考《核安全法》和2016年国家发展改革委、能源局起草的《核电管理条例（送审稿）》，政府在核电项目中需要决策的事项包括核电发展规划、核电安全规划、核电厂选址、核电项目前期工作许可、核电项目正式核准、核电技术新堆型的安全评审等大量环节。不难想见，如果没有有效的制约，这些决策异化的可能性将大幅增加。

（四）研究目的与意义

正如前文所述，在现阶段形式法治无法完全证成的前提下，欲证成核电站项目的建设决策的正当性和合法性还需依赖的路径主要是民主与科学，

[1] 戴建华：《作为过程的行政决策——在一种新研究范式下的考察》，载《政法论坛》2012年第1期。
[2] 于安：《我国行政法律体系改革的基本问题》，载《国家检察官学院学报》2012年第4期。

即公众参与和专家意见。但是这二者之间也是存在张力的。在如何缓和、化解此类能源工程所带来风险的问题上，学界也出现了两种针锋相对的主张：一种是科学理性模式（或精英模式）。即既然代议机关不能制定出切实可行的规则以规避风险，那么就应当对行政机关进行宽泛和模糊的授权，以便行政机关在理性的支配下（专家的指导下）有充足的权力去进行决断。另一种则是引入直接民主模式（或公众参与模式），既然科学知识上存在一定的不确定性，那么就将此问题交付民众裁决，以此获取决策的广泛的可接受性。但在实践的决策过程中，行政机关不可能完全不考虑公众的意见或专家的意见，只是在不同的项目决策中，二者所占的分量不同而已。

因此，如何通过具体的制度安排规范决策的过程，并且在程序中引入公众参与和专家咨询两种制度，让专家和公众充分参与行政决策的全过程，使得行政机关作出的关于核电建设的所有决定都能具有科学性和民主性的品质，最终实现核电安全适用的目标，这才是本书的旨趣所在。

此外，本书还拥有一个更大的理论抱负，在高度发达的现代化和工业化进程中，如核电技术这般虽由人类自身发明，却威胁着人类健康、安全乃至生命的高科技肯定会层出不穷，安全风险也必将如影随形，我们需要建构一个行之有效的监管法律体系达至理想目标。

三、核心概念的界定

实际上，写作总是围绕一些关键词展开，若阐释得当，书稿的主题就会表述得清晰、准确。为更精准地表达书稿的主题，有必要提前将本书所涉及的核心概念统一予以解释，通过掌握、理解这些概念的内涵，有助于准确把握本书的研究主题、框架以及思考的路径。

（一）风险、危险和不确定性

对于整篇论文而言，“风险”是一个能串联起所有章节的关键词，厘定清楚它的含义至关重要。文到此处，我很想表达对“风险社会”理论的建构者——德国学者乌尔里希·贝克的钦佩之情，通过创建在一个概念基础之上的理论，他已经改变了整个世界的思考方式。[1]“风险理论”的提出让我们意识到，在当今时代除了面临我们祖先在前工业社会时代同样面临的风险（如地震、洪水和干旱等）以外，我们还越来越多地面临工业化进程带来的各种人为制造的风险，如核风险、转基因工程风险、人工智能风险以及金融风险等。它警醒世人建立行之有效的风险防范机制已经迫在眉睫，若不能未雨绸缪，人类必将为此付出惨痛的代价。

据相关文献显示，“风险”最早和航海相联系。贝克通过考证认为风险概念可以追溯至洲际航海时期，那时风险概念可以被理解为冒险，并且与保险概念紧密相连。[2]随后，吉登斯认同了这一观点，“风险概念最初起源于探险家们前往前所未知地区的时候，还起源于早期重商主义资本家们的活动”[3]。而早期洲际航海的参与者主要来自意大利，他们就用本民族的语言杜撰了一个单词“RESQUE”来指代客观的危险，表现为自然现象或者航海中遇到礁石、风暴等事件，此后其他国家的语言中也先后出现了与该词相对应的词汇，如 17 世纪英语中就出现了风险的指代词“Risk”。[4]后来随着这个词的广泛应用，其意涵也逐渐地丰富起来，但同时也伴随混乱与争议。[5]仅以贝克对“风险”一词的定义，就可见其指代意义的多样性与复杂性：“1.（风险）是一种‘虚拟’的事实；2.（风险）是指向于充满不确定的未来，且是影响当下行为的一个因素；3.（风险）既是客观的现

[1] “《风险社会》1986 年在德国发行出版，在第一个五年就卖掉了六万本，这是‘二战’后少有的图书销售量（除教科书以外），据说在德语世界的著作中只有之前由哈贝马斯写作的《公共领域的结构转型》被译为英语后的销量可以与之媲美。……以德国环境法为例，截至 2011 年，Duncker and Humblot 出版社于 20 世纪 80 年代中期开始围绕该主题出版的（主要是）博士论文已经累计 116 部，若全部统计各个学科关于风险规制的研究文献，定有更加惊人的数量……”参见刘刚编译：《风险规制：德国的理论与实践》，法律出版社，2012 年版，第 3—6 页。

[2] [德] 乌尔里希·贝克等：《自由与资本主义》，路国林译，浙江人民出版社 2001 年版，第 119 页。

[3] [英] 安东尼·吉登斯、克里斯多弗·皮尔森：《现代性：吉登斯访谈录》，尹宏毅译，新华出版社 2000 年版，第 75 页。

[4] 宋明哲：《现代风险管理》，中国纺织出版社 2003 年版，第 4 页。

[5] 李瑞昌：《风险、知识与公共决策》，天津人民出版社 2006 年版，第 73—88 页。

实陈述，也是一种主观的价值抉择；4.（风险）可以视为对‘不确定因素’的控制与失控；5.（风险）是人类在认知过程中体悟到的一种独特的‘知与不知的接合’；6.（风险）既是全球的也是本地的；7.（风险）是认知过程中不同见解之间的争议；8.（风险）社会是一个融合了自然与文化之间界限的人造的社会。”[1]

事实上，概念最大的作用就是为了搭建一个沟通的平台，它的目的在于交流己方的观点。对于概念的讨论乃至争论，都是为了更加方便、清晰地讨论问题和解决问题，基于此，本书对于“风险”的理解也主要是从需要解决的问题入手，相较于贝克的定义指向性与目的性更强，即指核电技术在使用过程中可能发生实质性损害自然环境、人身健康的情形，且由于认知能力的不一致，造成不同人群对此同一使用过程产生了不同的认识。

在定义了“风险”的意涵后，我们再来辨析“风险”“危险”“不确定”三个概念之间的异同。诚如上述，风险是指发生损害的一种概率，且通过科学技术可以予以消减，而危险则指可以肯定将要发生或已经发生的灾难，其与损害之间存在高度的确定性，所以吉登斯认为：“人们把危险当作命中注定。危险要么来自上帝，要么仅仅来源于人们认为是理所当然存在着的世界。风险理念与实施控制的抱负，特别是与控制未来的观念密切相关。”[2] 简言之，风险就是一种介于安全与危险之间的状态，当然风险状态不会一直存续下去，它必然会向安全或危险方向转化。相比较而言，“风险”与“不确定”含义接近，但还是有些许差别。“风险”是根据已有知识推断出将来有可能发生的后果，虽然是否一定会发生不能确定，但是发生的概率是可以计算出来的。“不确定”的状态则是什么都不知道，既不知道结果，也不知道发生的概率。对于二者之间的区别，奈特曾经从经济学的角度给予了一个较精确的阐释，“如果一个经济代理人面对的随机状态可以

---

[1] Uirch.Beck,Risk Society Revisited:Theory,Politics and Rearch Programmes,In the Risk Society and Beyond:Critical Issues for Social Theory.Sage Publications,2000, pp.211-229.

[2] ［英］安东尼·吉登斯、克里斯多弗·皮尔森：《现代性：吉登斯访谈录》，尹宏毅译，新华出版社 2000 年版，第 193 页。

用某种具体的概率值表示，那么，这种随机状态就称为风险；如果一个经济代理人面对的随机状态不能够（至少在目前条件下还不能）以某种实际的概率值表述出可能产生的结果，这种随机状态则称为不确定性”[1]。

（二）公共风险与私人风险

之所以想在此借德国学者彼德·胡伯（Peter Huber）的理论区分“公共风险”和“私人风险”这两个概念，是想限定行政权规制的空间。实际上，公共权力的行使是有边界的，边界之外是私人领域，通常行政权不会介入期间。“风险社会”理论同样会面临这样的疑问，这是不是政府又一次扩张自己权力的借口？因此，借用胡伯的理论，将风险区分为公共风险和私人风险，同时将政府规制的对象限定为“公共风险”。[2] 依据胡伯的定义，公共风险的具体含义是指，“集中或规模生产、广泛存在，且绝大部分是一个人或少数人无法控制的，威胁到人类安全的风险，如大型发电站或大型化工厂所带来的风险”[3]。与此相对应，私人风险则指“分散制造、可受个人控制的风险”[4]。这二者最大的不同就在于风险是否能受个人控制，若是个人能够充分控制风险，则无政府规制的必要，“对于私人风险，通常的做法是由风险制造者来承担其责任，且经过检验这是一条行之有效的举措”[5]。但对于公共风险，若也试图利用侵权法类似的规定来予以调整则未必恰当。

因为公共风险产生的目的是降低众多私人风险发生的概率，如建立核电站就是为了消减建立众多小型火电厂所产生污染的风险，如此，核电产生的风险应当允许其在一定范围内存在，所以一旦出现事故，就让风险制

---

[1] F.knight ,Risk,Uncertainty,And Profit.Sentry press,New York,1964, pp.173-186.

[2] Peter Huber,Safety and The Second Best:The Hazards of Public Risk Management in the Courts, 85Colum. L. Rev.273,1985, p.277.

[3] ［德］乌尔里希·贝克等:《自由与资本主义》，路国林译，浙江人民出版社 2001 年版，第 277 页。

[4] Peter Huber,Safety and The Second Best:The Hazards of Public Risk Management in the Courts, 85Colum. L. Rev.273,1985, p.278.

[5] 傅蔚冈:《对公共风险的政府规制——阐释与评述》，载《环球法律评论》2012 年第 2 期。

造者（核电厂）独自承担所有责任，不免有失公平，“……单个主体已经无法凭借一己之力应对那些公共风险，要将公共风险维持在一个可接受的程度上，必须通过政府规制，从而实现社会的安全和卫生”[1]。不过，将风险如此进行区分，稍显把复杂问题进行了简单化处理，毕竟在实践中，这两类风险经常交织在一起，很难做出明确的区分。[2]

（三）客观风险与主观风险

诚如上文所述，风险概念最初的提出是为了描述一种客观的存在，但囿于个人的知识结构的不同，每个人感知风险的能力是有差别的。[3]一个简单、客观的外部存在经过多次的人脑反映成像后，会变得非常复杂。为后续研究的需要，我们还需要将风险进一步细分为客观风险和主观风险，二者之间的区别在于：对于前一类风险，可以被理解为是客观存在的一种可能性，并且在专家的眼里，这种可能性通常只需一个公式就可以充分表达，“风险 = 概率 × 后果”[4]，而且专家相信通过他们的努力，可以不断降低该公式中的概率，从而有效阻止，乃至规避不利后果的产生，当然对于此类风险的具体定义，会演变成一种权力，即专家或由专家支持的当权者以科学理性之名，享有定义风险的权力。

法律的作用在于构建一个合理的制度框架，保障专家能独立、客观和公正地对客观存在的风险做出评估；而后一类风险则更为强调由于民众的

[1] Uirch.Beck,Risk Society Revisited:Theory,Politics and Rearch Programmes,In the Risk Society and Beyond:Critical Issues for Social Theory.Sage Publications,2000,pp.211-229.

[2] 胡伯也承认如此划分的确显得过于简单化，在实践中，公共风险和私人风险之间的区别并不是如此的泾渭分明，事实上两者常常相互交织在一起，很难区分开来。宋明哲：《现代风险管理》，中国纺织出版社 2003 年版，第 4 页。

[3] “‘风险认知’概念是风险社会背景下风险的感知和认识研究兴起的产物，一般认为，它是用来描述人们对风险的态度和直觉判断的一个概念，广义上，它也包括人们对风险的一般评估和反应。”刘金平、周广亚、黄宏强：《风险认知的结构、因素及其研究方法》，载《心理科学》2006 年第 2 期。

[4] Frank B.Cross,The Public Role In Risk Control,24Enviromental law883,1994, pp.888-889.

风险认知水平不一样，且对于风险的感知又容易受各种其他因素的影响[1]，往往比科学家所描述的风险要复杂很多，通常他们可能不太关注概率问题，更多时候是关心一旦发生事故，到底会出现怎样的不利后果。而行政机关为能顺利地实现行政目的，在行政决策过程中就必须考虑民众对于风险的偏好，“探讨专家与大众的权利配置对于行政规则的理性与可接受性的影响，并从符合价值偏好而非简单的‘合法律性’角度来解释‘可接受性’”[2]。而法律的目的就是通过合理的制度安排，让行政机关在做出相关决策时，能充分地考虑民众的价值偏好，进而促成行政目标的顺利完成。

四、研究方法与进路

核电的安全直接关涉国家的整体能源战略是否能顺利施行。为确保万无一失，大家的关注度主要集中在两个方面：一方面是技术上革新，不断提升核电技术的可靠性，把发生事故的风险降至最低；另一方面是完善各项规章制度，排除因人为原因造成安全事故的隐忧。前一个方面的工作主要依靠核电产业的专家们完成，囿于技术含量非常高，一般人难以进入这个领域。而后一个方面的工作则很大程度上要依赖法律的完善。实践已经走在理论的前面，与核电相关的法学研究必须迎头赶上。在具体建构中国核电的法律框架时，必须坚持三个方面的研究原则：首先，中国问题意识与比较法资源相结合。吸收国外的先进经验也必须立足于解决中国的具体问题。其次，法学的建构性、规范性分析与跨学科的方法、知识相结合。传统的法律框架、原则以及相关知识解决不了核电的安全问题，成熟的核

[1] “大致而言，影响民众对风险认知的因素有：（1）风险是自愿承担还是由外在因素强加的？（2）风险是熟悉的还是陌生的？（3）风险是会导致及时伤害，还是隔一段时间才显现出来？（4）风险是如何表达的？”［美］刘易斯：《技术与风险》，杨健、缭健兴译，中国对外翻译出版公司1994年版，第23页。

[2] 王锡锌、章永乐：《专家、大众与知识的运用——行政规则制定过程的一个分析框架》，载《中国社会科学》2003年第3期。

电法律制度需要多学科的共同支撑。最后，应当以行政决策为视角重新建构法学的研究路径。法律的角色绝非传统意义上的“控制”，应是一种规范，在确保安全的前提下，鼓励、支持核电的大规模应用。

（一）中国问题意识与比较法资源相结合

首先必须承认，中国的核电技术起步较晚，我们真正意义上的第一座核电站始建于20世纪80年代，但是随着国家经济的持续、高速发展，对于清洁能源的渴求日益凸显，目前我国核电在运核反应堆47座，装机容量位居全球第三，在建规模已经位居世界第一。[1] 虽然核电发展的速度非常迅速，但是制度建设方面还是存在明显的不足，亟须完善。由于核电技术较发达的国家，如美国、法国以及日本等，从20世纪五六十年代就开始大规模地使用核电，与之配套的制度建设也积累了相当丰富的经验，较为完善。

事实上，对于规制核电技术风险的探索离不开对其他法域资源的借鉴与比较。环顾四方，在这一领域，理论、制度和经验都较为成熟的国家主要是美国、法国和日本。不过考虑到语言和资料来源上的便利性，本书所借助的比较法资源又主要聚焦于美国和法国，这两个国家都是发展核电较为成功的典型，前者是世界上拥有核电站数量最多的国家，而后者则是最依赖核电的国家，核电在国家能源供给中占据支配性的地位。尤值一提的是，法国尽管国土面积狭小且处于欧洲“反核”浪潮的最前沿，但政府仍可以大规模地发展核电，的确令人刮目相看。

在比较研究的过程中，我们将主要运用目前比较法研究中常用的功能主义的研究路径，所谓功能主义是将法律视为政府机器的一个组成部分，其主要关注点是法律的规制和便利功能，因此而注重法律的意图和目标，并采取一种工具主义的社会政策路径。[2] 详言之，就是将比较法上的理论、

[1]《中国大陆在运核电机组47台，居全球第三》，载新华网，http://www.xinhuanet.com/world/2019-08/21/c_1124903826.htm，2020年6月13日访问。

[2]［英］马丁·洛克林：《公法与政治理论》，郑戈译，商务印书馆2003年版，第85—87页。

具体制度放置在本国特有的区域文化背景下考察，以期能全面地理解创制这些理论和制度的初衷，探究其成功完成预设立法目的的原因。同时我们也会在“事实本质”的层面进行横向比较。例如，在如何科学地设置决策机关的问题上，将对美国的独立管制机构和法国的核安全管理局进行追本溯源式的研究，同时也会从制度本质与功能意义层面进行比较，进而观察、梳理和总结在规制核电风险的过程中，设置怎样的监管机构是较为合适的一般思路。又如，为消除本国民众对于核电的恐惧心理，各国在自己特有的文化背景下，通过构建怎样的法律制度能达到说服民众接受核电风险的目的。

当然，我们通过功能主义的研究径路去探究这些国家的制度实践经验的时候，其终极目标还是解决中国发展核电所要面临的问题，即如何将科学理性和民主注入我们的决策过程中，提升决策的质量，增强民众的可接受性，降低发展核电所带来的风险。简言之，我们对于每一个问题的比较研究，都存在一个与之相对应的中国问题意识，借鉴的目的也只不过是更好地解决本国问题，实现确保核电安全适用的立法初衷。

（二）法学的建构性、规范性分析与跨学科的方法、知识相结合

一般而言，行政法学的研究径路主要有两个：一方面是从建构的角度去理解行政法，它主要聚焦于行政过程，是行政权行使本身的需要，所以将行政法所调整的基本社会关系主要限于行政主体对行政相对人的服务或管理[1]，不过这一路径容易忽略以司法机关为主的外部力量对行政权的监控；另一方面则是从规范的角度入手，沿着这一路径思考的精髓在于明晰行政法的控权作用，即制约行政，而不是行政机关实现管理目的的工具。它的不足是将自己的目光局限于外部的监督（司法审查），而不能客观、全面地了解行政过程的内部法理逻辑，不可避免地将行政机关的自我立法排除在行政法的研究范畴之外。这二者对于行政法的认识都是片面的，所以我们

[1] [法] 莱昂·狄骥:《公法的变迁》，郑戈译，中国法制出版社 2010 年版，第 74—76 页。

需要创造一种能包容、平衡这两种不同倾向的新研究范式。值得强调的是，在核电监管领域，创新行政法的研究范式尤为重要。详言之，以保护个人权利为导向的司法审查制度虽然可以维护个人权利不受行政权力侵犯，但并不能够解决规制核电风险行为本身的合理性。因此，如何化解功能主义与规范主义之间的对立，将二者纳入逻辑一贯的行政法学体系中，也是本书在研究方法方面欲创新之处。

当然，基于行政决策本身所具有的开放性特征，在法学的分析方法之外，我们还必须借鉴和运用其他学科的一些知识和研究方法来补充给养。如风险社会的研究成果（特别是从文化角度进行的研究）、传播学的理论和知识、经济学的博弈理论、公众参与效力阶梯的研究框架，等等。

（三）重视经验的实证分析研究范式

缩小理论与实践之间鸿沟的有效方法就是实证分析。核电风险规制理论中一些普遍接受的常识性知识，也往往在实证面前撞得头破血流，不能自圆其说。为了使本书的解释能更符合实际情况，观点的论证将尽可能地给予实证。

事实上，法学视角下的实证主要有两类：一方面，是政府公开的涉及核电建设的相关信息。《政府信息公开条例》比较完整地规定了政府信息公开的基本制度。其中，明确规定政府信息公开应当重点推进财政预算、公共资源配置、重大建设项目批准和实施、社会公益事业建设等领域的政府信息公开。核电站建设投资大、社会关注度高，一直都是政府信息公开的重点。对于重要的决定，公众也是可以通过法定渠道查阅到的。另一方面，则是编入《人民法院案例选》中的判例。随着核电的积极发展，因“核”而产生的各类争议势必大量增加。作为解决纠纷的专门部门，法院肯定会承担处理与此相关案件的主要职责。通过对其审理案件思路的仔细梳理与研究，可以更好地观察、总结法律的实施现状。此外，文中也会使用个别复议案例和见诸报端、网络的案例，但尽可能不引用未经官方正式报道或公布的案例。本书将坚决杜绝用想象或假设的案例来证立相关观点是否成立的做法。

（四）面向行政决策的研究径路

正如上文一再强调的，行政法的功能不再是保障私人自主权，而是代之以提供一个政治过程，从而确保在行政程序中广大受影响的利益得到公平的代表。[1]换言之，在利益关系复杂的现代社会，行政主体与相对人的关系已经不局限于结果，相对人要求参与到过程之中的呼声越来越强烈，而只有相对人的参与和了解，行政主体和相对人之间的服务与合作才能开展，相互间的信任才能建立。[2]

面对这种转变，行政法不应仅仅关注司法保障的议题（权力控制—权利保障），而是应进一步思考怎样的制度设计和程序安排可以较完满地平衡公益与私益之间的关系，赋予行政相对人更多的参与权和了解权。正是秉持这样的一种行政法理念，新行政法的研究径路与传统行政法的研究径路还是存在明显的区别，“后者主要为保护个人权益而设，但环境问题、都市问题、社会福利问题、医疗科技问题等领域，行政程序的保护主体，不单限于特定个人，而扩及全体国民或者不特定多数人。行政应发挥的角色，已不仅是保障个人权益，更应发挥合目的性调整机能，统合利害关系间之冲突，汲取专业意见及凝聚社会之共识”[3]。因此，之所以选择面向行政决策的新的研究径路也正是基于这些方面的考虑。行政法若以行政决策为核心进行构建，不仅可以确保行政决定的科学性（正确性），提升政府行为的公信力，而且能够规范决策的过程，通过公开、透明和平等协商，平衡好各方面的利益，达到各方接受行政决定的目的。当然，在这一法学框架之下，公共利益的保护也是不应忽

---

[1] [美] 理查德·B. 斯图尔特:《美国行政法的重构》，沈岿译，商务印书馆 2002 年版，第 2 页。

[2] 叶必丰:《行政法人文精神》，湖北人民出版社 1999 年版，第 212 页。

[3] 蔡秀卿:《多元价值与行政程序》，载其著作《现代国家与行政法》，学林文化事业有限公司 2003 年版。转引自唐明良:《环评行政程序的法理与技术——风险社会中决策理性的形成过程》，社会科学文献出版社 2012 年版，第 26 页。

视的。

应当承认的是，核电行业是较为特殊的政府监管领域，也是新的行政法研究范式得以孕育、提出和讨论的主要原因之一。因此，在本书的研究中，将始终坚持“面向行政决策”的研究思路，将新行政法的基本价值、观点和方法融入具体问题的研究之中。在强调专业性而民主正当性问题又非常凸显的核电监管领域，这样的研究径路或许是必需的。

五、文献综述

在堆积如山的文献资料中，时时担心自己遗漏应该阅读的文献，对前辈、同人的观点表述不全面、清晰，形成知识方面的硬伤，所以在此有必要梳理和交代清楚自己查询、阅读文献的线索，以便展开后续的研究。

正如前文所言，本书的主要旨趣是为了给涉及高科技的决策活动，诸如核电、转基因食品、化工项目等搭建一个合法性框架，即如何通过具体的制度安排来规制行政权力的恣意和专断，同时在程序中充分引入公众参与和专家咨询两种制度，从而使行政机关在作出决定时能具有科学性和民主性。在此选择的一个切入点就是核电项目的建设，毕竟这里存在一个大的国家时代背景，因经济发展的需要和清洁能源匮乏的现实状况，中国必然需要大规模发展、适用核电，在可预期的未来，核电建设肯定会迎来一个建设高潮期。因此，以核电介入研究风险规制具有较强的理论与实践的价值。为了将这一核心命题研究透彻，建构具有针对性的风险规制法律框架，我们主要从以下几个方面来组织、阅读资料：其一，关于行政法学范式转换的文献；其二，关于风险治理的文献，其中包括风险规制、风险评估、风险管理、风险交流的文献；其三，关于风险认知、认知心理学的相关文献；其四，关于核电规制与核电行业的学术文献，这些更多是由核电、核能行业的人士撰写的，但其内容可构成行政法学研究素材。

（一）新行政法研究范式：法释义学向法政策学的转型

1989年《行政诉讼法》颁布后，逐步建构起以规范和控制行政权为主线的行政法学总论体系，晚近则发展出以行政法的解释和适用为主要取向，以实定法律秩序为出发点，以法律方法为核心要素的行政法释义学。[1]关于行政政策本身形成的过程并没有引起学界的普遍关注。较早的研究有解战原、张农基、余明永、关保英等，提出了行政决策的科学化、法治化等命题，并提出将程序构建作为行政决策法制化的重点内容的构想。[2]伴随议会民主的“空洞化”和司法审查的“被动立场”，各国行政法学者逐渐认识到单纯司法视角下的法解释研究的局限性，转而将理论视野拓展到行政法的规划过程、合法化过程、执行过程以及执行结果评估等行政过程全体。[3]

中国行政法学界以“行政决策”作为研究对象的论文逐渐增多，学者试图以此为载体，转变行政法的研究范式，即真正将行政过程作为行政法的核心研究对象。“有必要研究如何实现‘科学过程的民主化’，探讨如何建构更为妥当的审议民主程序，让包括公众、社会团体、新闻媒体在内的利益相关方，都能在信息充分、参与机会平等、决策程序公平的条件下，对相应风险政策进行公开讨论，让不同声音都能进入政策的竞技场，让不同利益和考量都能得到应有的衡量。”[4]当然，在具体研究径路的选取上，学者们的学术旨趣还是存在较大的差异。

姜明安教授长期关注行政法的发展趋势，并一直在为“新行政法”而

---

[1] 宋华琳：《中国行政法学总论的体系化及其改革》，载《四川大学学报（哲学社会科学版）》2019年第5期。

[2] 解战原：《试论决策的法律化问题》，载《政法论坛》1985年第5期；张农基：《浅谈国家行政机关决策程序的法制化》，载《法学评论》1988年第2期；余明永：《论行政决策的科学化》，载《西北政法学院报》1988年第2期；关保英：《行政决策的法律调整》，载《决策探索》1993年第6期。

[3] 鲁鹏宇：《法政策学初探——以行政法为参照体系》，载《法商研究》2012年第4期。

[4] 宋华琳：《中国行政法学分论研究：体系、课题与立场》，载《安徽大学学报（哲学社会科学版）》2020年第3期。

四处疾呼。他认为受20世纪后期全球涌动的经济全球化、信息化、市场化与民主化四大世界潮流的影响，作为主要调整政府行政行为法律部门的行政法发生了且还正发生着重大而深刻的变化。“新行政法”之“新”最重要的一个特征就是，行政法已经不是纯粹调整“命令—服从”的单向静态关系，而是强调“协商—参与”的动态关系，研究的视角应深入行政过程之中，全面、动态地观察政府行为。[1]

王锡锌教授认为，传统行政法通过形式合法性（“合法律性”）向行政活动“传送”正当性，与法律的一致性是判断行政正当性的唯一依据。这一模式在当代社会面临功能障碍，应当建立“新行政法”的制度框架，这是一个“面向行政过程的合法性框架”，或称“以形式合法化、理性合法化、民主合法化为路径的复合式行政合法性框架”。这一框架的核心是一种能够保证公平代表、有效参与的“制度过程”，在其中各种利益得以表达、交流、协商、妥协，因此也可称为“公众参与模式”。[2]

沈岿教授提出，政府行为合法性的本质在于可接受性，可以将“开放反思型的形式法治”作为政府行为可接受性的基础，同时作为中国公法变迁的规范性基础。这种法治模式主张的核心在于实在法可适用性的假定应当建立在开放的决策过程之上，通过这样一个富有意义的反思过程的处理，使有关政府行为获得“一时”的可接受性。不过他也察觉到，这些主张还有待更加细致地展开。何种程度的开放和反思才为适当？开放和反思的制度结构应如何安排？开放反思型决策过程的动力何在？这一系列的问题都有待进一步研究。[3]

朱新力、宋华琳教授提出，以司法审查为中心架构起来的行政法学体

---

[1] 姜明安：《全球化时代的“新行政法”》，载《法学杂志》2010年第10期。

[2] 王锡锌：《公众参与和行政过程——一个理念和制度分析框架》，中国民主法制出版社2007年版；王锡锌：《行政决策正当新要素的个案解读——以北京市机动车“尾号限行”政策为个案分析》，载《行政法学研究》2009年第1期。

[3] 沈岿：《因开放、反思而合法——中国公法变迁的规范性基础》，载《中国社会科学》2004年第4期。

系，其关注的节点坐落于整个行政过程的“下游”，力图通过司法审查来规范规制者，从而维护相对人的权益。发轫于20世纪六七十年代的政府规制理论（以行政决策为基点）为现代行政法提供了一个强有力的分析工具，有助于革新传统行政法的概念框架和学理体系，建立对真实世界行政过程有解释力的现代行政法学体系。[1]

周佑勇教授认为应当围绕法治的要义和精神，致力于建设中国特色社会主义法治体系的法理省思与理论架构，从而服务于“全面推进依法治国，加快建设社会主义法治国家”的重大战略需求，实现发展中国特色社会主义法治理论的研究宗旨。为此，行政法学界需结合社会发展需要和行政实践，深入研究行政机构设置的功能预设及其内在规律，以探求行政权力配置的规律；研究权责法定在当前权力清单与责任清单中的不同定位；进一步研究行政裁量基准制度，科学设置情节细化与效果格化的规则；深入研究内部管理信息、过程性信息、主动公开的限度等政府信息公开问题；有效协调强力反腐与行政不作为和“行政正确”之间的内在关系；科学处理政府承诺与行政法定之间关系；等等。[2]

于安教授则从公共行政改革的角度强调研究行政决策行为的重要性，近年来我国政府的给付职能有了重大的发展，行政法必须对此作出系统性和方向性调整。应通过建立协调发展导向型行政法，协调各种社会关系，为政府履行发展职能提供合法性准则。协调发展导向型行政法制度建设的重心，是建构以政策协调为目标的行政组织体制和行政决策制度，并保障全体社会成员平等参与和平等发展的权利。行政的合法性保障机制主要是对政策性决策的政治控制和行政监督；保障方法也将更多地依靠政策分析、绩效评估和信息公开制度，法院诉讼和对抗性审理等用于保护个人权利的传统方法不再是主要角色。[3]

---

[1] 朱新力、宋华琳：《现代行政法学的建构与政府规制研究的兴起》，载《法律科学》2005年第5期。

[2] 周佑勇：《新时代中国法学研究及学科发展的新任务》，载《武汉大学学报（社会科学版）》2019年第2期。

[3] 于安：《我国行政法律体系改革的基本问题》，载《国家检察官学院学报》2012年第4期。

章剑生教授也认为，经济、政治的重大变迁导致中国现代化行政法面临许多新问题，其中包括因民意难于通畅地达到政府而导致行政的合法性危机，因多元利益主体的组织化对行政决策回应性与公共性的挑战，以及在中国进入风险社会以后的个人福利保障。对于此类问题，应通过适当扩权推进治理、以规制缓和实现善治以及发展多元行政模式等予以积极回应。[1]

李洪雷研究员更为明确地指出，当行政法学真正将目光转移到部门行政领域后，行政法学的面貌必将发生重大变化：一方面，行政法学不再仅处于行政的边缘而是深入其核心，不是仅着眼于行政的形式而是深入行政过程；另一方面，行政法学所关注的不仅是控制行政权，而且是通过制度设计保障行政的效率效能，不仅要保障公民权利，而且要推进公共利益与福祉，通过机制设计提高行政的效能效率，并协调相互冲突的利益。[2]

同时，对于具体领域的行政决策法制问题，如价格决策、水利决策、规划决策等，系统性的研究也已经展开，越来越多的学者在此领域著书立说。同时，近年来，大量以此为题的博士、硕士论文不断涌现，渐已成为法学界研究的热点、重点，佳作迭出，不断将这一主题的研究水准推向新的高度。[3]

---

[1] 章剑生:《现代行政法面临的挑战及其回应》，载《法商研究》2006 年第 6 期。

[2] 李洪雷:《行政法释义学：行政法学理的更新》，中国人民大学出版社 2014 年版，第 415 页。

[3] 例如，刘锐:《重大行政决策责任追究制度研究》，黑龙江大学 2019 年博士学位论文；肖倩:《行政决策追责中领导人行政责任认定研究》，吉林大学法学院 2018 年博士学位论文；张树习:《公共政策制定的法律规制研究》，中共中央党校 2018 年博士学位论文；郑理:《我国重大行政决策风险评估制度的优化研究》，中南财经政法大学 2017 年博士学位论文；桂萍:《重大决策之公众参与制度》，苏州大学 2016 年博士学位论文；张骞:《中国政府决策咨询机构管理体制研究》，华中师范大学 2015 年博士学位论文；谢海波:《论我国环境行政决策程序正当化》，上海交通大学 2014 年博士学位论文；郑磊:《行政决策过程中专家咨询制度研究》，北京大学法学院 2014 年博士学位论文；付宇程:《公众参与行政决策：理论、制度、实践》，北京大学法学院 2013 年博士学位论文；夏金莱:《行政决策中的公众参与》，武汉大学法学院 2013 年博士学位论文；栗燕杰:《行政决策法治化探究》，中国政法大学 2010 年博士学位论文；卢剑峰:《行政决策法治化研究》，兰州大学法学院 2010 年博士学位论文；江利红:《日本行政过程论研究》，中国政法大学 2009 年博士学位论文；杨晓美:《公共行政决策中的公民参与研究》，中国政法大学 2009 年硕士学位论文；等等。

比之法学，其他学科如政治学、经济学和行政管理学（公共管理学）等学科关于决策、公共决策与行政决策已有大量研讨并取得丰硕成果。对行政决策作出一般性研究和对各种行政决策作专门性研究的学位论文大量出现。特别值得关注的是，近十年以来，应用数学和计算机科学的发展使各种定量的数学模型、仿真技术、决策支持系统、人工智能和专家系统等科学方法能应用于各个方面的决策问题，从而大大提高了决策的科学化水平。与此同时，学者们也越来越意识到有许多非理性因素对决策的影响，如何将这诸多非理性因素的负面影响降至最低已是各个学科都共同感兴趣的研究点。[1]

（二）法学视角下风险规制研究的现状

1986 年，《风险社会》在德国发行出版，第一个五年就卖掉了六万本，这是“二战”后少有的图书销售量（除教科书外），据说在德语世界的著作中只有之前由哈贝马斯写作的《公共领域的结构转型》被译为英语后的销量可以与之媲美。贝克的这本书之所以取得如此大的成就，与其所讨论的两个核心主题有莫大的关系：其一，反思现代性；其二，风险的主体。而这两个主题密切相关，如作为反思现代性的表现之一，公众对风险的认知

---

[1] 代表性著作主要包括：吕虹：《政府决策制度体系研究》，吉林大学政治学理论专业 2007 年博士学位论文；林志鹏：《我国公共决策制度创新问题研究》，吉林大学政治学理论专业 2005 年博士学位论文；容志：《政策变迁中的中央与地方博弈——以中国土地调控政策为例（1978—2007）》，复旦大学 2008 年行政管理学博士学位论文；张辉：《组织结构、行政权力与利益关系——县级行政决策实证研究》，复旦大学 2005 年博士学位论文；刘恩东：《中美利益集团与政府决策的比较研究》，中共中央党校 2008 年博士学位论文；谢琳琳：《公共投资建设项目决策机制研究》，重庆大学 2005 年博士学位论文；陈伟：《重大工程项目决策机制研究》，武汉理工大学 2005 年博士学位论文；董幼鸿：《我国地方政府政策评估制度化建设研究》，华东师范大学 2008 年博士学位论文；罗依平：《政府决策机制优化研究——基于 1978 年以来我国改革开放的视域》；等等。另外，以决策为专门研究对象的刊物大量出现，如中国社会经济系统分析研究会、国家信息中心国际信息研究所、中国航天工业总公司 710 研究所主办的月刊《科学决策》；安徽省人民政府发展研究中心主办的月刊《决策》；重庆市社会科学界联合会主办的月刊《决策导刊》；河南省人民政府研究室主办的月刊《决策探索》；等等。

和意识造成了公众的不安全感，制造了风险管理的需要。具言之，不同于专家，公众对风险的认知和意识通常源于直觉与意识，往往是不确定的甚至还带有些许偏见。在民主时代，政府面临强烈的政治压力去回应民众的需求，“当人们恐慌时，政府很可能要采取应对措施，即使公众的恐慌毫无根据”[1]。工业化的结果必然给社会带来新的风险，当新的风险成为制约社会发展的一个重要力量，内化于社会结构之中时，就会形成另一种社会形态“风险社会”。正如王贵松教授所言，“置身于风险社会的法律要保持近代社会以来所获取的经验并非易事，诸如民主性、安定性和可预期性等一系列法律价值均受到挑战”[2]，完善风险社会下的法律制度也是我辈之重任。

1. 国外研究综述

在国外已有的关于“风险社会”的学术研究中，学者多从社会学、政治学和行政管理的角度进行研究，法学方面的研究较之虽显薄弱，但数量上也已不少，以德国环境法为例，截至 2011 年，Duncker and Humblot 出版社于 20 世纪 80 年代中期开始围绕该主题出版的（主要是）博士论文已经累计 116 部，若全部统计各个学科关于风险规制的研究文献，定有更加惊人的数量。[3] 总体而言，国外法学界关于风险规制的研究与实践主要呈现以下特点：

首先，在一些科技发达、法治先进的国家或地区，已经开始积极着手应对高科技适用所带来的风险威胁，制度方面的创新也是层出不穷，如欧盟谨慎的预防原则、美国的科学证据原则等，但在安全与发展之间，学界和实务界仍存在很大的分歧，目前并没有找到很好的平衡方式。[4]

其次，与国内学者的研究径路不同，国外法学界对于“风险”的研究

---

[1] ［美］孙斯坦：《风险与理性》，师帅译，中国政法大学出版社 2005 年，第 1 页。

[2] 王贵松：《风险社会与作为学习过程的法——读贝克的〈风险社会〉》，载《交大法学》2013 年第 4 期。

[3] 刘刚编译：《风险规制：德国的理论与实践》，法律出版社 2012 年版，第 1 页。

[4] Risk and Culture: An Essay on the selection of Technological and Environmental Dangers, University of California Press, 1983, p.123.

总是结合具体的新兴技术领域展开，相关的法学研究者都具有较强的专业技术背景知识，问题意识非常明确，如核电技术、转基因生物技术、5G 通信技术、磁悬浮技术以及环境安全等，从具体、特殊的应用中探寻风险规制的一般性原理，对抽象、空洞的概念分析并不是那么感兴趣。[1]

再次，国外法学界研究“风险规制”的视角已经不受制于传统法学研究框架的束缚，深入整个行政过程之中，更为关注风险议题的确立程序、风险标准的制定、风险的感知、风险的交流以及风险的管理。[2] 在此值得强调的是，早在风险理论构建之初，玛丽·道格拉斯（Mary Donglous）就已言明风险应当是文化认知的结果。换言之，风险现象是某一具有共同价值观念、制度规范、行为方式和生活习俗的社会群体的文化认知，在不同的文化区域中，人们对于同一技术会产生不同的风险认知结果以及采取不同的应对策略，并且风险从客观上观察没有增加，而是感知增多了，沿着这一思考路径，一些法学家也在重新思索法学的研究方法，为到达规范的目的，必须将文化的影响纳入考虑的范围之中。[3]

最后，国外关于风险规制的研究多采用多学科、交叉式的方法。风险规制是一个典型的“决策于未知之中”的领域，想要设置一个能降低其风险的统一法律框架和组织结构是不太现实的，认识每个领域的风险就是一个探索的过程，需要打破学科的壁垒，充分利用已有的智识成果。[4] 比如，美国著名行政法学者布雷耶大法官运用经济学理论解释政府规制风险过程中的恶性循环。

2. 国内研究综述

关于我国法学界在风险规制方面的研究只能算是刚刚起步（在中国期刊网上键入“风险社会”的字样，可发现这方面的文章现在虽较多，但绝

---

[1] Cass Sunstein,In laws of Fear:Beyond the Precautionary Principle（2005）.

[2] Dan M.Kahan,Paul Slovic,Fear Of Democracy: A Cultural Evaluation of Sunstein On Risk,119 Harv. L.Rev.（2006）.

[3] Dan M.Kahan,Two Conceptions Of Emotion In Risk Regulation,156U.Pa.L.Rev761（2008）.

[4] Vern R.Walker,Risk Regulation and the ‘Faces’ of Uncertainty.Risk,1998（09）.

大部分都是近五年内写成的)。其中，从法学角度出发研究的也有七八十余篇，但主题相对集中，主要涉及法理、刑法和行政法的研究领域。行政法领域的“风险规制”研究虽起步较晚，但由于该领域研究成功地吸引了国内的优秀青年学者参与，所以这几年在该领域产生了一定数量且有一定影响的成果。

沈岿教授从风险的“不确定性”“主观性”以及全球化网络等角度入手，论述了风险社会的兴起对传统行政法的挑战。他认为，一方面风险规制决策面向的是更多的不确定性。风险是否存在、风险有多大、风险应该和可以控制在什么程度等涉及风险规制决策合法性的重要问题，都可能面临不那么确定的信息和信息评价。另一方面传统行政法在授予公共行政大量裁量权同时提出的合理性原则，实际内含“理性之人”和“通常理智”的假设。进言之，传统行政法对行政裁量的要求，有追求客观化的倾向。风险的主观性，将动摇以上假设，从而使风险规制决策面临更大的合理性压力，行政法上所强调的对裁量决策的合理性评价也会由此成为棘手难题。再者，由于风险规制所涉及的许多问题，诸如食品安全、空气污染、环境恶化、能源枯竭等，具有全球效应，因此风险规制的“公共行政网络”是全球化的，该领域的行政法，应当正视国际化公共行政网络的现实，关注民族国家内部风险规制与跨国、国际风险规制之间的复杂关系。这些都意味着传统行政法需要迎接新的任务与考验。[1]

宋华琳教授认为，由于风险的泛在性、不确定性、危害性，以及个人对风险缺少足够的认知，也欠缺相应的信息和知识，因此无法从容不迫地去因应风险；而风险问题涉及大量的科学政策问题，自由市场很难去对诸多社会现象所蕴含的风险和收益进行评估，在不同的甚或难以相互权衡的价值之间进行衡量；因此风险社会要求行政法的转型，必须结合国家和社

[1] 沈岿:《风险评估的行政法治问题——以食品安全监管领域为例》，载《浙江学刊》2011 年第 3 期；沈岿:《风险治理决策程序的应急模式——对防控甲流隔离决策的考察》，载《中国法学会行政法学研究会 2009 年年会论文集（上册）》；沈岿:《食品免检制之反思——以风险治理为视角》，载《华东政法大学学报》2007 年第 4 期。

会的力量，进行有效率的风险规制。即如何在行政法学的理路下，结合具体的行业和领域，对风险规制的组织结构、形式选择以及程序设计给出可操作的安排，如何又从中发展出风险规制的一般性原理，从而对行政法学总论进行丰富和修正，都是行政法学界面临的课题。[1]

金自宁教授提出，随着风险成为现代社会的重要特征，风险规制已经成为现代政府的一项重要任务。风险和风险规制对行政法的挑战可归纳为：风险规制组织形式多样化，风险规制活动方式和程序的变迁，司法审查面临复杂局面，政府就风险损害承担责任的范围以及法理基础有待重新厘定。事实上，由于不得不决策于不确定性之中，风险规制实践对传统行政法治理念构成重大挑战。有必要发展“软法之治”和“参与型行政”等新的制度技术，以求得风险规制与行政法治之间的平衡。[2]

赵鹏教授指出，政府对于尚未确知或者尚有争议的风险，即采取干预或者规制措施，实际上意味着干预界限的提前。这种“提前”源于现代社会风险复杂化、系统化所引发的现实需要。与此同时，这也给行政法带来了大量的新课题：由于特定物质或活动与未来损害的因果关系、损害概率、损害规模都存在大量的不确定性，传统行政法所要求的行政行为必须事实清楚、证据确凿的原则无法适用。在风险规制中，科学判断和政治衡量均会发挥相应的作用。法律需要对此妥善对待，在熔铸理性精神与民主考量的基础上进行合理的制度安排，解决公共机构采用何种组织架构、何种程序规则和何种实体标准来判断风险，选择并执行政策等基本问题。[3]

尤其值得一提的是，海外关于风险规制的法学著作也源源不断地引入。宋华琳教授在2009年翻译了美国最高法院布雷耶大法官的著作《打破恶性

[1] 宋华琳：《风险规制与行政法学原理的转型》，载《国家行政学院学报》2009年第5期。

[2] 金自宁：《风险规制与行政法治》，载《法制与社会发展》2012年第4期；金自宁：《风险规制中的信息沟通及其制度建构》，载《北京行政学院学报》2012年第5期；金自宁：《作为风险规制工具的信息交流——以环境行政中的TRI为例》，载《中外法学》2010年第3期；金自宁：《风险规制与不确定性的多种面貌》，载《行政法论丛》2009年卷。

[3] 赵鹏：《风险规制的行政法问题》，中国政法大学2009年博士学位论文。

循环——政府如何有效规制风险》，风险理论开始受到国内法学界的普遍关注。2012年沈岿教授又组织部分青年学者集中翻译了一批国外研究风险规制的著作，极大地拓展了我们的研究视阈。[1]

随着风险理论不断的引介和适用，越来越多的法学者也尝试采用风险理论框架去分析一些实践中出现的问题，特别是在科技领域，适用、讨论得更为普遍，而其中也不乏一些颇有见地的好文章。更令人欣喜的是，不少青年学者也投入“风险视角下的法学规制”这一主题研究当中，数量可观的博士论文就是最好的证明。[2]

（三）法学视角下核电的研究状况

“法是政治共同体用以安排、调整和形成人类共同生活的必要组织和统治工具。”[3]通过法律的调整，将一些重要的社会关系予以规范并形成稳定的秩序，这样可以最大限度地消除不可预测因素给民众所带来的心理恐慌。自核电技术被发明以来，它一直就是天使与魔鬼的结合体，虽然使用核电所创造的巨大能量让人类垂涎不已，但同时这种技术所存在的安全隐患又让人心惊胆战。因此，如何将核电技术的安全风险降至最低一直是法学界最为关切的议题之一，经过国内外法学界持续地长期地研究，成果已是相

---

[1] 金自宁编译：《风险规制与行政法》（关于英、美学界风险研究），法律出版社2012年版；刘刚编译：《风险规制：德国的理论与实践》，法律出版社2012年版；等等。

[2] 张哲飞：《科技风险规制过程中的行政法问题研究》，中南财经政法大学2018年博士学位论文；汤晓江：《高新生命科技应用的法律规制研究》，华东政法大学2017年博士学位论文；尹德贵：《风险分配的法理论纲》，苏州大学2016年博士学位论文；赵亚辉：《风险社会视角下的中国科技传播研究》，武汉大学2013年博士学位论文；方华基：《创新时代的科技风险治理》，浙江大学2012年博士学位论文；胡丽：《科技风险预防的综合机制研究》，华中科技大学2011年博士学位论文；朱丹丹：《风险社会背景下科技道德的失范与重建》，南京理工大学2011年博士学位论文；毛明芳：《现代技术风险的生成与规避研究》，中共中央党校2010年博士学位论文；尹建军：《社会风险及其治理研究》，中共中央党校2008年博士学位论文；米丹：《风险社会中的反思性科技价值体系研究》，中共中央党校2008年博士学位论文；毛宝铭：《科技政策的公众参与研究》，吉林大学2006年博士学位论文；李瑞昌：《风险、知识与公共决策——西方社会风险规制决策研究》，复旦大学2005年博士学位论文；等等。

[3] ［德］伯恩·魏德士：《法理学》，丁晓春、吴越译，法律出版社2013年版，第38页。

当丰厚。总的来讲，由于国外使用核电时间更长，规模也更大，所以无论是在理论探索还是在具体实践方面，他们与核安全相关的法律制度较之中国也更为成熟，有不少可资借鉴之处。

1. 国外研究综述

在国外，核电发展规模最大的三个国家依次是美国、法国和日本，它们也是在核电法律制度研究与实践方面成果最为丰硕的国家。事实上，与法学的其他研究领域不同，在核电风险规制方面，世界各国面临的问题具有一致性，即如何在保障安全和有利于核电发展之间保持合理的平衡。围绕这一研究主题，各国法学界都立足本国国情提出了很多具有针对性的建议，佳作迭出。

（1）美国

美国是世界头号核电强国，不论是在核电技术还是在核电法律制度方面，都是最具影响力的输出国，核电风险的法律规制也一直是法学界研究的重点，其主要目的就是在充分保护公众权益的基础上兼顾发展核电产业。整个核安全法律制度体系的研究集中于四个方面：规制机关、规制目标、规制手段以及责任分配。[1]

第一，规制机关的组织研究。规制机关是代表政府监管核电产业的发展，如何配置其权力一直是学界关注的焦点问题之一。在核电发展初期，美国法律将核电规制权和发展权统统授予原子能委员会，这种权力配置模式一直饱受学界的质疑，“让狐狸看守鸡窝”。[2] 安全规制职能和推动核电发展职能应相分离日渐成为学界的共识。目前，美国已完成相应的机构改革，单独负责核安全事务的核规制委员会（Nuclear Regulatory Commission）也已经成立。但就立法目的而言，安全与发展仍是核电规制委员会在实践中需要妥善处理的重要议题之一。

[1] J. Samuel Walker and Thomas R. Wellock, A Short History of Nuclear Regulation: 1946-2009，U.S. Nuclear Regulatory Commission,2010.

[2] J. Samuel Walker and Thomas R. Wellock, A Short History of Nuclear Regulation: 1946-2009，U.S. Nuclear Regulatory Commission,2010,p.49.

第二，规制目标的确立。由于核电技术本身所具有的高度复杂性，立法机关是不可能在立法中具体确立规制的目标和具体手段，只能概括地授权给规制部门，如美国 1954 年《原子能法》第 57 条 c 款规定："如果委员会发现发放此种特殊核材料或者许可证将会不利于共同防御和安全或者对公众健康与安全构成不合理的风险（unreasonable risk）"，但立法机关并没有明确"不合理风险"的具体意涵，而是将此判断权授予了核电规制委员会。围绕"规制目标应当是什么"这一主题，学界也展开了长期讨论，目前的主流观点认为，"核规制委员会应用风险可接受性来界定'安全'，而且很重要的一点是在安全目标制定过程，应吸纳专家、公众、核电企业等在内的不同主体参与，力求能反映各方的利益诉求"[1]。

第三，规制手段的改进。具体采用什么规制手段实现规制目标，即在保障安全的同时最大限度地减轻企业的规制负担也一直是法学界的重要研究点。对于这一点，主要从两个方面展开思考，一方面是许可程序具体的设置。通过事前的许可制度，对从事核电利用活动申请者的各项条件提出要求并进行审查，符合条件者方可实施相关的核电利用活动。另一方面则是监督检查方式的具体采纳。企业获得许可证后是否能按照事前的承诺利用核电设施，确保安全，需要行政部门展开监督，但怎样的监督方式是最好的，仍在摸索之中。

第四，责任的分配机制研究。从核电技术风险的特征分析，再完善的安全保障法律制度也不能杜绝事故的发生，因此事先明确核事故的责任分配机制确有必要性。但具体设置过程中的症结在于既要充分保护公众的合法权益，又要考虑不能因责任过重影响投资者开发核电新技术的热情，这个度的把握引起广泛的争议。[2]

---

[1] B. Fischhoff, "Acceptable Risk: The Case of Nuclear Power", Journal of Policy Analysis and Management,Vol.2，No.4，1983，pp.559-579.

[2] Faure M. G., Borre T.V., "Compensating Nuclear Damage: A Comparative Economic Analysis of the US and International Liability Schemes", William & Mary Environmental Law and Policy Review,Vol.33, No.1,2008, pp.219-286.

（2）法国

法国是世界上最依赖核电的国家，“法国电力中有 80% 都来自核电”[1]。利用核电发电已经成为法国能源支柱之一，无法割舍。为保障核电的安全，法国已经建立起与核电发展规模相配套的法律体系，核电法分布在无数具体的规则之中，迄今整个制度运转良好，法国无一起核电事故发生，值得总结、借鉴的经验有很多。仔细归纳，当前法国法学界的关注点集中在以下三个方面：核设施监管体系、放射性物质与废物管制制度以及核损害的法律责任。

第一，核设施监管体系。法国于 2006 年颁布《核透明与核安全法》，奠定了国家核电监管的基本框架，最主要的安全监管机构，即核安全局，也被赋予独立监管机构的法律地位，不隶属于任何行政部门。但由于职能定位本身并不清晰，核安全局的具体职权范畴存在争议。[2]

第二，放射性物质与废物管制制度。因法国核电规模巨大，每年需要的核燃料和排放的核废料的数量都是较大的，为妥善处理这一问题，法国于 2006 年专门制定《放射性废物规划法》，强制性要求对所有污染性的核物质必须集中处置。但囿于专业知识的匮乏，立法者无法进一步就处置的方式作出明确的规定，从而导致具体操作过程中还是存在不尽完善之处。

第三，核损害的法律责任。核损害责任法律制度是国家处理责任主体因核装置及材料辐射危害对生命、财产和环境所造成损失而建立的特殊法律制度。为确保核电的顺利发展，法国在 1965 年、1968 年和 1990 年通过了 3 部法律规定了核设施经营者的法律责任，同时要求缴纳高额的保证金。但法国有学者对此也提出质疑，过重的损害赔偿责任加重了核电企业的负担，使得他们积极投资发展核电产业的意愿降低，从长远来看也是不利于核电产业的发展，法律在安全与发展之间并没有找到一个合

[1] 陈际春：《法国核电制度对中国的启示》，载《中国能源》2007 年第 8 期。

[2]《法国如何成功应对核电“邻壁效应”》，载新华网，http://www.xinhuanet.com/mrdx/2016-11/04/c_135805542.htm，2020 年 3 月 3 日访问。

适的平衡点。[1]

（3）日本

由于日本国土狭窄，自然资源不是很丰富，所以能源供给方面十分依赖核电资源，但又因为自然灾害频发，更为重视安全体系的建设，经过多年努力已经形成较为完善的保障核电安全的法律控制制度。然而，福岛核电事故发生以后，基于其带来的严重后果和长期存在的负面影响，日本法学界进行了深刻的反思，力求消除所有的安全隐患。

第一，从立法角度审视核电安全法律控制的体系结构和具体状态。从形式上看，日本已经形成体系完整、监管严密的核电安全组织框架，但学界认为仍存在值得反思的结构性问题。一方面，事前的行政许可制度存在结构性缺陷。比如，对火灾、地震、环境的安全性要求等，本来法律上应作出相应的规定，但事实上却处于空白状态。[2] 另一方面，制度安排多是对事故的简单应对，缺乏明显的滞后性。特别是对于突发性难题，相关制度很难发挥超前管制的作用。[3] 再者，对于国外先进的管制手段不能及时借鉴。比如，核电安全概率分析（PSA）是世界各国普遍采用的一种效果显著的管控方式，但因体制的问题，日本并没有及时采用，福岛事故发生以后，作为教训，规制机构才使用这一手段。[4]

第二，从执法层面考察日本核电安全监管体制。在日本具体承担核电安全控制任务的机构有原子能委员会（AEC）、原子能安全委员会（NSC）以及经济产业省原子能安全保安院（NISA）等。学者们对这一体系提出的意见主要是：首先，核安全管控体系的关系并未理顺。比如，将原子能安全委员会置于内阁的领导下，因其并不具备充分的调查能力，

---

[1] 蔡先凤：《核损害民事责任研究》，武汉大学法学院博士学位论文。

[2] 西脇由弘：《東大原子力法制研究仝技術と法の構造分科仝の活動について》，http: / / www. nsc. go. jp / anzen / shidai / genan2010 / genan042 / siryo2. Pdf，2010 年 5 月 28 日，第 11 页。

[3] 阿部泰隆・淡路剛久：《环境法》，有斐閣ブックス，2006 年，第 239 页。

[4] 原子力災害策本部：《原子力安全に関する IAEA 閣僚仝议にする日本国政府の报告書—東京電力福島原子力発電所の事故について—》，2011 年 6 月出版，http: / /www. kantei. go. jp / jp / topics / 2011 / iaea_houkokusho. html。

反而不能全面、及时地掌握与安全相关的所有信息。[1] 其次，核电安全的双重监督机制应予废除。在各种安全技术规范日益完善、成熟的时代，行政部门再以同样的标准审查同样申请的双重审查监督，实质意义并不大，却无存在的必要。[2]

第三，从守法角度评价日本核电企业的核安全文化建设。核安全文化是由科学而严密的规章制度、从业人员遵章守纪的自觉性和良好的工作习惯形成的安全范围。[3] 因日本在核电领域取得的成绩，自 20 世纪 90 年代开始，日本核电企业普遍存在自信和傲慢之气，如 2007 年国际原子能机构就曾向日本有关方面指出，福岛核电站对于海啸和地震的预案准备不充分，但未引起重视。为此，日本学界多从制度建设、员工培训以及团队建设等方面重新审视日本的核安全文化建设。[4]

2. 国内研究综述

首先必须承认的是，国内法学界对于核电的研究起步较晚，当然这也有可以理解的客观原因，毕竟中国在相当长的一段时间内对于发展核电持一种非常谨慎的态度，零星地发展核电并没有造成公权力与公民权利之间激烈对峙情形的发生，这并非一个普遍性的问题，所以也就没有吸引法学界的关注。在中国学术期刊网全文数据库中，同时输入关键词“核电”和“法学”，可以搜索到相关文献 162 篇，其中以风险为视角，研究相关核电法律问题的文章虽也已经出现，但比较少（在期刊网上查找到 3 篇）。[5] 博

[1] 铃木達治郎・城山英明など：《安全規制における？独立性？と社会的信頼》，载《社会技術研究论文集》2006 年第 4 期。

[2] 铃木達治郎・城山英明など：《安全規制における？独立性？と社会的信頼》，载《社会技術研究论文集》2006 年第 4 期。

[3] 范纯：《简析日本核电安全的法律控制体系》，载《日本学刊》2011 年第 5 期。

[4] 桑江良明：《の安全文化醸成に向けて—原子力分野の技術士が果たすべき役割—》，http://www.engineer.or.jp/dept/nucrad/open/materials/kuwae201009.pdf。

[5] 龚向前：《核电厂选址之程序正当性——基于风险社会视角》，载《中国地质大学学报（社会科学版）》2011 年第 3 期；林亮华：《核电企业法律风险管理研究》，载《中国核电》2015 年第 2 期；张婷：《核电运营企业法律风险管理的实践与思考》，载《中国核工业》2014 年第 8 期。

士论文不多，只有 5 篇，硕士论文大约有十几篇。[1] 大致阅读完这些文章后，有如下几点体会：

首先，研究的人数和成果还不是很多。不论是论文还是专著，仅从数量上而论，与核电相关的法学研究较之法学其他领域的研究还是明显不足，法学界参与研究的人数太少，与核电在中国的发展规模很不匹配，理论远远滞后于实践的发展。绝大多数文章（粗略统计有 152 篇）是在近十年内发表的，而又以 2011 年日本核电站发生事故后所发表的文章居多。凭借现代发达的资讯，日本福岛核事故所造成的负面影响对中国人的心理撞击是史无前例的，这远非 20 世纪苏联发生的切尔诺贝利核电事故可比拟。基于对自身安全的忧虑，国内社会各界的广泛关注瞬间点燃了与核相关学科的研究热忱，包括法学在内，大批的学者开始关注核问题的研究，贫瘠的研究现状有望在今后几年发生较大的改变。

其次，研究的深度和广度还有待加强。法学视角下的核电研究主要集中在国外相关制度的引接上，概括综述性的文章占大部分。[2] 与中国核电发展相关具体制度的研究成果很稀缺，尤其是有一定深度的，目前甚至还没有对核安全的整体法律框架如何建构进行全面研究、论述的专著。尽管 2018 年 1 月，《核安全法》开始实施，但是这部法律更多的是原则性的规定，具体如何执行还需要法学界提出相应的对策性建议。事实上，在很多

---

[1] 尹颖舜：《核事故损害赔偿中的国家补偿责任问题研究》，武汉大学法学院 2014 年博士学位论文；魏琼：《电力监管权力配置研究》，西南政法大学 2014 年博士学位论文；刘画洁：《我国核安全立法研究——以核电厂监管为中心》，复旦大学 2013 年博士学位论文；陈刚：《国际原子能法框架研究》，中国政法大学 2011 年博士学位论文；雷翠萍：《核与辐射认知和风险沟通研究》，中国疾病预防与控制中心 2011 年博士学位论文；徐倩倩：《核电设施环境影响评价制度研究》，华中师范大学 2012 年硕士学位论文；梁思超：《论我国核污染防治污染法律中的预防原则》，北京交通大学 2012 年硕士学位论文；张优优：《核安全的国际法律制度研究》，西南政法大学 2008 年硕士学位论文；等等。

[2] 例如，曹霞：《美国核电安全与法律规制》，载《政法论丛》2012 年第 2 期；陈维春：《法国核电法律制度对中国的启示》，载《中国能源》2007 年第 7 期；范纯：《简析日本核电安全的法律控制体系》，载《日本学刊》2011 年第 9 期；陆秋君：《日本核事故对完善我国核应急法律制度的启示》，载《求索》2012 年第 6 期；等等。

具体的核电研究领域，学界的研究都是很不充分的，缺乏有分量的研究成果，如核安全法的法律性质、核安全法的基本原则、核安全领域的管理体制、核电技术开发过程中的公众参与、核设施行政许可制度等。

最后，研究的视角、方法都较单一。目前的研究主要是从政府规制的角度出发，讨论立法的必要性和可行性，以及相关制度的完善，缺乏从公权力与私权利平衡，尤其是从公民私权利保护的角度进行的研究。研究方法上主要以从国外立法制度介绍和现行法律政策制度的整理为主，较为空洞、模糊，实证研究明显不足。事实上，随着中国核电建设规模的日益增大，矛盾也日益增多，描述清楚现状已经刻不容缓，在这一领域，应提倡、鼓励和支持学者进行实证研究。当然，若欲厘定清楚交织在一起的各种复杂关系，还必然需要借鉴、综合运用各学科已有的知识和分析工具。另外，基于本文对合法性的重新理解，文献的收集、整理又延展到与此相关的两个领域：

一方面，核电监管机构的组织建构方式。这原本属于行政管理学的研究范畴，但当行政法学的研究重心转移至行政过程（或行政决策）后，行政机关的架构模式也必将纳入研究视阈之中，重点是处理行政与专家的关系，即究竟是采纳“行政主导模式”抑或“专家决定模式”？因为在组织制度建构方面，美国和法国采取了两种截然不同的模式，是这方面的典型代表，因此借鉴的对象主要聚焦于美国和法国，相关文献也主要是介绍这两个国家的情况。[1]

另一方面，主要是关于“公众核电可接受性”方面的研究。与一般的建筑工程不一样，核电建设客观上是具有一定安全风险性的，因此它在建

[1] 主要包括：《中外法学》编辑部：《中国行政法学发展评价（2010—2011）》，载《中外法学》2013年第4期；薛刚凌：《我国行政主体理论之检讨——兼论全面研究行政组织法的必要性》，载《政法论坛》1998年第6期；Jones, Multitude of Counselors, Appellate Adjudication as Group Decision Making, 54 Tul. L. Rev. 541（1979）；Paul R. Verkuil, the Purposes and Limits of Independent Agencies, 37Duke L. J. 257,260（1988）；Geoffrey P. Miller, Independent Agencies, Sup. Ct. Rev. 41, 65（1986）；陈源：《技术精英联盟与政策变迁：以法国核电政策过程为例》，清华大学博士论文数据库；等等。

设过程中必须获得公众的普遍支持，方能顺利进行。毋庸讳言，传统的法学研究范式基本忽略了公众风险可接受性研究的重要性，就这一领域而言，当前一些核电科研机构的研究已经远远走在法学理论界的前面，如清华大学核电与新能源技术研究院，他们花费了大量的人力与物力，深入最基层，采集到大量的一手数据并用科学的方式予以分析，硕果累累，不过他们的关注点主要在于实证方面，即告诉我们在实际建造核电厂的过程中，到底是哪些具体的因素阻碍公众接受核电，至于如何消除这些干扰因素，并没有提出系统性的解决方案。同时，也缺乏法学的规范性思维。[1]

[1] 比较有代表性的成果包括：时振刚等:《核电的公众接受性研究》，载《中国软科学》2000 年第 8 期；时振刚等:《核电风险接受性研究》，载《核科学与工程》2002 年第 3 期；时振刚等:《日本核电公众接受性的变化》，载《核科学与工程》2002 年第 2 期；等等。

第二章

核电风险规制：整体法律制度建构的思考

为缓解日益严重的空气污染问题，发展新型能源（尤其是核电）已经显得非常重要。但在使用核电技术时，我们又面临两个方面的难题：一方面，“不确定性”的挑战。建设核电站风险究竟有多大，该如何控制以及控制在什么水平之内是可接受的，这一系列的问题都面临不那么确定的信息，即便是专业的科学家，恐怕也无法达成共识，而这也决定了立法机关无法为行政机关的行为提供精准的规则。另一方面，“公众不服从”的隐患。在人类学、文化学上，风险是一个群体对危险的认知，它的作用就是辨别群体所处环境的危险性。对于这两个问题，传统的行政法框架在解释现有政府决定的合法性问题时，已经显得捉襟见肘。我们必须寻找新的研究范式。

一、核电风险：悬在头顶的达摩克利斯之剑

事实上，大家都很清楚大力发展核电可以带来很多好处，但是大多数国家对于核电发展均持有一种谨慎的态度，甚至直接予以排斥。而造成这

一局面最主要的原因就在于发展核电所蕴藏的巨大风险。但是风险并不意味着发展核电就一定会产生现实的危害，它仅仅指发生的一种可能性，依据人类现有的科学理性，我们可以探知核电事故发生的概率，但是不能精准地预测事故到底会发生在哪一个时间点和环节。而正是因为风险具有这一“相对确定中的不确定性”的特征，迫使我们需要从主观和客观两个维度来理解风险：一方面从技术专家的角度观察到的核电风险，可以由各种数据、公式客观地表达出来；另一方面则是民众感知到的核电风险，由于专业知识方面的差距，一般人不可能像科学家那样非常客观地认识核电，受情感、地方习俗等各种因素的影响，毋宁说他们对于核电风险的认知是一种主观建构的结果。必须承认，这两种不同的风险认知通常相互交织在一起，最终影响到涉及核电发展的决策。

（一）客观风险：核电技术的原罪

诚如前文所述，核电的确具有很多的优点，但是由于技术本身还存在着一些安全方面的隐患，反对发展核电的声音也是一浪高过一浪，这让试图发展核电的政府承受着很大的压力，一时难做抉择。正如有学者指出的，“核电，宛如一把悬在头上的‘双刃剑’，一方面核电绝对是我们亟需的清洁环保能源；而另一方面核电一旦发生泄漏事故（尽管有史以来很少发生），就很可能酿成一场人间灾难”[1]。那么，发展核电究竟会面临哪些风险？综合反对方的意见，我们可以将主要风险归纳为以下三个方面。

1. 核电原材料的开采和核废料的处理过程中有可能造成环境的污染。核电的主要原材料是铀，但是开采铀矿很容易形成环境污染，这主要是因为铀矿中存在众多的天然放射性元素，它们在衰变过程中会产生一系列子体核素，放出 α、β、γ 射线，从而对周边人群的健康造成损害。[2] 另外，核废料的处理也是一件棘手的事情。依据国际原子能机构（IAEA）定

[1] 汪劲：《我国核电基本法立法方面空白，应尽快制定原子能法》，载《法制日报》2010 年 8 月 9 日。

[2] 周星火：《铀矿通风与辐射安全》，哈尔滨工业大学出版社 2009 年版，第 42—60 页。

义，核废料（nuclear waste material）泛指在核燃料生产、加工和核反应堆用过的不再需要的并具有放射性的废料。[1] 核废料的处理是一个世界性的难题，主要原因来自两个方面：其一，核废料含有多种对人体危害极大的高放射性元素，如 10 毫克钚就能令人毙命；其二，核废料放射性延续时间很长，短则几百年，多者几百万年。[2] 目前处理核废料最好的办法就是在人烟稀少的地方深埋，但即便如此，也还是存在很大的安全隐患。2021 年 4 月 9 日，日本政府基本决定将福岛第一核电站核污水排入大海，这可能对全球海洋环境造成巨大危害，引发了周边国家的强烈反对。

2. 核电事故中可能出现核泄漏，对自然环境和人体健康造成损害。随着人类使用核技术水平的不断提高，因核电事故所引发的核泄漏事件的概率已经非常小了。但受人类自身认知水平的限制，我们不能把这种概率降低至零。在确保无人为过错因素的情况下，核电还是存在因偶发事件而发生核泄漏的可能性，如 2011 年发生在日本的福岛核电站事故，在建造时，政府和专家都告诉民众核电站的安全保障措施已做到万无一失，但没有考虑到会发生如此强烈的地震（9.0 级）并进而引发巨大的海啸，致使核电站发生核泄漏事件。这里还需强调的是，在核电运行过程中，避免发生核泄漏事故的关键环节是要确保一旦发生偶发因素，核反应堆能迅速地关闭。

3. 人体长期吸收低辐射的核物质，可能对健康造成损害。核电站在正常的运行过程中会产生少量的放射性物质，不过这些放射性废气、废水在排入外界之前会经过各种处理，以确保其放射性物质的含量保持在一个较安全的标准之内。很多科普读物对此的描述都是无害的，不会对人体的健康造成实质性的损害，“一般而言，核电站附近居住居民受到的最大剂量为 0.0046 毫希沃特；而一次 X 射线胸部透视的剂量为 0.5—1.0 毫希沃特；每天吸 20 支烟的肺部剂量为 0.5—1.0 毫希沃特；宇宙射线的年剂量一般为

[1] 具体内容参见国际原子能机构（IAEA）的官方网站，http://www-ns.iaea.org/tech-areas/waste-safety/disposable.asp?s=3&l=24，2014 年 8 月 2 日访问。

[2] 王秀强、陈祉浩：《专家称中国核废料处理能力差安全隐患大》，载《21 世纪经济报道》2011 年 3 月 30 日。

0.3 毫希沃特”[1]。但是，现有的研究并没有完全排除长期接受这样低剂量的辐射会对人体的健康造成损害的可能性，当然这样的影响从量变到质变是需要花费很长一段时间来观察的，想给予充分的科学证明并非易事。

因此，本书所探讨的核电客观风险防范主要聚焦于核电站的选址标准、核泄漏的防范措施和核废物处理的方式等方面。同时，需要强调的是，我们的风险概念中并不包括因人为故意或过错所引发的安全事故的可能性，如恐怖分子的恶意袭击、工作人员疏忽或故意制造的安全事故等。不可否认的是，在发展核电的过程中，这类事件都有发生的可能性，均应纳入考虑的范围，但本书的旨趣在于处理使用核电技术本身所引发安全事故的可能性，并且这种可能性是人类可以认知并予以消减的。事实上，经过几代科研人员的不懈努力，核电技术已经较为成熟，若不计人为故意破坏因素的影响，核技术利用安全水平将大幅提升。截至 2019 年 6 月，中国在用放射源 142607 枚，各类射线装置 181293 台（套），从事生产、销售、使用放射性同位素和射线装置的单位共 73070 家，放射源和射线装置 100% 纳入许可管理，废旧放射源 100% 安全收贮。放射源辐射事故年发生率持续降低，由 20 世纪 90 年代的每万枚 6.2 起降至目前的每万枚 1.0 起以下，达到历史最低水平。[2]

（二）主观风险：公众理解的核电

核电风险并不是完全以客观物质的形式存在，相当程度是由公众自己定义和建构的。因为公众的风险认知水平不一样，且对于风险的感知又容易受各种其他因素的影响[3]，所以往往比科学家所描述的风险要复杂很多，

---

[1] 郭星渠：《核电站公众关心的 30 个问题》，原子能出版社 1992 年版，第 15 页。

[2]《白皮书：中国长期保持良好的核安全记录》，载新华网，http://www.xinhuanet.com/politics/2019-09/03/c_1124954078.htm，2020 年 6 月 30 日访问。

[3] “大致而言，影响民众对风险认知的因素有：（1）风险是自愿承担还是由外在因素强加的？（2）风险是熟悉的还是陌生的？（3）风险是会导致及时伤害，还是隔一段时间才显现出来？（4）风险是如何表达的？”［美］刘易斯：《技术与风险》，杨健、缭健兴译，中国对外翻译出版公司 1994 年版，第 23 页。

通常他们可能不太关注概率问题，更多时候是关心一旦发生事故，到底会出现怎样的不利后果。但是值得注意的是，在发展核电的过程中，客观风险与主观风险同等重要，控制客观风险可以有效避免具有毁灭性的核事故发生的概率。而是否能处理好主观风险，则直接关系到核电站是否能顺利运转，避免核电站的建设因公众的反对而搁浅。至于如何才能成功规制主观风险？最好的一种思考方式就是了解公众对核电风险产生误解的原因。对于这一点，本书试图从两个层次来探析这个问题。

1. 塔西佗陷阱：政府公信力问题。古罗马政治家塔西佗曾经说过，"当政府不受欢迎时，好的政策和坏的政策同样得罪老百姓"[1]。后人根据这位政治家的名字，将这句话命名为"塔西佗陷阱"。换言之，当政府不再受到老百姓信任时，政府怎么做都将受到老百姓的批评与质疑。另外，如果政府的公信力始终处于"低度信任"的状态中，那么诸如建设核电站这样的大型工程的成本将大规模地增加。事实上，在核电风险规制领域，政府的公信力尤为重要，因为民众并不具备技术和资金方面的优势去研究核电，只能依靠政府提供的信息，假如政府造假核电风险方面的信息，那么公众对于核电本就具有的"恐惧感"将被成倍放大。

2. 邻避设施：公众自身的因素。在 20 世纪 70 年代，美国学者 O'Hare 首次提及邻避设施（not in my backyard，NIMBY）及其引发的邻避冲突，依据这个理论框架，我们可以解释为何公众会反对兴建大型科技工程，诸如核电站、PX 项目工程和其他的一些化工工程，最主要的原因就在于选址附近的居民出于自利动机和环境保护意识的提高，而自发地抵制工程的建设。

一般而言，在核电领域，邻避设施有两个明显的特征：其一，会产生明显的外部负面作用。这主要包括低度的核辐射、水质恶化、生态影响和核废料处理等，从而引发对是否损害身体健康的隐患。其二，成本与效益显失均衡，有不公平之嫌。邻避设施通常对大多数人（尤其是那些不居住在核电站附近的居民）来说，都是利远远大于弊，因为核电站所生产的电

[1]《政府公信力：必须跨出"塔西佗陷阱"》，载《中国教育报》2011 年 9 月 19 日，第 4 版。

能主要是供给与其有较远距离的城市居民使用。但对于那些居住在核电站附近的人而言，支出的成本（包括身体健康所受到的潜在损害等）要远远高于所得到的利益。基于这两个理由，居民通常会反对将这类大型工程项目建设在自家附近，并且在邻避情结的支配下，有风险的设施在建设过程中基本上都会引发邻避冲突。当然，很多核电站不会因为公众的反对而停建，但妥善处理好居住在核电站附近居民的诉求是保障核电发展目标顺利实现的前提。

二、规制核电风险的挑战：基于四个方面的思考

在解决核电发展所带来的主、客观风险的过程中，会遇到一系列棘手的问题，可主要归纳为四个方面：其一，规制主体路径依赖的选择，究竟是依靠政府还是市场；其二，如何正确认识专家的理性能力；其三，科学与民主之间的张力如何予以合理地平衡；其四，司法机构怎样才能取长补短，规避核电知识先天不足的缺陷，更好地履行司法公正的职能，保护社会公益和个人利益。

（一）规制主体的路径依赖：政府规制 vs 市场规制

在具体阐释这个问题之前，我们不妨先了解一下一旦发生核电事故，将会产生怎样可怕的后果？我们可以一起先回顾苏联切尔诺贝利核电站泄漏事故所造成的损失。

1986 年 4 月 26 日，世界上最严重的核事故在苏联切尔诺贝利核电站发生。乌克兰基辅市以北 130 公里的切尔诺贝利核电站的灾难性大火造成的放射性物质泄漏，污染了欧洲的大部分地区……事故发生时当场死亡 2 人，遭辐射受伤 204 人。苏联官方 4 个月后公布，共死亡 31 人，主要是抢险人员，其中包括一名少将，得放射病的 203 人，从危险区撤出 13.5 万人。根据 1992 年乌克兰官方公布的数据，有 7000 多人死于本事故的核污

染。事故发生时，反应堆爆炸形成的放射性尘埃飘到俄罗斯、白俄罗斯和乌克兰，也飘到欧洲的其他国家和地区，造成了空气和地面不同程度的污染。至今西欧有的国家还在对牛奶实施放射性检测。核电厂周围6万多平方公里的土地受到了直接污染。[1]

从这一段文字描述中，我们应当可以体会到如果不幸发生核电事故，那么它所带来的后果将是非常严重的。在此我们先不谈应由谁（政府抑或市场）来规制这类风险更为合理，而是大胆设想一下万一发生了这类事故，应由谁来承担责任。按照侵权法的基本原理，此类损失应该由加害人承担责任，如我国的《民法典》第1237条就规定："民用核设施或者运入运出核设施的核材料发生核事故造成他人损害的，民用核设施的营运单位应当承担侵权责任……"当然，如果该经营者存在故意或重大过失的情形，让他们承担责任无可厚非，至于是否有能力赔偿则是另外一个问题。

但核电风险在演变成真实事故的过程中，最主要的因素往往并非人的主观过错，而是核电技术本身，如造成切尔诺贝利核电站事故的主要因素就是电站设计、设备存在重大的安全隐患。在这类情形下，若还是让民营核设施经营者来承担赔偿责任，则出现的后果可能是两种：一种可能性是放弃核电技术的使用，改用安全系数高的煤电、水电等其他发电技术；另一种可能性是增加核电消费者的使用成本，将将来可能承担的赔偿责任转嫁到消费者身上。[2] 而这两类情形均不是我们想得到的结果，因为这与我们采纳核电技术的初衷（最主要的目的是降低采纳其他发电技术所带来的巨大污染）相违背。由此我们不难得出一个结论，由政府主导的多元赔偿体系比民用核设施经营者独自赔偿的制度更有利于高科技技术的发展和民众利益的保护。

---

[1] 李宗明：《让切尔诺贝利核事故的警钟长鸣》，载《核安全》2011年第3期。

[2] Richard J.Pierce，Jr.,Encouraging Safety:The Limits of Tort Law and Government Regulation，33 Vand. L. Rev. 1281, pp.1281-1290（1980）.

我们再把探讨的话题拉回到由谁（政府抑或市场）来规制核电风险更为合理的话题上来，如果按照经济学家的观点，市场是足以胜任这一角色的，张维迎教授就曾申言："……事实恰恰相反。市场上企业家更有积极性预测未来……"[1]对此观点，我们不应基于专业的立场就武断地去评判它的对与错，而应依据被规制对象的特点予以判断，具体到核电风险规制的领域，让市场承担主要的风险规制任务则未必是明智之举，理由如下。

其一，不利于发展核电目的的实现。尽管核电的使用还存在一定的安全风险，但我们还是应鼓励能源生产商采用这一技术，而制定该政策的一个初衷就是核电技术能更好地减少污染，并且使用成本会更加低廉，有利于改善人类的生存条件。正如美国学者休伯所言："就每单位的产出而言，大型的、集中的工厂通常远比分散的、低技术的替代物干净得多。一个中央发电厂的巨型而良好维护的锅炉，其燃油效率远高于割草机的两冲程发动机，即使我们考虑了从发电厂到终端用户之间电力传输的额外损失，也还是如此。燃烧燃料并传输电力与精炼石油然后分发油气或汽油相比效率更高，也更干净。"[2]但需要警醒的是，如果没有政府的扶持，能源生产商们是不会轻易采用此类高科技技术的，毕竟一旦出现事故，其责任不是一家或几家能源公司能够承受的。即使退一步讲，能源公司若仅仅考虑市场的需要而自愿采用核电技术，那么基于市场最基本生存法则，即趋利避害的本能，他们肯定会提高核电使用的价格，以便支付将来可能产生的损害成本，而这同样不利于核电技术的推广使用。

其二，市场不关心，也没有义务，同时也没有能力降低公众对核电风险的不安全感。在与市场经济配套的自由法治体系中，个人被推定为是具有理性和自由意志的、"强而智"的行动主体。[3]基于这一假定，市

---

[1] 李文曾：《第二期博雅公法论坛成功举办》，载北京大学法学院网站，https://www.law.pku.edu.cn/xwzx/zs/2800.htm，2020年3月13日访问。

[2] ［美］彼得·休伯：《硬绿：从环境主义者手中拯救环境·保守主义者宣言》，戴星翼、徐立青译，上海译文出版社2000年版，第248页。

[3] ［日］星野英一：《私法中的人》，王闯译，中国法制出版社2004年版，第21—23页。

场自我规制理论的信奉者们相信公众在面对核电风险时可以依据专家的意见，独立做出适当的风险评估，是否接受核电的风险则由核电运营商与公众按照市场的交易规则自主协商完成，公权不应介入其中。简言之，市场只是提供一个交流各自诉求的平台，能否成功签署协议完全由当事人自主决定。但事实上，公众对风险的认知常常来自其直觉和印象，非理性的因素往往成为决定性的因素。这也是为何经过合法审批、手续齐全的核电建设规划，在开工建设时仍会遭到当地民众激烈抵制的一个根本原因。所以在风险社会下，法律的构建应着眼于现实的、具体的和“弱而愚”的个人。当然这也增强了政府对风险进行管控的正当性，“在民主社会中，当人们恐慌时，政府很可能要采取应对措施，即使公众的恐慌毫无根据”[1]。

其三，不利于建构专家独立、公正的话语体系。在对核电风险的评估过程中，由于公众专业知识的匮乏，从而影响其在公共决策过程中的话语权，所以必须依赖专家的介入，以期能在一定程度上弥补话语权分配的失衡。正如福柯所言：“话语就是人们斗争的手段和目的”[2]，各方利益主体都会为争夺对己方有利的话语权而展开博弈、争斗。如果仅仅依靠市场自身的力量和专家的良知，是不足以确保专家不被利益团体所俘获的，从而为其商业行为提供知识上的正当性。比如，曾拟建的江西彭泽核电厂，在可行性论证阶段，几位中科院院士都坚持认为该方案可行，但事实上，有证据表明这一核电项目在选址评估、环境影响等方面存在严重问题，具体包括项目规划限制区内的人口数据失真、核电厂厂址地震标准不符、核电厂邻近工业集中区、项目建设民意调查走样，核电厂建成后将存在污染及安全防范等方面的问题。[3] 核电发展牵涉的利益重大，利益方就有可能去影

[1] [美] 孙斯坦：《风险与理性》，师帅译，中国政法大学出版社 2005 年版，第 1 页。

[2] Michel Foucault, The Archaeology of knowledge & The discourse on Language. New York: Pantheon Books,1972, p.1.

[3] 彭峰、翟晨阳：《核电复兴、风险控制与公众参与——彭泽核电项目争议之政策与法律思考》，载《上海大学学报（社会科学版）》2014 年第 4 期。

响专家的观点，若放任市场自我规制，专家的独立性与公正性就很难得到保障。

（二）“争议”的迷雾：如何看待专家的理性?

2013 年 3 月 21 日，美国《赫芬顿邮报》(The Huffington Post) 的一则主题是“美国人不相信科学”的报道，引起人们广泛关注。这条新闻的大意是，“依据该报近期的一份民调显示，在随机受访的 1000 名美国成年人中，只有 36% 的受访者表示非常相信从科学家那获得的信息是准确而有效的，51% 表示有一点相信，6% 称完全不相信”[1]。很多人粗看这一新闻，很容易误解为美国人对于科学本身是否具有真实性和客观性表示强烈的怀疑，但是如果仔细研究这条消息，不难发现这里存在一个认识的误区，即美国人不是不相信科学，而是不相信科学家，不可否认，科学家与科学之间存在着千丝万缕的联系，但我们绝不能就此在二者之间画等号。科学是什么？依据《中国大百科全书》的定义，“以范畴、定理、定律形式反映现实世界多种现象的本质和运动规律的知识体系”[2]，由此可以判定，科学是对人类知识的一种系统地整理和思考。

为更好地认识科学的属性，我们可以先从反面来否定两个错误的认识：一方面，科学并不代表真理，所以它在给民众的风险评估建议里，也会常常出现“很可能”“可能”“目前证据不足以说明”等类似的词汇，即使出现“肯定会”或“肯定不会”这样的词汇时，也只是表明发生的可能性极大，“初级的科学化从传统与现代、民众与专家的对立中获得发展的动力。完全信仰科学和进步，是 20 世纪上半叶工业社会现代化的一个特征。但随着认知社会学、意识形态批判、科学理论的可错论(fallibilism) 以及专家批判的发展，反思性科学化获得了重要地位”[3]。另

[1] The Huffington Post, “The Americans have little faith in Scientists”, http://www.huffingtonpost.com/2013/12/21/faith-in-scientists_n_4481487.html，2020 年 3 月 6 日访问。

[2]《中国大百科全书·哲学卷》，中国大百科全书出版社 1987 年版，第 404 页。

[3] [德] 乌尔里希·贝克:《风险社会》，何博闻译，译林出版社 2004 年版，第 190 页。

一方面，科学知识是一个开放的体系，并不是一成不变的，正如卡尔·波普尔指出的那样，科学与非科学的区分标准在于可证伪性，经验的科学系统必须有可能被经验反驳。[1] 换言之，人们只能依据现有的科学知识来认知风险，并依此评估各种收益。我们应清楚地明白现有的这个知识体系中的某些方面（甚至全部），很可能在某个未来的时间点被不同程度地改写。因此，在对未知领域的认知过程中出现一些争论，哪怕是非常激烈的争论，也是可以理解的。但是不能因为没有确定、唯一的答案，就怀疑科学本身的价值。

当然，我们这里提及的科学是指得到正确表达的知识体系。笔触及此，我们就不得不涉及一个非常关键的问题，即如何规范掌握科学知识的专家群体？正如上文提及的《赫芬顿邮报》的民调显示那样，相当一部分民众对是否能从科学家那里获得可靠的信息表示怀疑。原因何在？这份报道同样给出了一个答案，也印证了之前一些研究结果的正确性，即民众普遍担忧科学家在做出科学研究的结果时，容易受到政治意识形态影响，或者是受到来自赞助商的压力，从而使其结论与事实真相不相符合。[2] 因此，在具体领域的风险规制方面，构建法律体系的过程中一个重要目标就是确保评估机构或专家的独立性，使其尽量少受非科学因素的影响，在核电风险规制领域方面，这点尤为重要。

另外，在此还有一点也需要引起关注，即如何协调专家群体与行政规制部门之间的关系？在风险规制方面，行政机关基于本身有限的专业知识，在其作出决定的过程中，必须依赖专家的专业知识为其提供正当性的证明。但二者由于追求目标上的差异，导致其存在相互冲突的可能性：对于行政机关而言，其最终行政决定的做出需要考量多方面的因素，如在核电站选址过程中，考虑的因素除了安全因素以外，还需要将地方经济发展水平、民众心理接受程度和电力能源的潜在市场等因素纳入考虑的范围内，总之，

[1] ［英］卡尔·波普尔:《科学发现的逻辑》，查汝强、邱仁宗、万木春译，中国美术学院出版社 2008 年版，第 17 页。

[2] ［美］孙斯坦:《风险与理性》，师帅译，中国政法大学出版社 2005 年版，第 1 页。

行政机关的最终决定应当是“最适当”的；与之相比较，专家需要考虑的事项就简单很多，他们只需要在其范围内向行政机关提出“最优”的建议即可。而我们在具体制度的设计过程中，需要妥善处理“最适当”决定与“最优”决定之间的张力。

（三）利益的复杂化：如何理解科学的民主化?

姜明安教授曾一针见血地指出：“现代民主的重要特色是民主形式由单纯的议会民主、投票民主向更多的参与式民主和审议式民主转化。……但现代政府行使着越来越多的立法功能和决策功能，为了防止‘行政专职’，将参与式民主与审议式民主引入行政领域就是必然的选择。”[1]核电站选址建设的行政决定其实是试图在政府解决绿色能源供给问题和公民财产安全之间寻求一种平衡，简言之，就是对发展核电所带来的风险划定承担主体的过程。当然，这一风险分配过程将直接涉及很多人的利益，如政府的利益、核电公司的利益、核电站附近居民的利益和享有核电好处的人的利益。所以核电站选址建设的行政决策过程应当是不同利益寻求表达、竞争和相互妥协机会的过程。在这样一个博弈的过程中，虽然最终作出的决定可能使部分人受益或部分人利益受损，很难保障与此有利益牵连的人都处于“共赢”状态。但是让所有利益相关者参与决策过程，表达其利益诉求，并最终形成的理性共识和公众舆论可帮助证成决策的合法性，这一过程可描述为“一个关于内容、观点也就是意见的交往网络；在那里交往之流被以一种特定方式加以过滤和综合，从而成为根据特定议题集束而成的公共意见或舆论”[2]。

在核电风险规制的过程中，公众参与的重要性已被各方所接受。但是公众参与的强弱，则因国家或事项的不同有所差异。借用谢莉·R. 安斯汀

[1] 姜明安：《公众参与与行政法治》，载《中国法学》2004 年第 2 期。

[2] ［德］哈贝马斯：《在事实与规范之间——关于法律和民主法治国的商谈理论》，童世骏译，生活·读书·新知三联书店 2003 年版，第 446 页。

的“市民参与的阶梯理论”[1]，现在的参与大致可归纳为三种模式：一是决定模式。即意味着公众完全享有通过投票的形式决定与核电相关的事项，如2011年6月12日，意大利举行全民公投决定是否恢复实施核电厂计划。[2]二是沟通模式。若采用这种方式，尽管公众将不再享有对相关事项的决定权，但是他们享有通过法定途径获知相关事项的信息，并且行政机关在作出有关决定之前，必须征求公众的意见。三是排斥模式。在核电风险规制过程中，如果是在具有高度专业化特征的领域，行政机关往往考虑到民众的知识背景和决策的成本支出，而不同程度地排斥公众的直接参与，“多项研究表明，公众对风险问题的评判，会迥异于该领域专家形成的任何合意，在几乎所有专家所开列的风险阶梯中，都认为有毒垃圾处理场以及核电站的风险是最低的，而公众却似乎对这些风险最为关切”[3]。当然，在核电风险规制的实践过程中，这种方式已经被采用得越来越少。

毋庸讳言，科学家可以通过自己的专业知识论证核电是低风险的，但说服公众接受之，并使大家普遍不排斥，没有精神上的恐慌，这是科学无法完成的。所以公众参与核电风险规制的作用是非常重要的，但是如何能让公众有序地参与到风险规制的过程中，我们必须解决两个方面的问题：一方面，谁是需要参与核电风险规制的“公众”？其实，无论是在理论中还是在实践中，都很难界定“谁是公众”，正如奈哈特所言：“在现代民主

[1] 美国学者谢莉·R. 安斯汀在1969年发表的《市民参与的阶梯》一文中，将公众参与的强度按照由弱至强的顺序，归纳为八种形式：（1）操纵模式（manipulation）：邀请积极的市民代表作无实权的顾问；（2）治疗模式（therapy）：不要求改善导致市民不满的各种社会或经济因素，而是要求改变市民对政府的影响；（3）通知模式（informing）：只是告知相关情况，并不设置反馈途径；（4）咨询模式（consultation）：民意调查，公共咨询等；（5）安抚模式（placation）：设立只有参议职能，没有决策权力的市民委员会；（6）伙伴模式（partnership）：市政府与市民分享权力与职责；（7）代理权力模式（Delegated）：市民可代表政府行使批准权；（8）市民控制模式（citizen control）：市民可直接处理计划、决策和执行工作，没有中间环节。See Sherry. R. Arnstein, A Ladder of Citizen Participation .Journal of the American Institute of Planners, 1969（4）.

[2]《意大利就是否重启核电发展计划等举行全民公投》，载新华网，http://news.xinhuanet.com/world/2011-06/13/c_13925442.htm，2020年4月4日访问。

[3]［美］史蒂芬·布雷耶：《打破恶性循环》，宋华琳译，法律出版社2009年版，第42页。

制度中，公众扮演了重要的角色，但似乎没有人能确切知道公众究竟是指谁。”[1]具体到核电厂的建设过程中，公众范围的选取就是一个难题，究竟只是核电站附近的居民参与，还是一定范围内的居民都参与？而这范围选取的不同，很可能影响到最终决策的结果。另一方面，如何才能让公众接受专家的正确意见？在民主社会中，我们都已经接受这样的一个共识，即行政决策只有建立在公众的理性共识和评判选择的基础上才能获得稳固的合法性，而且“一个针对相互关心的事物进行协商的公共领域就尤为关键”[2]。但是想要让公众接受专家的意见真的是谈何容易，特别是在高科技领域，因为这一领域本身就充满着非常大的不确定性，公众本身就对其充满着“恐慌”的情绪，先天就具有排斥感。

（四）制衡与监督：司法机关的窘境

美国霍姆斯大法官曾颇有感悟地说过：“哪怕不是每一天，但每一年总是有那么几个案子的判决，让我觉得由于自己知识的匮乏，导致感觉自己的判决说理过程有些东拉西扯，是否正确，完全凭借‘运气’了。”[3]在涉及与核电站相关的案件的审理过程中，司法机关能力不足的特征被暴露得更加明显。

事实上，在这一类案件中，对于司法机关的判案要求非常高，他们需要掌握的知识也很复杂，如即将实行的规制方案是否会对健康造成损害、潜在会发生的事故灾害究竟有多严重、核电厂运行过程中是否会对周围的环境造成损害，以及与之相关的一些辅助活动是否会产生负面影响[4]，等等。当然，依据现行的审判规则，对于事实的判断，法院一般情形下都将尊重行政

---

[1] Neidhardt, F. The Public as A Communication System. Public Understanding of Science, 1993, 2（4）.

[2]［美］塞拉·本哈比主编：《民主与差异——挑战政治的边界》，黄相怀等译，中央编译出版社2009年版，第77页。

[3] Abrams v. United States, 250 U.S. 616, 630（1919）（Holmes, J., dissenting）.

[4] 例如，用飞机运送核原料等行为，是否会产生危险的问题。相关讨论可参见New York v. NRC, 550 F.2d 745（2d Cir. 1977）.

机关的决定，除非这一决定出现明显的恣意和反复无常的情形（Arbitrary and Capricious）。法院的工作重心在于对法律问题作出最终的判定（Final say），但是事实问题往往和法律问题纠缠在一起，很难区分，如在制定具体的核电标准之前，风险评估是至关重要的一个环节，因为这直接关系到核电运行过程中，相关的利益主体将承担多大的风险，而在衡量或具体定义“风险”的过程中，法律问题和事实问题就不可避免地相互交织在了一起。[1] 当然，判定这些问题是对司法机关能力的极大挑战，但是无法避免。

在核电风险规制方面，立法机关不能为行政机关提供充分、明确的规则指引已是不争的事实，且不得不将广泛的规则制定权授予行政机关[2]，怎么来规范这一巨大的行政裁量权已经成为发展核电国家共同需要面对的难题。但必须承认的是，由于核电规制机关自我规制存在不可弥补的缺陷，所以让司法机关在一定程度上对其实施实质性的审查就成为防控风险的一个有效手段。不过为达至此目的，我们需要妥善处理好两个方面的问题：一方面，如何提升司法机关的专业能力，以期能对法律与技术相混合的问题做出正确的判断；另一方面，构建新型的司法审查标准，适应风险规制活动的“例外”特征。另外，还有需要补充的一点是，现有的司法审查标准侧重保护受害人的利益，很可能导致新技术的应用和发展受到阻碍的后果出现，我们需要在二者之间寻找一个合适的平衡点。

在厘清以上四个方面的问题之后，接下来就应该思考面对来自这四个方面的挑战，我们现有的法律解释框架是否可以圆融地、妥善地处理这些问题？如果不可以的话，那又应当如何重建法律解释的框架，其抓手在哪里？

---

[1] Yellin, Judicial Review and Nuclear Power: Assessing the Risks of Nuclear Catastrophe, 45 GEO. WASH. L. REv. 969, pp.975-981（1977）.

[2] 只需看看那些已制定核电法国家的相关法律，这一点就表露无遗。

三、核电风险规制：超越传统行政法学研究的视野

在 2014 年 3 月举行的全国人大代表会议上，湖南代表团在其第一次全体会议上决定，拟以全团的名义呼吁尽早启动桃花江等内陆核电项目的建设。[1] 由于这是全国第一座内陆核电站，所以湖南代表团的举动很快就吸引了公众的目光。对于这一倡议，赞成者有之，反对者也不乏其人。真正让人忧心的是，一旦该项工程进入实施阶段，会不会也像其他高科技项目一样，引发公众高度的对抗情绪。[2] 其实，这一隐忧也触发了我们对法律在解决此类纠纷中到底扮演什么角色的思考。若按传统的规范法学的路径，法律就是一个由各种效力不同的规则组成体系，具体而言包括宪法、法律、法规、规章乃至规范性文件。它的作用就是衡量各种行政活动是否符合这个体系的要求，当然依据这一规则体系，对行政权力合法性判断是一个非常简单的技术性动作，即以相应的法律规范为标尺，衡量行政权的行使是否与该标尺一致即可。

事实上，建立在规范法学基础上的合法性框架，不能有效解释现实中出现的纠纷的原因，如已符合法律要求的拟新建的核电站还是会因受到公众的激烈反对而停止建设。当然，类似于是否新建核电站这类的行政决定在作出之前往往存在巨大的裁量空间、利益分配和公共性等因素，所以仅要求在形式上合法律性不能够满足公众对“合法性”判断的期待，且民主的正当性问题也存在较大的瑕疵。依据传统的行政法理论，民主的正当性问题本来已在立法环节得到妥善处理，行政机关仅仅充任立法代言人的角色，即它只需按照立法机关的意图开展相关活动即可，而对于民众的反应和社会的其他情形则无须考虑。但是这一“传送带模式”如今却遇见了一

[1]《湖南代表团重启内陆核电建设》，载中国核电信息网，http://www.heneng.net.cn/index.php?mod=news&action=show&article_id=29159&category_id=9，2020 年 3 月 26 日访问。

[2] 这几年在我们国家，这类案例不胜枚举，如 2014 年 3 月发生在广东省茂名市的公众反对 PX 项目的大规模抗议事件。《广东茂名 PX 项目事件舆情分析》，载人民网，http://yuqing.people.com.cn/n/2014/0605/c210114-25108215.html，2020 年 4 月 27 日访问。

个很棘手的问题，详言之，因为核电技术所具有的高度复杂性的特征使得立法机关无力提供精确的规则，只能以授权立法的形式将规制权授予监督机关，如此一来，试图通过立法机关赋予规则民主正当性的想法也就不能实现。很显然，在传统的法律解释框架内并没有为不同的利益主体提供一个可以表达自己意见和协调各方立场的平台。

在此仍需着重强调的是，本书所谓的超越传统行政法视野去研究核电风险规制，是指如何构建一个行之有效的法律框架来解释类似于核电工程的风险决策行为，并为之提供能令各方都能接受的合法性判断依据，妥善处理好围绕它而产生的各类矛盾。

（一）重构行政法解释框架的关键：合法性概念的定义

正如上文提及的，传统行政法框架问题之一就是规则缺乏必要的民主正当性，因此如何解决这一问题也成为重构行政法解释框架的关键。不过这里首先需要澄清的是，在西方，自马克斯·韦伯系统论述合法性理论以来，其已经形成并演化为经验主义合法性理论和规范主义合法性理论两个倾向。[1]但是不论是经验主义还是规范主义，均没有把行政活动的合法性等同于“合法律”，至于何为“合法律性”，公法大家奥托·梅耶曾有过精彩论述。[2]若我们真正置身于行政决策的制定过程中，会发现形式合法性仅仅是对行政权行使的“最低限度的要求”[3]，真正的合法性应该是指“有很好的理由认为某一政治秩序是恰当的、正义的，并且一个正当的秩序应

---

[1] 苏国勋：《理性化及其限制——韦伯思想引论》，上海人民出版社 1988 年版，第 188—194 页。

[2] 公法学家奥托·麦耶对所谓“合法律性”内涵的论述，最具代表性。他认为“合法律性”包含如下三点内容：第一，法律的优位原则。行政权的行使不得违反法律，也不允许依照行政法规变更废止法律，变更废止法律的只能是法律本身。第二，唯有法律拥有“法规范”创制力的原则。所谓“法规范”，指的是涉及限制公民权利或者以设定公民义务为内容的法规范，而类似这样的法规范的创制，只能依照议会所制定的法律来进行，而不能依照行政权所进行的立法形式——行政法规。第三，法律保留的原则。主要指的是行政权限制公民的权利或者使其承担义务，必须有法律根据。参见［德］奥托·迈耶：《德国行政法》，刘飞译，商务印书馆 2002 年版，第 67—76 页。

[3] 王锡锌：《依法行政的合法化逻辑及其现实情境》，载《中国法学》2008 年第 5 期。

该得到普遍认同”[1]。以下我们准备从这结合涉及核电发展的行政活动的特殊性，从两个方面来重新定义“合法性”概念。

1. 核电安全监管活动的合法性基础之一：科学理性

不管承认与否，行政活动的合法性问题一直是行政法学研究的一个核心命题，随着“传送带模式”越来越与真实的行政过程相背离，行政法学者们在评判行政活动是否具有“合法性”时也不再仅仅停留于是否满足“合法律性”的要求，更多的时候是在追问行政机关能否为其行为提供充分合理的解释（reasoned explanation）[2]。

特别应值得关注的是，为能制定出符合科学技术内在发展规律的正确的发展规划，世界上的几个主要工业国家出现了一个共同的发展趋势，即将大量优秀的科学家吸纳到科技决策的制定过程中，目前，“政府 & 科学家”的二元决策关系成为科技决策模式的核心特征。[3] 具体到核电风险规制领域，在制定与之相关政策时，每一步都离不开专家提供的专业知识予以支撑，如在什么位置修建核电站是最安全的，采取什么样的措施确保核反应堆能正常运行和核废料应当如何处理才能真正做到万无一失等问题？在此背景下，科学理性正逐渐成为支撑行政决策实质合法性的核心理据[4]。当然科学性作为行政活动的合法性依据，也得到了政策和法律层面的积极回应，仍以核电领域为例，美国在其制定的《能源重组法案》中就采纳了一种完全由技术精英负责管理的模式，即通过设立相对独立的核安全管理

[1] “Legitimacy means that there are good arguments for a political order’s claim to be recognized as right and just; a legitimate order deserves recognition” . See Jurgen Habermas, Communication and the Evolution of Society, Oxford Polity Press, 1979,p.178.

[2] Lisa Schultz Bressman, Disciplining Delegation After Whitman v. American Trucking Ass' ns, 87 Cornell L. Rev. 452, p.485（2002）.

[3] 苏竣等：《从精英决策到大众参与：理性视角下的科技决策模式变迁研究》，载《中国行政管理》2014 年第 3 期。

[4] Jerry L Mashaw, Small Things Like Reasons Are Put in a Jar: Reason and Legitimacy in the Administrative State, 70 Forham L. Rev. 17, p.20（2001）.

委员会，并赋予其相关政策的最终决定权（final say）。[1]法国在其颁布的《核透明与安全法》中虽然没有采用类似美国的技术专家决定制度，但是也在符合自己政治结构框架的前提下，努力提升专家在行政决策过程中的话语权。[2]

虽然中国目前还没有制定统一的《原子能法》，但是从中央到地方层面的立法，都试图将专家意见纳入行政决策的制定过程中，以充实其合法性的理据。比如，2017年公布的《核安全法》第10条规定：国家鼓励和支持核安全相关科学技术的研究、开发和利用，加强知识产权保护，注重核安全人才的培养。又如，《全面推进依法行政实施纲要》第11条规定：建立健全公众参与、专家论证和政府决定相结合的行政决策机制，实行依法决策、科学决策、民主决策。再如，《科学技术进步法》第13条规定：国家完善科学技术决策的规则和程序，建立规范的咨询和决策机制，推进决策的科学化、民主化。此外，《重大行政决策程序暂行条例》第二章专设专家论证一节，就重大行政决策中专家参与的范围、形式、程序、专家库等事项作出详细规定。

不可否认的是，行政活动的合法性越来越依靠科学理性，但是二者之间不能画等号。换言之，科学理性还不足以单独完成行政活动合法性的供给任务，而这主要是由专家、科学内在的局限性所决定，其主要体现在以下几个方面。

其一，在知识方面，作为个体的专家是有限的，他不可能掌握行政决策所需的所有知识，哪怕是以集体形式出现的专家共同体，他们也会存在观点相互冲突，没有标准答案的可能性，“专家系统总是从属于不同的（科学）共同体，彼此拥有不同的‘范式’或行事规矩，不同的专家系统对同

[1] 薛澜、彭志国、KeithFlorig：《美国核能工业管制体系的演变及其借鉴分析》，载《清华大学学报（哲学社会科学版）》2000年第6期。

[2] 谢青霞、花明：《信息公开与核安全——以法国〈核透明与安全法〉（TSN）为视角》，载《华北电力大学学报（社会科学版）》2014年第1期。

一问题的解答往往也是相互矛盾的”[1]。

其二，在现实利益纠纷中，我们试图通过各种制度让专家超然其外，但事实上，诸如专家被利益集团俘获、专家成为权力的附庸等各种质疑仍广泛存在，毕竟某些领域的顶尖专家极容易同时受雇于企业和监管这些企业的政府机构，这不可避免地造成专家在向政府机构提供意见时，有意识地偏袒自己担任顾问职务的公司。

其三，就科学知识本身而言，它也经不住时间的考验，毕竟科学家的认知能力也是在不断提升的，旧的科学体系很有可能被新的科学体系所代替，“科学的发展在实质意义上就是一个接着一个地对无知和不确定领域的征服”[2]。如我们的核电设备，从一代发展到二代、三代乃至现在的四代，安全性能不断提高。因此，将行政活动合法性供给的任务完全赋予科学或专家来完成，也不是很合适。但需要澄清的是，尽管科学或专家本身还存在着种种不足之处，但是我们不能就此否定科学、专家的作用，毕竟只有科学或专家才能将风险降至最低。[3]

其四，行政决策并不像科学实验过程那样清晰明了，专家往往对公众的需求缺少真切的感知。核电决策中涉及的政治、经济、文化等因素并非只依靠专家即可解决。尽管专家在核电决策中至关重要，但是如何遴选专家，保证专家在技术委员会中的均衡，设计相互之间对话和交涉的程序，都是我们所需面对的课题。[4]

很显然，核电风险中有很大部分是普通人难以认知的，必须依靠专家的判断来加以认定。只不过，风险的损害程度可以随着知识方面的操纵而被夸大或掩饰，从这个角度而言，风险本身又是一种“开放性的社会建构”。

---

[1] 沈湘平：《现代视野中的专家系统》，载《学习与探索》2007 年第 2 期。

[2] [英] 西尔维奥 · O. 冯拖维克兹、杰罗姆 · R. 拉弗兹：《三类风险评估及后常规科学的诞生》，载 [英] 克里姆斯基、戈尔丁编著：《风险的社会理论学说》，徐元玲、孟毓焕、徐玲等译，北京出版社 2005 年版，第 289 页。

[3] [英] 吉登斯：《现代性的后果》，田禾译，译林出版社 2000 年版，第 24—25 页。

[4] 宋华琳：《规则制定过程中的多元角色——以技术标准领域为中心的研讨》，载《浙江学刊》2007 年第 3 期。

2. 核电安全监督活动的合法性基础之二：公众参与

既然专家、科学内在的局限性已经决定科学理性还不足以单独完成行政活动合法性的供给任务，那么我们就应当调试我们观察的棱镜，换一个角度去思考如何才能在科学理性基础（而不是抱有科学虚无主义的想法）之上，去完善判断行政活动合法性的依据。

详言之，我们在具体评判的时候，应该同时从两个维度入手：一方面从行政决策的内容来说，是否具有科学、合理的品质，是不是可选择的方案中最优的选择？另一方面从制定的过程来说，是不是开放、民主的？正如沈岿教授所述："不回避尖锐批评，对不同利益偏好和价值诉求给予表达和受关注机会，并在各种形式的、有效的结构安排中进行。"[1] 当然，如果从后一个维度思考则必然会将公众参与制度引入行政决策的制定过程之中。详言之，在不确定性层出不穷的风险社会中，立法机关的民主代议功能的作用下降，为解决这一问题，引入公众参与势在必行。目前学界主流都承认，参与式行政是一个解决行政活动民主正当性问题的好办法，但是难点在于如何在实践活动中，通过具体制度的运转实现参与式行政的目的，即补强行政决策的民主性。

具体到核电风险规制领域，尽管科技因素在这一领域占有主导地位，专家的地位也进一步凸显出来，但公众参与同样不容忽视。一般而言，对核电安全领域存在的风险，监管机构履行其风险监管职责，主要是围绕三个不同的环节展开：风险评估、风险管理和风险交流。在前两个环节中，即风险评估和风险管理，主要是一个科学的认知和实践过程，是科学家用一种客观的、可以度量的方式将风险展现出来并采取相应手段予以降低的过程，法律的作用在于构建一个合理的制度框架，保障专家能独立、客观和公正地对存在的风险做出评估和采取适当的方式予以降低。不过在这两个阶段，公众参与的范围和强度不宜过广和过深，毕竟公众缺乏必要的专

[1] 沈岿：《因开放、反思而合法——中国公法变迁的规范性基础》，载《中国社会科学》2004 年第 4 期。

业知识，他们对于风险的厌恶具有一定的非理性，不能成为风险评估和风险管理可靠的依据。但是在某些环节（主要涉及评估的议程和优先次序方面），相关法律则应该强制要求监管机构对公众的偏好及时做出回应，如我们在内河流域建核电站是否应对河流由于干旱断流进行风险评估，尽管这类事情在当地的水文记录中从未发生。

值得强调的是在坚持科学理性是为风险评估和风险管理提供可靠依据的前提下，我们同样应当重视风险交流的作用性。正因为民众的风险认知水平受专业知识方面的限制与专家存在一定的距离，且对于风险的感知又容易受各种其他因素的影响，如风险是自愿承担还是由外在因素强加的，风险是会导致及时伤害还是隔一段时间才显现出来，以及风险的表达方式等[1]，所以公众理解的风险比科学家所描述的风险要复杂很多，通常他们可能不太关注概率问题，更多时候是关心一旦发生事故，到底会出现怎样的不利后果，因此与公众的风险沟通成功与否关系着核电工程是否能顺利进行。简言之，通过风险沟通需要达到这样一个目标，即让公众对于风险的认知能与专家的认知尽量保持一致。而要做到这一点，适度的公众参与不可或缺。

在此简要对本节所论及的“复合合法性”概念做一总结。传统上，我们判定一项行政决策是否合法，主要是从形式上判断，即是否和上位法保持一致。但是这种判定模式的成立需要两个前提：一方面，立法机关能为行政机关提供所有的法律且是明确的，排除裁量空间[2]；另一方面，行政机关能忠实地执行这些法律。遗憾的是，传统行政法“合法性”判定模式所需要的前提条件，在面对类似于核电监管的现代行政决策的制定过程中已很难满足。必须承认的是，传统的合法性解释模式目前面临着明显的“生存危机”。而主要的挑战来自三个方面。

首先，广泛存在的行政裁量。立法机关试图通过制定精确的规则予以

[1] [美] 刘易斯：《技术与风险》，杨健、缭健兴译，中国对外翻译出版公司 1994 年版，第 23 页。

[2] 现代行政不可能是绝对的羁束行政，赋予行政机关裁量权会越来越广泛，对此原因，王名扬先生早已有过详细论述。参见王名扬：《美国行政法》，中国法制出版社 1995 年版，第 546 页以下。

规范的努力现在看来不太可行，只能为这些管制机构划定一个大的法律框架，如规定机构如何设置、在进行相关规制活动中应遵循哪些原则和程序等，至于具体行政决策行为的合法性依据的供给，则越来越倚重于科学理性（而不是立法机关提供的规制）。

其次，另一个挑战则是来自利益的多元化。在涉及如核电站修建这类影响众多不同主体利益的行政决定时，仅仅依靠专家的科学理性来提供合法性的依据是不够的，暂且抛开科学本身是否一定正确不论，但就公众能否信任监管机构的科学结论就是一个大问题。我们必须清楚的是，在风险社会中，只有建立在公众的理性共识和评判选择的基础上，行政决策才能获得稳固的合法性，“一个针对相互关心的事物进行协商的公共领域就尤为关键”[1]。

另外，利益多元也决定了公共领域并不是铁板一块，这就需要在制度上创建一个平台便于决策中心与外围边缘的互动，正如哈贝马斯所言，“在政治系统运行和决策过程中，往往是社会公众、媒体网络、利益团体、社会运动等把在私人领域中形成共鸣的那些问题进行放大并引入公共领域，形成公共意见或舆论，从而迫使行政机关对议题进行正式处理，并形成正式意志”[2]。

对于此处所言及的“复合合法性”概念还有一点需要澄清，这个概念所包含的两个核心点，即科学理性和公众参与，二者之间不是平等关系，而是有主次之分。尽管科学、专家并不是真理的化身，但是在专业领域内，专家比普通人拥有更大的话语权，因此在设计与风险规制相适应的法律框架时，科学理性是首要的因素，任何一项风险决策如果缺乏科学理性，那么它都不符合合法性的要求。在此基础之上，才考虑如何通过多种形式的公众参与，让公众对风险的认识最大限度地与专家的认识保持一致。即使不能做到这一点，相关法律也应该提供一个协商、妥协的平台，以保证最

[1] [美] 塞拉·本哈比主编:《民主与差异——挑战政治的边界》，黄相怀等译，中央编译出版社 2009 年版，第 77 页。

[2] [德] 哈贝马斯:《在事实与规范之间——关于法律和民主法治国的商谈理论》，童世骏译，生活·读书·新知三联书店 2003 年版，第 373 页。

终做出的行政决策可为公众接受。当然，在合法性判断过程中引入这两点，完全是功能主义的研究径路[1]，即以解决问题为导向。但不可忽视的是，依此径路，各方利益主体在判定高科技带来的风险是否在自己的可承受范围之内时，主要采用“成本—效益”的方式。换言之，在绝大部分情形中，我们主要是从经济角度度量出技术可能带来的总收益和总成本，以及所带来的风险。

在此前提下，如果一项技术能使社会整体受益，那么人们将不太关注因采用该技术所可能导致社会部分成员境况变得更加恶化的情形。类似地，如果一部分人获得了巨大的收益，那么其他人所蒙受的微小的损失则会很轻易地被忽略；反之，如果许多人获得了微小的收益，而只有极少数人蒙受的巨大损失也容易被忽略。因此，有必要强调决策本身的科学性和民主性以及司法机关的裁判和控制功能。在构思这篇论文的过程中，始终存在一个较大的理论抱负，即是否能创制一个更大的理论框架，将这两种不同的研究范式均涵摄其中？在传统的行政法研究范式的基础之上（以行政行为—司法审查为主轴的研究框架），通过重新建构合法性的判断标准，将部分功能主义的合理因素融入其中。

（二）组织法上的思索：强化规制机构的独立性

在传统的以“行政行为—司法审查”为支架的行政法学研究范式中，我们注重的是通过外部主体，主要是司法机关，依据法律对行政行为的合法性进行判断来控制行政权的行使，所以主流的行政法学者都将自己的研究视阈聚焦在对法条的具体解释和应用方面，而对于行政机关是如何安排

[1] 关于功能主义与规范主义的区分，马丁·洛克林曾有过总结，他认为公法中的规范主义风格的根源在于对分权理想以及使政府服从法律的必要性的信念。这种风格强调法律的裁判和控制功能，并因此而关注法律的规则取向和概念化属性。规范主义基本上反映了一种法律自治的理想。相反，公法中的功能主义风格将法律视为政府机器的一个组成部分。其主要关注点是法律的规制和便利功能，因此而注重法律的意图和目标，并采取一种工具主义的社会政策路径。参见［英］马丁·洛克林：《公法与政治理论》，郑戈译，商务印书出版社 2003 年版，第 85—88 页。

自身的结构以完成既定的行政目标则有意识地予以回避，“行政组织法研究上的‘先天不足’局面该如何加强？中国行政法学在起步之时，就没有将行政组织法作为自身的关注重点，将许多地盘放弃给了行政管理学”[1]。但如今随着被监管对象越来越专业化、复杂化，判断行政活动是否具有合法性的标准也在潜移默化地发生着改变，如在核电选址时，决定一个地方是否适宜建设核电站的理由的提供者是科学家，而不是立法者。正如上文所述，科学理性标准已经取代合法律性标准成为支撑行政机关相关决策合法性的关键依据。在这一情势之下，欲有效规范行政权行使过程，恐怕仅仅寄希望于司法机关的合法律性审查是很难实现的。所以新构建的法律框架的研究视野也应该适时地不断扩大，深入行政机关的运转过程中去，思考如何从源头上确保相关行政决策活动是科学的。

当然从法学角度去研究行政组织的时候，它的研究径路和行政管理学的研究径路尽管存在一定的重叠，但还是有所区别。拿核电监管机关的设置来说，行政管理学探讨的是行政机关设置的客观规律，也就是需要确保该机关不仅可以以最有效率的方式完成风险监管的任务，而且它的设置还需满足精简原则，管理结构合理等要求；而行政法学要探讨的则是如何从法律制度上来保障行政机关的设置符合客观规律，除此以外，还需探讨如何在行政机关的具体运转过程中融入民主、公正的精神，真正符合法治要求，排除人为因素的非理性干预。[2] 在此不难发现，行政法学对于行政组织的研究并不只是以问题的解决为导向，简单地从实践中去发现规则的合理性，而是要求问题应当以一种可以得到广泛认同的方式予以解决。

不过在这一过程中，最核心的问题是如何构建一个适当的法律框架妥善地处理行政机关与专家之间的关系。一方面在科学理性已成为行政决策最有利的解释依据和巨大的利益诱惑之下，各方利益主体都拼命利用

[1]《中外法学》编辑部:《中国行政法学发展评价（2010—2011）》，载《中外法学》2013 年第 4 期。

[2] 薛刚凌:《我国行政主体理论之检讨——兼论全面研究行政组织法的必要性》，载《政法论坛》1998 年第 6 期。

已有的资源去影响专家所表述的意见，以实现最终的行政决定能对己方最有利的目的。如此一来，如何保障科学理性的公正性、权威性就成为制度的设计者们最关心的头等大事。而另一方面还得考虑用制度如何弥补专家本身所具有的局限性。哪怕是顶级的专家在风险评估过程中也不可能完全获得有关其决策状况的所有信息。我们应该充分相信每个专家都会尽力争取所做出的决策是科学的、合理的，但他还是会受到"有限理性"的限制，不可能成为人们意念中"无所不能的先知"。目前，科学家融入决策过程中的方式主要有两种：一种方式是设立专家咨询委员会，为行政机关的决策提供知识上的理据，不过在这种模式中，科学知识通常只是政府考量的重要因素之一；另一种方式是专家决定委员会，即将相关决策的最终决定权授予专家，科学理性成为最终决策的唯一依据。对于这两种模式孰优孰劣的判断问题，则无定论，需要依据不同的情形做具体的考虑。

（三）封闭与回应：参与式行政

毋庸讳言，政府在面对"反核电运动"的时候会陷入一种无法妥善处理的困境中，详言之，筹建中的核电站一旦遇到公众的反对，政府通常选择的处理方式是暂时停建，如果反对过于激烈，也会选择永久性地取消该项目。当然这并不是只有中国政府才会遇见的难题，发展核电的国家都会碰见，只不过中国的问题更急迫、更复杂。一方面，我们亟须大力发展核电以满足国家建设过程中对清洁能源的需求；另一方面，我们必须充分考虑公众对于核电项目所带来风险的可接受问题。对于这个两难的选择，政府非常希望能构建一个合适的法律解决纠纷的模型，"一个成熟的法治国家，群体性事件总能通过法律的途径圆满解决"[1]。换言之，就是希望能利用法律的明确性来规范核电建设的过程，以此消解民众对于核电的种种疑

---

[1]《全面依法治国开启中国法治新时代》，载人民网，http://theory.people.com.cn/n1/2017/0615/c40531-29342154.html，2021 年 8 月 9 日访问。

虑（主要意指公众担心政府只是考虑利益，而忽略了安全性）。

但吊诡的是，在各地频频遭到激烈反对的核电工程目前并没有发现存在明显的法律瑕疵（各类手续齐全且符合环评的要求），或许这一情形还可解释为法律制度本身的不完善引发公众的不满。但是放眼世界各国，那些所谓法治成熟的国家如美国，在修建核电工程时也会遭遇民众的强烈反对。这时我们肯定都会产生一个大大的疑问，为何一个“合法律性”的核电工程却遭到民众的反对？必须承认的是，一个没有广泛认同度的法律法规，哪怕存在足够的科学理由支撑其合理性，成本也会是非常高昂的。这时我们就应该认真审视一下我们的行政法律解释框架，追问两个问题：一方面，它是否能够为这些行政活动提供合法性的客观判断标准；另一方面，如何确保这一合法性的客观标准能被广泛地接受。当然，依据传统的行政法理论，民主的正当性问题已然在立法环节被妥善处理了，行政机关仅仅充任立法代言人的角色，即它只需按照立法机关的意图开展相关活动即可，而对于民众的反应和社会的其他情形则可无须考虑，换言之，在这一“传送带模式”之下，行政机关事实上已经成为一个非常封闭的系统，它具有抗拒外界压力的能力，并且可以按照既定的规则进行运转，尤其在高风险、高技术的领域，更是自上而下的政策形成过程，是闭环式的操作。

但是在有关核电的行政决策方面，传统的行政法解释框架却遇见了两个很难解决的问题，即立法机关无力提供精确的规则，因为核电技术所具有的高度复杂性的特征使得立法机关无法克服知识方面的不足，且明确的规则也不能应付出现的不确定情形。另外，借助科学理性制定的规则又不可避免地扩大了知识精英的权力，民众的话语权进一步被限缩。而对于这一系列因民主正当性引发的问题，现行的封闭式的决策模式是束手无策的，必须予以变革。

（四）变革和创新：司法机构功能的重新界定

设置行政诉讼制度的目的就是在政府与公民之间安置了一个常态的、平等的对话平台，避免因纠纷引发的积怨年久日深最后以一种不可控的方式散发，导致社会更大范围的动荡。[1] 尽管中国已经建立了比较完善的行政诉讼制度（1989 年正式颁布《行政诉讼法》），但是让人倍感困惑的是，许多政府与公民之间的纠纷，尤其是涉及核电建设的纠纷，并不是在现存法律框架之内解决的。相反，公众往往采取一种非制度安排的方式，如集体走上街头、向更高层级的行政部门请愿等，寻求纠纷的解决。尽管公众直接施压于政府，同样也能达到促使政府更加认真地对待公民权利的目的，但是此举所造成的负面影响也不容忽视，即忽视法院作用的纠纷解决模式是无法确保让政府的行为接受中立的、公正的审查。在此，我们应该不断地追问，因政府行为导致的核电纠纷到底有何不同，行政诉讼制度存在的问题是什么，问题的症结究竟在哪里？必须承认的是，在中国，因政府行为引发的核电纠纷是很难通过司法途径解决的，而司法机关能力的不足又可从以下两个角度去理解。

其一，法院独立性。以核电项目的审批行为为例，虽然最终的审批权由国家发改委掌握，但是申请的主体却是地方政府和国有核电企业，一旦地方法院决定对于此类纠纷予以立案，那么它们直接面对的被审查对象将是所在区域的人民政府，目前正在进行司法改革，增设巡回法院，也是寻求从体制方面增强审判的独立性，至于效果如何，还需观察。

其二，法院自身的能力。如果在制度层面，法院的独立性问题获得解决，那么法院是否可以妥善地处理核电纠纷，即为案件的裁决提供理论上可行、规范上可欲、实证上充分的说明。坦率地讲，这一点才是我们真正的软肋所在。面对核电技术的众多不确定性，法院缺乏足够的审查技术，在很大程度上，只能尊重核电监管部门自己制定的部门规章和大量的规范性文件，当然这非常容易让司法机关陷入用自身的公信力为监管部门的不法行为做合法性背书的困境之中。反复思寻，法院若想突破此困境，应先弄明白两个方面的问题。一方面，划定司法审查的范围。详言之，我们必须明确在涉及核电风险决策的纠纷之中，司法机关到底审查什么，依据什

[1] 陈端洪：《中国行政法》，法律出版社 1998 年版，第 126 页。

么去审查？对此，本书坚持的立场可归纳为两点：一是对于纯技术方面的抉择，司法机关应当保持一种高度尊重的态度，不轻易受理此类纠纷；二是坚持程序中心主义原则，对此类纠纷尽量避免进行实质意义上的判断，审查的重点在于决策的过程是否遵循了既定的法律程序。另一方面，打造适当的行政诉讼制度。不言自明，行政诉讼制度就是“民告官”。一旦进入诉讼环节，两个在实际生活中本“不平等”的主体将会获得“平等”的法律地位，他们之间的纠纷也有机会接受法官公正的裁决。

简言之，这是在“官—民”之间搭建了一个对话、解决问题的平台。但若想实现设置该制度的初衷，则需要一系列与之相匹配的诉讼技术制度作为其支持，如受案范围、原告资格以及证据举证规则等。

四、本章小结

核电法律框架必须重构是与大时代背景息息相关的，即基于对清洁能源的极度渴求，中国已经下定决心大力发展核电，大规模的核电建设也已开始启动。但同时发展核电所具有的客观风险与主观风险又促使民众反“核”的浪潮一浪高过一浪，公权力与个人权利之间直接对峙的情形也越发“常态化”，政府承受的压力巨大。

面对这一情形，学界必须进行认真的反思，为何现有的法律体系无法妥善地处理这一系列的矛盾，最终都是以制度外的方式解决问题？经过认真分析、思考，其缘由大致可归纳为两个方面：一方面，行政法律体系的创设者过于关注“行政行为—司法审查”的过程，而忽略了大量无法归入行政行为范畴之内的行政决策，以致决策过程本身缺乏足够的合法性。也正因为这一点，行政机关对于最终结果的选择空间逐渐增大，侵害公民权利的概率也随之升高。另一方面，现行的行政法律体系运行方式较为封闭，尤其是决策过程开放性不足。现代行政的一个重要特征，就是由于立法机关已经无法全面地提供较为精准的规则，不得不赋予政府裁量权，而裁量权本身缺乏民主正当性基础。为弥补民主正当性方面的不足，在决策过程之中引入各种形式的公众参与也就显得非常重要。不过在此需要澄清的是，在涉及高科技风险决策的事项上，如核电、PX化工项目以及转基因食品等，我们并不赞成将最终决策权赋予公众，这是因为公众不仅缺乏必要的专业知识，而且他们过于关注个人利益，而忽视社会的整体利益。事实上，谁负责作出决策与获得公众的支持并无直接关联，即使由政府单方作出决定，只要照顾到了公众的个人利益，同样也会获得支持。因此，重构整个核电法律框架，关键就是理顺政府、专家以及公众之间的关系，通过具体的制度设计，使得每一个行政决定都能兼具科学性与民主性。为此，研究的视野应拓展至决策过程之中，从组织框架、议程设置等内部初始阶段就可以影响决策结果的环节入手，最大限度地规范核电的建设过程。

当然，本书的理论抱负绝不应仅仅停留于解决某类高科技风险决策争议这一单一的事件上，而是欲借此建构出一个能解决所有涉及高科技风险决策争议的法律体系。毕竟我们已经进入一个高新技术层出不穷的时代，迫切需要与之相适应的法律制度，以进一步促进技术的发展。

第三章

独立与规制：核电安全管理机关的建构

当下，推进国家治理体系和治理能力现代化的目标得到了越来越广泛的认同。[1]值得关注的是，美国学者弗朗西斯·福山（Francis Fukuyama）近期撰文将判断治理能力是否实现现代化归纳为四个方面的指标，“程序性衡量（procedural measures）、能力衡量（capacity measures）、输出衡量（output measures）和官僚自主性衡量（measures of bureaucratic autonomy）”[2]。如果从法学的角度来理解国家治理体系和治理能力现代化的意涵，则是应建立一整套维护公共秩序和规范公权力运行的制度和程序。当然值得强调的是，规范公权力的前提是需要保障公权力能有效实现其设置的目的，同时减少权力行使过程中的恣意和专断，以保障社会生活的稳

[1] 党的十八届三中全会《中共中央关于全面深化改革若干重大问题的决定》更是明确提出要全面深化改革的总目标是完善和发展中国特色社会主义制度，推进国家治理体系和治理能力现代化。参见《党的十八大公报指出全面深化改革的总目标是完善和发展中国特色社会主义制度，推进国家治理体系和治理能力现代化》，载中国共产党新闻网，http://cpc.people.com.cn/n/2013/1112/c368480-23518946.html，2020年4月27日访问。

[2] Francis Fukuyama，What is the Governance. 26Governance347，2013，pp.347-368.

定性和可预测性，但是限制和规范国家权力也绝不等同于取消国家权力。如果要表达得再清楚一点的话，那就是我们判断行政活动是否正当的标准不能仅仅是一些简单的规范体系，并依此对行政权的行使过程设置过于严苛的条件。所以，我们的研究视野也应该随之不断扩大，深入整个行政权的行使过程中去，探究怎样的法律框架是适当的，即在行政目标的实现和个人利益的保护之间寻求一个合适的平衡点。

在传统的以“行政行为—司法审查”为框架的行政法学研究范式中，我们注重的是通过外部主体，主要是司法机关，依据法律对行政行为的合法性进行判断来控制行政权的行使，而忽视了对行政机关自身的研究，“行政组织法研究上的‘先天不足’局面该如何加强？中国行政法学在起步之时，就没有将行政组织法作为自身的关注重点，将许多地盘放弃给了行政管理学”[1]。但是，不可否认的是，在研究行政组织时，行政法学的研究径路和行政管理学的研究径路尽管存在一定的重合，但还是有所区别。[2]

具体到核电风险规制的领域内，行政法学研究的主要问题应包括：怎样的管理机关最适合于管理因新建核电站所带来的风险，怎样的权力配置才能有效地完成既定的规制目标，怎样的制度架构能最大限度地保护公众的合法权益，怎样的制度设置才能防范来自外界的非正常干扰因素和新设置的核安全管理机关是不是能被现有的制度框架所容纳等？这些问题都是本章节需要完成的思考。

另外，仍想再次强调加强对行政组织法研究的意义。简要归纳，这方

---

[1]《中外法学》编辑部：《中国行政法学发展评价（2010—2011）》，载《中外法学》2013 年第 4 期。

[2] “拿行政机关的设置来说，行政管理学探讨的是行政机关设置的客观规律，如行政机关的设置要符合精简原则，管理层次应当适度等；而行政法学要探讨的是如何从法律制度上来保障行政机关的设置符合客观规律，此外，还要探讨如何在行政机关的设置上融入民主、公正的精神，真正符合法治要求，排除人为因素的非理性干预。因此，在行政机关的设置问题上，行政法学具体要研究谁有权设置行政机关？通过什么方式设置（是否必须通过立法设定）？行政机关的设置应当遵循哪些程序？行政机关的设置与公民权益的关系如何？行政机关的设置对经济、社会的发展有何影响等？”参见薛刚凌：《我国行政主体理论之检讨——兼论全面研究行政组织法的必要性》，载《政法论坛》1998 年第 6 期。

面的研究意义主要集中在两个层面：从功能主义的角度来说，设置行政机构的最主要目的就是实现某种社会管理的目的，如国家已经确定了大规模发展核电的战略规划，那么对于相关行政机关而言，如何确保这一计划能够顺利实现就成为他们的首要目标。对于传统的学科分类而言，技术方面“最优”管理手段的研究属于行政管理学的范畴，在此行政管理学和行政法学的确存在研究对象重叠的情况，但是行政法学的研究并不局限在一方面，因为技术方面最优的方式未必是实现管理目的最合适的方式，毕竟行政决策在作出之前，特别是类似于核电站这样的大型能源项目的兴建往往存在着巨大的裁量空间、利益分配和公共性等因素，而这些并不是采用技术方面最优的管理方式就能予以解决的。这就涉及从行政法学的知识框架下研究行政组织的另一个问题，即采用什么样的方式是实现行政目的最合适的方式，而这方面主要关涉利益相关方的权益保护问题，毫无疑问，最理想的行政决策应该是让所有人都受益，不过这只是一种理想状态，很难办到。如果政府的政策不能做到这一点，人们也希望它所选取的方案应能实现社会“最大多数人的最大幸福”，并且还应该是首先照顾社会最弱势和最大多数人的利益。而这些指导思想都需要我们通过相关的行政组织法规予以细化和实现。

再者，在立法机关无法提供精确规则指引和司法机关科技判断能力不足的前提下，加强对风险规制机关自身的研究，也是避免其权力被滥用的一种有效手段，“既要让行政真正有能力回应复杂的治理需求，切实有效地完成必然的历史使命，又要始终警惕、防止其成为‘行政利维坦’，就得从行政体系和过程本身入手，而不只是等待外部制衡力量的成长”[1]。在行政权日益深化和细化的背景下、在政府理念和行为方式日益转向现代化的变革过程中，行政自制理论已经显示出其在行政成本、行政伦理、行政效率等各方面的比较优势，[2] 当外部规制力不从心之时，目光流转至行政机关的

[1] 沈岿：《解困行政审批改革的新路径》，载《法学研究》2014 年第 2 期。

[2] 崔卓兰、刘福元：《行政自制的可能性分析》，载《法律科学（西北政法大学学报）》2009 年第 6 期。

自我约束，不失为推进行政法治的又一蹊径。

不过这里也存在一点关于价值选择方面的隐患，因为在这一研究框架内，行政机关所追求的目标和公众的权益之间是存在一定张力的，任何一项行政决策的实施过程都很难将这二者兼容，不可避免地就会涉及决策的“可接受性”问题，有学者就建议：“作为常态时期的一项临时性措施，它的出台在议程设定、方案草案准备、公众参与评论等环节，都需要充分地讨论，最终进行方案的选择。”[1] 如此，政府在整个决策过程中才能充分地了解专家和公众的意见，从而使自己做出的决策更加具有民意基础。若真能如此，决策过程的民主和开放对已习惯于“单方做决定”的政府来说也是一种挑战，它增加了政府决策难度，使政府无法像以前那样在决策过程中一手包办。

一、追思与回答：独立核电管理机关存在的价值

（一）专家管理：增强行政决策的科学性

自从人类进入工业社会后，国家干预科学技术发展过程的力度、强度以及频率都日益增强，为能制定出符合科学技术内在发展规律的正确发展规划，几个主要的工业发达国家不约而同地表现出一个共同特征，即在政策的制定过程中，有意识地吸纳越来越多的优秀科学家参与其中，所以科学家们能以多种方式不同程度地影响或决定着政策的制定结果。[2]

以核电风险规制领域为例，需要解决的主要科技问题包括：在什么位置修建核电站是最安全的，采取什么样的措施能确保核反应堆正常运行和

[1] 王锡锌：《行政决策正当性要素的个案解读》，载《行政法学研究》2009 年第 1 期。

[2] “特别是到了 1945 年，科学家万尼瓦尔·布什（Vannervar Bush）向美国时任总统杜鲁门呈送了著名的科技政策报告《科学——无止境的前沿》（Science：The Endless Frontier），现在学界都普遍承认正是由于这份报告的通过确立了科学家在科技政策决策过程中的主体地位，在此以后，‘政府 & 科学家’的二元决策关系成为科技决策模式的核心特征。”苏竣等：《从精英决策到大众参与：理性视角下的科技决策模式变迁研究》，载《中国行政管理》2014 年第 3 期。

核废料应当如何处理才能真正做到万无一失等问题。在制定与之相关政策时，每一步都需要大量的专业知识予以支撑。值得强调的是，自 1975 年美国研究机构第一次采用概率的研究方法对核电站的安全模式进行评价，即著名的“WASH-1400”报告，并以此风险分析方法成功预测三里岛核事故后，现在世界上主要的几个拥有核电站的国家几乎都采用这种方式来评价本国的核电站的运行状况是否安全。但是这一研究方式较以前的确定性研究模式更为复杂，因为它直接涉及十几个系统，几千个部件，这不可避免地加深了行政机关对于专家的依赖程度。[1] 申言之，在制定与降低核电使用风险相关的每一项具体决策时，专家的意见已经成为最终决定所需考量的最重要因素之一，甚或是唯一因素。当然如果把这一变化放置在行政法学研究的视阈中，同样值得引起高度的重视，理由就在于衡量行政决策行为是否具有合法性的标准可能已经悄然发生变化。换言之，在核心阶段，科学理性标准已经取代合法律性标准成为支撑行政机关相关决策正当性的关键依据。[2]

至于说行政机关所提供的科学证据是否可以充分地为其行政决定提供合理解释（Reasoned explanations）则是我们在具体的制度构建中需要认真考虑的问题，其中就包括行政机关与科学家应以何种方式进行合作决策的问题，目前科学家融入决策过程中的方式主要有两种：一种方式是设立专家咨询委员会，以法国为典型代表。专家咨询委员会只是为行政机关的决策提供知识上的理据，科学知识通常只是政府考量的重要因素之一，最终如何决定还是由政府决定。另一种方式是专家决定委员会，即将相关决策的最终决定权授予专家，科学理性成为最终决策的最重要的影响性因素，无特殊情况，必须予以遵循，这方面美国的独立监管模式可为典型代表。

---

[1] “……今天世界上所有发展核电的国家，无一例外地都在从事这方面的研究，并着重于实际研究。目前一个非常活跃的领域是将 PSA（概率研究）方法用于改善电站的运行管理……”王玉成、薛大知：《核电站风险管理模式及其构模方式》，载《核动力工程》1994 年第 6 期。

[2] Jerry L Mashaw,Small things like reasons are put in a Jar:Reasons and legitimacy in the administrative state,70 forham L.Rev.17,p.20（2001）.

至于这两种模式孰优孰劣的判断问题，当下并无定论，毕竟具体的制度设置还必须符合本国的国情，“科学家凭借其特定的专业知识参与到各国的科技政策制定过程中，而由于受到内在因素（知识、价值等）和外在因素（技术类型、制度环境等）影响，科学家在决策中的作用呈现出越来越丰富的模式和形态”[1]。

（二）机构独立：保障行政决策的公正性

事实上，核电管理机构为什么需要独立这一问题的答案并不复杂。如果用一个词来描述其缘由的话，那就是“利益”。正因为核电站的建设涉及重大的利益分配，所以原本相对简单的科学问题被不断放大、复杂化。例如，在核电项目申报过程中，地方政府看重的就是这一项目为地方经济发展所能带来的“正能量”，而这一点已经被先期获得核电项目的地方政府的经济成就所充分证明。[2]

在科学判断已成为行政决策最有利的解释依据和巨大的利益诱惑之下，各方利益主体会竭尽全力利用已有的资源去影响行政决策的制定过程，以实现最终的行政决定能对己方最有利的目的。如此一来，如何保障科学理性的公正性就成为制度的设计者们关心的头等大事。机构相对独立或许就是实现这一目标的一个前提条件，通过设置具有一定独立性的管制机构，让科学家们能没有“牵绊”地做出公正的判断。但是，这里也存在

[1] 汝鹏等：《科学家在中国科技决策中的影响力研究——以863计划为例》，载《中国软科学》2010第10期。

[2] “从20世纪80年代初期核电进入海盐县起，到现在，秦山核电一期、二期、三期的各项建设投入资金，累计达到了约500多亿元，直接拉动了海盐县固定资产投资的快速增长。2008年，海盐全社会固定资产投资完成115亿元，其中核电系统完成了35亿元，约占总投资的30%，核电的产出，拉动了海盐县生产总值的增长。2008年，核电以82亿元的销售收入，实现工业增加值55亿元，占全县工业生产总值的49%，占全县生产总值202亿元的28%。同时，核电发展也为县级财政总量的壮大作出了贡献。2008年，海盐县实现地方财政收入9.7亿元，其中核电系统贡献约4.3亿元，占45%左右。核电为海盐教育的贡献更是值得一提。2008年核电系统教育附加贡献约9000万元，约占全县教育附加总额的57%……”参见刘传德：《秦山核电与海盐的和谐发展》，载《浙江区域经济报告（2009—2010）》，浙江教育出版社2010年版。

一个棘手的问题，即在具体实践中，监管机构需要多独立才能实现既定的目标？[1]

实际上，若要处理好管制机构的独立性问题，必须平衡好两个方面的关系：一方面是与整个行政体系的关系问题。在各国已设置的机构中并不存在完全独立于行政体系的监管机构，这些所谓的“独立”管制机构总是和行政体系保持着千丝万缕的联系，包括对独立管制机构的存在持强烈赞成意见的 Paul R.Verkuil 也认为，所谓独立性问题的讨论应仅限于管制机构的司法裁决职能。[2] 事实上，行政机关有时候是因利益集团的压力，非基于科学理性的考量，绞尽脑汁利用一切机会去影响政策的制定过程。[3]

另一方面是与核电生产厂商和公众的关系。对前一个对象而言，主要是需要从制度上确保管制机构与其不存在利益上的纠葛，保障二者之间的所有交流都是公开和透明的。而对后一个对象“公众”而言，情况就显得复杂很多。在政策具体制定过程中，既要确保专家的意见免受民众非理性情感意见的影响，但同时在最终结果作出之前，需要通过“硬性”的程序规定，迫使决定机关去考虑民众对结果的“可接受性”问题，避免因民众的强烈反对而致使相关决定不能实施情形的发生，“2014 年，原本规划在广东省江门鹤山市址山镇建设的中核集团龙湾工业园区项目，因‘稳评’公示后引发较多群众反对，鹤山市人民政府 13 日决定取消中核龙湾工业园项目‘不予申请立项’……”[4]

---

[1] 在 1988 年杜克大学召开的有关独立机构的讨论会上，两位美国行政法学者 Alan B.Morrison 和 Paul R.Verkuil 就“多独立才算是独立管制机构？”的命题展开了针锋相对的评论。See 1988 Duke law Journal Nineteenth Annual Administrative law issue, symposium, the independence of independent agencies, pp.238-257.

[2] 刘传德：《秦山核电与海盐的和谐发展》，载《浙江区域经济报告（2009—2010）》，浙江教育出版社 2010 年版。

[3] Wendy E.Wagner, The Science Charade In Toxic Risks Regulation, 95Colum.L.Rev.1613,p.1617（1995）.

[4] 刘进等：《广东江门争议台前幕后：“稳评”引轩然大波》，载《南方日报》2013 年 7 月 15 日。

二、两种模式的评析：如何建构独立的核电管理机构

正如上文所述，建立核电管理机构势在必行，那么接下来就是如何具体构建的问题？不可否认的是，发展核电国家的法律框架可能存在着各种差异，但是目标还是一致的，即确保专家在涉及核电的相关决策过程中可以充分地、独立地为行政机关的最终决定提供合理解释（Reasoned explanations）。为了达到安全使用核电的目的，拥有核电站的国家基本上都在本国的管理制度的框架中，增设了比较完善的核电独立管制机构，尽管都会因制度的兼容问题出现种种争议。

在下文中，我们将对两个国家的核电管理机构，即对美国的核安全管理委员会（NRC）和法国的核安全局（ASN）展开评述，之所以选择这两个国家的制度进行借鉴分析，是有一定缘由的：其一，两个国家都拥有较大的核电使用规模。美国是最早使用核电的国家且目前的核电使用规模位列世界第一（目前投入运营的核电站共有 104 座，在建 1 座），与之相比较，法国的核电规模也不弱，且对核电的依赖程度更甚（法国现在拥有核电站 58 座，在建 1 座，但核电在能源消费中的比重在 2012 年的时候已高达 75%）。[1] 未来 10 年，法国将新建 10 座核反应堆。[2] 其二，这两个国家的核电监管体系已较为完善。美国的核安全管理委员会（NRC）和法国的核安全局（ASN）经过多年的发展，在功能设定、人员选拔、机构独立和职能保障等方面都相当成熟，可借鉴的方面很多。其三，这两个国家在核电风险监管方面成绩突出，鲜有重大的核事故发生。以法国为例，其领土面积较之其他几个发展核电的国家显得非常狭小，但是就在这比较拥挤的空间内，却放置了 58 座核电站，且到目前为止，无重大的核电事故发生，很大程度上可以将这一功劳归功于法国核安全局行之

[1] 相关的数据来自国际原子能机构（IAEA）的官方网站，http://www.iaea.org/NuclearPower/Systems-and-Databases/index.html，2019 年 12 月 29 日访问。

[2] 李丽旻：《核电成法国稳定能源供应的“救命稻草”》，载《中国石化报》2021 年 12 月 10 日，第 7 版。

有效的监管工作。其四，这两个国家在具体构建核电管理机构的过程中，对于专家的吸纳方式采取了两种不同的模式，在进行学术分析的时候，具有很强的样本意义。详言之，美国采取了专家相对独立于整个行政体系的模式，且赋予其对相关决定的最终裁决权，而法国则采取了行政吸纳专家的模式，寻求在行政体系内部设置专家咨询体系，并通过相关的制度保障，确保在制定最终决策的过程中，专家的意见能被充分吸纳。

但是，需要强调的一点是，我们在介绍美国和法国各自的核电监管体系的时候，都是将讨论的空间限定在其基本的法律框架内，对监管体系本身的优劣不做横向上的比较，仅仅是尝试对现有体系形成的缘由作一客观地描述。

（一）美国核安全管理委员会：行政—专家相对分离模式

美国在 1954 年通过《原子能法》后，才正式将核电运用于商业用途中。当时并没有设置专门的核安全管理委员会，由创立于 1946 年的美国原子能委员会负责推动核电发电的发展和其安全的管理工作。但是随着核电产业在美国的快速发展，由同一机构，即美国原子能委员会，同时负责核电的推广和安全管制工作，其潜在的利益冲突也越来越引起公众的关注。特别是在 20 世纪 60 年代和 70 年代的初期，美国核电站的数量急剧增加，引发了社会各界对核电安全、核废料处理和其他一些相关问题的持续关注。并且，人们普遍质疑当时的核电安全监督体系能对核电产业进行有效的安全监管，所以改革的呼声是一浪高过一浪。因此在 1974 年，国会通过立法改革美国原子能委员会，制定了美国的《能源重组法案》（Energy Reorganization Act of 1974），将核电安全监督的职责单独调整出来，赋予新成立的监督机关，即美国核安全管理委员会，专门负责核电的安全管理工作。

1. 委员会制

美国核安全管理委员会是由五个委员（均为核安全领域的专家）组成的机构，所有重要的监管政策（包括规则的制定和许可证的颁发）都需要获得这个委员会的批准。这里需要补充的一点是，在美国绝大多数独立管制机构的决策模式都是采用委员会制的形式。[1] 当然，制度的设计者们当初在采用这一模式时，也是有其深刻用意的。尽最大可能保障最终决定的科学性。[2]

美国当代著名行政法学者 Paul R.Verkuil 也指出，采用委员制就是期望在决策过程中能充分考虑不同意见的合理性，不断协商和反思，以防止个人的独断，同时，它所追求的价值并不是以效率为首要目的，而是为实现一个公平、公正和富有理性的决策过程。[3] 另外，采用委员会制的决策模式还可以最大限度保障委员们不受外界压力（主要来自政府、利益集团和公众），只服从于科学理性的情形下作出最合理的判断。在具体作出某项决定的时候，核安全管理委员会采取少数服从多数的原则，但同时五位委员还都必须书面写下自己的意见，以便公众查询。

2. 财政保障

任何一个机构若想保持其相对独立的法律地位，仅凭法律上的规定是不够的，这里我们将谈及一个重要的前提性条件，即财政保障。换言之，作为一个独立的管制机构，如果在维持其正常运转的经费支出方面过于依赖其他机构或公司的援助，那么它在法律上所享有的独立地位是不能充分实现的。对于美国核安全管理委员会而言，其经费主要来源渠道有两个：一方面，最主要的经费来源是从被管制对象那里收取一定的管理

[1] Jones, Multitude of Counselors, Appellate Adjudication as Group Decision Making, 54 Tul. L. Rev533. p.541（1979）.

[2] 马克斯·韦伯就曾把合议制模式的优势归纳为两点："（a）合议制里，同一职务有几个任职者，或者是由一群权限范围是直接竞争，而每一个又都拥有彼此否决权力的官员所组成。此型合议制主要是借技术上的分划，而达到尽可能缩小支配的目的。最典型的例子是罗马执政长官的合议制。其制度最重要意义在于：每个政务官的法令会受制于拥有同等权限的官员，因此大大限制了任何个别政务官的权力。政务官的职位仍然只是一个，只不过是同时有数人出任此职。（b）第二种类型是关系到合议式的决策的。在此类型中，行政法令只有依照无异议或多数决的原则——由大多数人合作通过的才有正当性。"［德］马克斯·韦伯：《经济与历史：支配的类型》，康乐等译，广西师范大学出版社 2010 年版，第 418 页。

[3] Paul R.Verkuil, the Purposes and Limits of Independent Agencies, 37Duke L.J. 257,p.260（1988）.

费用，如每个商业电力反应堆每年缴纳的费用为 500 万美元，而这笔经费大概占核安全管理委员会每年支出经费总额的 90%；另一方面，部分资金（大概占核安全管理委员会每年支出金额的 10%）是来自国会的年度财政拨款，2013 年为 10 亿美元左右。[1] 尽管国会的拨款相较于收取的管理费用显得较少，但同样不可或缺。[2] 行政监管作为政府提供的公共服务，可能使公众与特定受益人同时受益。这使得包括核电等在内的监管领域，行政监管具有了准公共物品的特征。此时提供此种监管服务的成本，应由税收和“使用者”付费同时予以承担。[3] 此即为美国核安全管理委员会费用来源的原理所在。不过这里需要补充的一点是，在行政系统内部，白宫增设的 OMB（行政管理和预算办公室）享有对所有行政机关的年度财政预算审查的权力，因此独立管制机构在财政独立方面的意涵变得越来越复杂化。

3. 总统任命权

依据美国《宪法》第 2 条的规定，行政权被完全授予总统行使。详言之，在国会将相关法律制定好后，总统的职责就是负责督促行政机关实现议会的立法意图。为了保障总统能有充分的权力指挥行政机关，法律上赋予总统的手段主要有三个：职务任免权、任免提名权和监督权。一般而言，每届新总统上任后，都会着手任命新的行政官员，此举不仅是犒赏在竞选中帮助自己获取总统职位的有功之臣，也是为了便于总统执行自己新的政策，当然，这类依据政治形势的变化而任免的官员仅限于行政部门的主要负责人。但是在涉及核安全管理委员会委员的任命程序的规定上，总统的任命权受到了极大的限制：其一，总统可以提名所

[1] 相关数据是通过电子邮件访谈美国核电管理委员会对外新闻宣传官员时获得。

[2] “2013 年 10 月，随着美国政府机构关门进入第二周，核电管理委员会也因为资金枯竭的原因关门。31 个州 100 个核电设施的故障应对等人员还照常工作，但是核电委员会每天公布的核电站运转情况报告将停发……”《美国核电管理委员会 10 月 10 日起开始关闭》，载中国电力网，http://www.chinapower.com.cn/newsarticle/1195/new1195352.asp，2020 年 6 月 13 日访问。

[3] 李鸲、宋华琳：《中国药品监管收费制度及其改革》，载《宏观质量研究》2013 年第 2 期。

有委员，但不能同时任命所有的五个委员，不过参议院有权否决任何任命；其二，为最大可能保证不同的意见能进入委员会讨论的议程中，美国的《原子能法》就规定，总统在任命委员的时候，必须考虑委员的党派背景，不得让具有同一党派背景的委员在委员会中构成绝大多数，防止核安全管理委员会沦为某一党派实现其自身利益的工具，在核电管理委员中，最多只允许三个委员来自同一党派。

4. 免职权

依据美国现有的宪法和法律框架，行政体系内的事务基本上归总统负责，其中就包括对官员（主要是与总统共进退的政治官员）的免职权，通常法律对此是没有明确的限制规定的。但是对于独立管制机构官员的免职，总统的权力受到了法律明确的限制。美国《原子能法》规定，总统只能以正当理由（主要包括无能、怠忽职守和违法）而不是政治方面的原因免除委员会委员的职务。当然对于这一限制，学界一直存在是否违宪的争论，不过美国最高法院在1935年的Humphrey's Executor V. United States一案中，肯认国会在独立管制机构官员的免职权方面，对总统权力的限制是合宪的。[1]

5. 任期

为了保障核安全管理委员会委员能稳定地和不受外界压力地履行自己的职权，在美国《原子能法》专门对委员的任职期限作出了明确规定，即每个委员的任期为五年，在此五年内，若无法定理由，委员会委员的职位不受任何因素的影响。

6. 主席

在现代行政管理体系下，为了让行政机关高效地完成既定的行政目标，法律通常都会赋予行政首长极大的行政裁量权，以便他们能有充分的手段在较短时间内去实现行政目标。但是独立管制机构在组织设置上采取

[1] Marshall J.Berger & Gary J. Edles, Established by Practice: The Theory and Operation of Independent Federal Agencies, 52 Admin. L. Rev. 1111, p.1138（2000）.

了委员会制，按照这一组织模式，在最终投票决定采取何种行政决定的时候，每一个委员的投票权权重都是平等的，这已然决定了行政决策追求的目标是科学与正确，而不是效率。因此，委员会的主席不同于其他行政部门的首长的一个显著区别就在于委员会主席对于最终的行政决定并不享有决定权。

按照美国《原子能法》的规定，核安全管理委员会的主席负责日常的行政性、日常性的工作、机构预算和长远规划。不过，在颁发有关许可证时，若出现重大的意外情形，主席享有紧急处置权。这里需要补充的一点是，美国核安全管理委员会的主席由总统在五个委员中进行选择、任命，并且总统可以以任何理由免除委员会主席的职务。核安全管理委员会现任主席是 Allison M. Macfarlane，是一位研究核废料处理技术的专家。

7. 权限

依据美国《能源重组法案》的规定，核安全管理委员会的主要职能是规范国家民用核设施的正常运行（主要涉及核反应堆、核原料和核废料），为公众的健康和安全提供最为充分的保障，并且把对环境的负面影响降低至可以接受的程度。[1] 为充分达到此目的，法律主要赋予了核安全管理委员会三种管理手段：制定行业标准、颁发许可证和裁决纠纷。这里需要补充的一点是，核安全管理委员会在自己职权范围内制定的规则，在实施的时候享有与联邦法律同等的效力。

8. 评述

为解决核电风险规制过程中的技术难题，美国采取了一种技术精英完全负责决策的模式，即通过设立相对独立的核安全管理委员会，并赋予其相关政策的最终决定权（final say）。当然创立这一决策体系，需要以满足两个基本条件为假设前提：一方面需奉行“技术专家统治论”（technocratic），详言

[1] 美国核电管理委员会的职能主要包括：1. 制定标准和法规；2. 对申请文件进行技术审查，组织公众听证会，颁发许可证；3. 进行巡查、监督和执法工作；4. 评价运行经验；5. 进行验证方面的研究。相关内容可参见美国核电管理委员会的官方网站，http://www.nrc.gov/about-nrc/organization/commfuncdesc.html，2020 年 4 月 23 日访问。

之，必须相信科学家在高风险技术领域内的辨别能力，“把科学家看作某些高技术含量决策的首要裁决者”[1]；另一方面确信通过制度的构建，可以做到让技术专家们坚守政治中立的立场，在作出相关决定时，只是考虑其科学性的问题。不过，学界对于独立管制机构的创设，始终存在争议，我们可以从正、反两个方面来分析主要的争执点。

从正面的角度来看，创设核安全管理委员会，并且通过各项制度的保障将涉及核电安全的决策权交付专家行使，这样可以最大限度确保所制定的行政决策是当下可选择的“最科学”的应对方式。因为核电技术的高度专业性和复杂性，导致行政机构对专家的倚重，核安全管理委员会的创设恰恰是为了满足这一依赖性并将之制度化和规范化。另外，核安全管理委员会的整个运行机制也有其值得嘉许之处。例如，采用委员会制的决策模式可以在最大限度上保障委员们不受外界压力，只服从于科学理性的情形下作出最合理的判断，并可在最大程度上保证不同的意见能进入委员会讨论的议程中，相关法律对委员遴选过程中的党派背景作出了强制性规定，即不得让具有同一党派背景的委员在委员会中构成绝大多数，防止核安全管理委员会沦为某一党派实现其自身利益的工具。又如，在委员会的资金保障和委员任免职位事项上对总统权力的限制，也是为了确保委员会仅仅出于“科学理性”的考虑作出相关的行政决定。下面我们重点透过引发争议的事项，去认识创设核安全管理委员会的不足之处。

首先，需要讨论的问题就是美国国会创设独立管制机构，如核安全管理委员会，是否合宪。依据美国宪法的规定，国家的权力被细化为立法权、行政权和司法权，三权之间相互分立以达到互相制衡的目的，因此行政方面的所有事务均由总统全权负责，包括主要官员的任免。但是国会在设置独立管制机关的时候，为了让其免受来自总统的非法干预，在任免权方面对总统的权力进行了限制，明确规定除非因法定事由，总统不得免除独立

[1] [美] 希拉·贾萨诺夫：《第五部门》，陈光译，上海交通大学出版社 2011 年版，第 127 页。

管制机关官员的职务，正是因这一规定，总统指责国会的相关立法侵犯了其权力，属于违宪行为。在1935年发生的Humphrey's Executor V. United States一案中，这一争议被正式提交给最高法院，由其进行裁决。最高法院经过审理后，肯认了独立管制机构的合宪性，认为Humphrey身为联邦贸易委员会的一员，并不是纯粹的行政官员，而是具有准立法和准司法的性质。因此，国会立法将其独立于总统行政监督以外，即限制总统对委员会委员的任免权，这样的设计是符合宪法规定的。[1]不过最高法院的这一判决，也间接承认了"第四部门"（the fourth branch）的存在。但是更多的人对此判决的理由持反对意见，其主要理由为"美国的宪法文本中并没有为此类第四部门的存在留有空间"[2]。

其次，美国的核安全管理委员会很难做到真正意义上的独立。制度设计者的初衷是想让这一委员会在作出相关决定时，摆脱其他机关的干扰，但核安全管理委员会还是会受到立法部门和行政部门的影响，如立法机关可以通过立法、预算、人事同意权、要求规制机关提交材料、调查和立法否决等多种途径去影响核安全管理委员会的决策过程，又如总统（行政机关）也可以通过任命权、免职权和预算审核权等方式对独立管理委员的决策过程施加影响。

最后，专家主导的决策模式往往无法迅捷地回应民众价值偏好，这一状况的形成主要是由于专家自身的局限性，很难通过制度的创新予以改变，"……一方面专家容易被其所属专业的已有智慧蒙蔽双眼，没有意识到现阶段知识不是终极知识；另一方面专家过于自信，不愿意改变自己的观点，甚至在面对像他们一样资深的专家不同观点时，也不愿低头"[3]。

试举一例可部分证明，专家委员会不愿意和民众就决策的科学性问题展开交流。20世纪70年代，美国的国会为了提高行政决策过程的透明度，制定了《阳光政府法案》，规定行政机关（包括独立管制机构）重要的会议

---

[1] 295U.S.602（1935）.

[2] Geoffrey P. Miller, Independent Agencies, Sup. Ct. Rev. 41, p.65（1986）.

[3] 沈岿：《风险评估的行政法治问题——以食品安全监督领域为例》，载《浙江学刊》2011年第3期。

应当给公众提供旁听的机会，以便公众能有效行使监督权。但根据有关数据显示，该法案颁布以后，独立管制机构的会议数量明显减少，相反采取书面意见投票的次数大幅增加，这说明委员们为避免与公众就实质性的问题展开讨论，改变了自己的策略，在参加这一会议之前，就已经对相关问题有了自己的主见。[1]

还需要提及的是，关于责任承担的问题。采用委员会制决策模式的独立管制机关固然可以确保委员免受外界的政治压力和利益集团的胁迫，但犹如一枚硬币的两面，这一制度不可避免造成另一尴尬情形的出现，即决策出现失误时很难追究委员个人的责任，集体决策成为委员逃避责任最好的护身符。当然，有些责任客观上不应由委员个人来承担，制度就已然决定了这些错误发生的必然，如我们都非常清楚委员会委员的有限能力是无法应对自己专业领域之外科学的复杂性，以美国核安全管理委员会主席 Allison M. Macfarlane 为例，她在核废料处理方面是专家，对于核电的其他方面如核电站选址、核燃料的开采与运输以及核电站的日常运行，她同样欠缺专业的科学知识。让她参与决定这类事务的时候，很难说她会比普通人高明多少。

（二）法国核安全局：行政—专家融为一体模式

在具体介绍法国核电监管模式之前，有一点背景知识是我们需要掌握的，即纵观世界各国的核电发展过程，绝大多数国家都遇到过极大的阻力，特别是在几次重大的核电事故发生后（如三里岛事件、切尔诺贝利事件和福岛事件），都不同程度地调整自己的核电发展计划，有的甚至出现放弃的情形，唯有法国是个例外。作为世界上核电在本国能源结构中所占比例最高的国家，法国在过去半个多世纪中展现出无与伦比的发展决心，在其他国家的核电发展速度逐渐放缓的时候，法国却逆势而上不断加速核电发展的速度（参见图 3.1）。

[1] Richard J.Pierce, Administrative law and process, Foundation Press fifth edition, p.500.

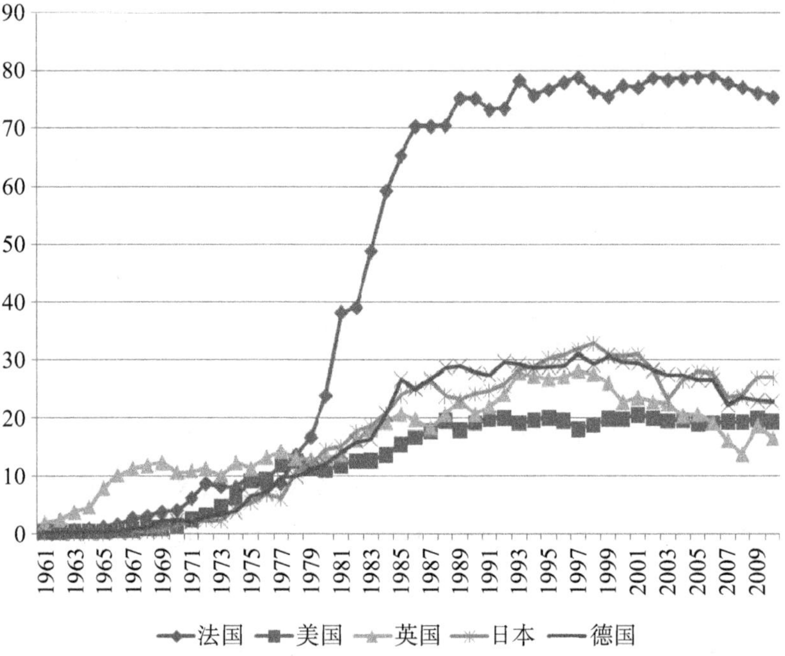

图 3.1 世界主要几个发展核电大国的核电比例变化对比（1960—2010 年）[1]

当然法国大力发展核电项目的主要考虑因素是其本国能源的匮乏，但还有一点同样不可忽视，法国主要社会力量对于本国的核电安全监管体系充满信心。另外，法国的核电安全体系与美国的一样，都存在一个不断变革和完善的过程。目前法国负责核电安全的主要机构是核电安全局（ASN），这一机构主要是依据 2006 年 6 月 13 日议会通过的《核透明与安全法》新成立的一个机构。在此之前，负责核电安全的主管部门分别隶属于工业部、环境部和卫健委，三方面共管。这里需要强调的是，尽管法国核电安全局依据相关法律享有极大的独立性，但其仍是整个行政体系的一个组成部分，与其他机关不可避免地存在千丝万缕的联系。

1. 委员会制

与美国的核安全管理委员会一致，法国的核安全局的决策机构同样采用委员会制的组织形式，但是整个委员会被置于行政体制的框架之内，

[1] 此数据来源于世界能源署数据库（IEA Data Service）。

并以此为前提，寻求某种程度上的独立性。依据《核透明与安全法》的规定，核电安全局的最高决策层由五名委员组成，三名委员（包括主席）由总统直接任命产生，其他两名则分别由国民议会和参议院任命产生。[1] 由此不难发现，法国的委员会决策模式并不试图追求绝对的独立地位，已然在委员会人员组成的方式方面表明愿意接受其他的机构，尤其是总统的影响。

2. 财政保障

法国的核电发展规模比较大，核电生产企业之间的竞争也很激烈，为防止权力寻租情形的出现，法国核安全局所有运转开支都是由国家财政予以支付，2012 年法国核安全局的总预算为 1.42 亿欧元。[2] 另外，尽管法国的核安全局较之其他行政机关享有较大的自主权，但它仍被归于行政体系之内，所以由国家财政全额支付其运行的费用也没有引起过多的争议。

3. 总统任命权

依据 1958 年法国宪法的规定，在法国的官僚体制中，法国总统拥有非常强势的地位。其权力主要体现为三个方面：其一，总统统帅全国所有的武装力量；其二，对于政府的主要官员（包括总理），享有任命权；其三，在法定情形下，总统可以解散国民议会。在核安全决策委员会委员的任命问题上，总统同样享有绝对的权力。正如前文所述，法国核安全局的决策层由五名委员构成，依据《核透明与安全法》的规定，总统可以直接任命三名委员（包括主席，对于委员任职的条件，除专业方面的限制外，无任何其他方面的要求）。这一制度设立的初衷就是确保总统对于最终的决策结果享有充分的影响力。

4. 免职权

法国核电监管体系的设计者同样意识到，核电安全的监管在绝大多数情形下依靠的是专家的专业知识，所以应当尽量保障专家享有独立判断的

---

[1] 谢青霞、花明：《信息公开与核安全——以法国〈核透明与安全法〉（TSN）为视角》，载《华北电力大学学报（社会科学版）》2014 年第 1 期。

[2] 罗艺：《法国核安全管理体制简评》，载《世界环境》2014 年第 3 期。

法律地位。正是基于此方面的考虑,《核透明与安全法》中明确规定，非因法定事由，核安全局决策层的五名委员不得被罢免。

5. 任期

为了最大限度确保总统对委员会的影响力,《核透明与安全法》规定，核安全委员会委员的任期为 6 年，且不得连任。由于法国宪法规定总统的每届任期为 7 年，这就可以确保每任总统都有机会利用人事任免的权力来达到影响核电发展进程的目的。

6. 权限

依据《核透明与安全法》的规定，法国核安全局的主要职责可概括为以下三个方面：其一，核安全局负责与核电相关法规、条例的制定工作，但是否颁行，由政府机构（主要是总理）来决定；其二，核安全局负责监督核设施和核活动是否符合已颁布实施的法规或条例的要求；其三，核安全局负责向公众发布与核电相关的信息。另外，核安全局的上述相关职能活动需要定期向总统和议会进行汇报。[1]

7. 评述

在对法国核电安全管理模式的优劣展开论述之前，我们有必要梳理一下与此制度产生相关的背景知识。

其一，与美国不同的是，法国并非一个能源丰富的国家，石油、天然气和煤炭等资源比较匮乏，大力发展核电成为法国政府独立解决能源问题的必然选择。2006 年 7 月，法国颁布的能源法中更是明确规定核电将是该国电力的主要来源。[2] 并且随着欧盟与俄罗斯关系的持续紧张，俄罗斯对欧盟的能源供给将大幅下降，法国对于核电的依赖性必然加强，在这一情形之下，考虑利用核电的因素将更加复杂化。

其二，相比美国，法国以总统、总理为代表的行政机关地位更为强势。一方面，1958 年宪法赋予了法国总统至高无上的权力，使其对行政机关和

---

[1] 参见 http://www.french-nuclear-safety.fr/References/Regulations

[2] 李学梅:《法国不放弃核电开发》，载《瞭望》2011 年第 3 期。

立法机关的掌控力得以进一步地加强；[1] 另一方面，在法国的政治结构中，行政权也一直享有主导地位。仅就立法一项而言，绝大部分涉及与行政相关的法规均是由政府独立创制完成，需要议会讨论和批准予以规范的事项很少，且即使需要议会制定的法律，其立法的动议权也往往是由政府来行使。[2] 在此制度框架之下，若想像美国核安全管理委员会那样适当独立于行政机关，则不太现实。

诚如上述，法国的制度设计者们正是充分认识到了本国在政治制度方面的特殊性，所以并不追求核电安全管理机构在法律地位上能享有绝对的独立性地位，而是将其放置在了整个行政体系的框架之内，在此基础上，确保其享有相对独立的法律地位。对于法国核电安全管理机构的制度安排，我们仍可以从正、反两个方面来进行思考。先从正面来看，其优点可以归纳为如下几点。

第一，核电的发展决策过程被政治化，有利于不同的利益主体参与其中。美国的行政—专家相对分离模式的一个前提假设是，必须相信科学家在高风险技术领域内的辨别能力，“把科学家看作某些高技术含量决策的首要裁决者”[3]，而所有的政治影响均是负面的，所以在制度的具体安排上，需要千方百计地想办法确保管理机构的独立性。但是这种模式忽略了风险的复杂性，毕竟在涉及此类风险的决策过程中，关乎不同群体的利益，任何决策的作出，都必须考虑和平衡他们不同的利益诉求，“不可否认的是，一种对‘科学发展客观真理’信任不疑的科学宗教主义情结，总是多多少少地弥漫在我们身上和周边，会造成对科学和专家可靠性的过度期待与盲目崇拜……”[4] 很明显，法国在具体设计核电安全管理体系时已意识到了这

[1] 依据法国 1958 年宪法的规定：“总统任命国家行政人员和军事人员；总统在与总理及议会两院议长磋商后，得宣布解散国民议会……”

[2] 在访谈研习法国行政法的学者过程中，他们都会强调在法国，行政权凌驾于司法权之上的这一事实。

[3] ［美］希拉·贾萨诺夫：《第五部门》，陈光译，上海交通大学出版社 2011 年版，第 127 页。

[4] 沈岿：《风险评估的行政法治问题——以食品安全监督领域为例》，载《浙江学刊》2011 年第 3 期。

一点，所以他们通过赋权民选总统，享有能左右核安全局最高层做出最终决策结果的权力。正是通过这一制度安排，各类不同的利益诉求被巧妙地带入了决策过程之中，尽管民众的诉求只是以一种间接的方式进行了表达。

第二，能促使管理者更加透明地公开相关的决策信息。因为民选总统的核电政策受公众的影响非常大，而总统的意见通常又能左右核安全局的决策层的意见，所以为了获得更多民众的支持，法国核电发展的决策层特别重视信息的公开工作。依据《核透明与安全法》的规定，核安全局的一项重要职能就是向公众定期通报核电的安全情况，“核安全局有自己的杂志和官网，每年都要发表一份长达四百多页的年报，不光报喜，还报忧。许多检查中发现的安全隐患，会毫不留情地暴露在老百姓的面前”[1]。

第三，有利于问责机制的建立。美国采用的独立管制机关决策模式固然可以确保委员免受外界的政治压力和利益集团的胁迫，但犹如一枚硬币的两面，这一制度不可避免造成另一尴尬情形的出现，即决策出现失误时很难追究委员个人的责任，集体决策成为委员逃避责任最好的护身符。与之相对比，法国核安全监督模式对于责任追究还是有一定办法的，尽管更多的情形下是利用政治方式去完成责任的追究，即选民通过手中的选票去影响总统，并进而影响核安全局的决策过程。

接下来，我们再来看看法国核安全监管体系的不足之处，事实上，法国在设置自己的核电安全监督机构的时候，在科学性与可接受性之间寻求一种平衡：一方面，努力寻求核电安全监督机构在行政体系内相对独立的法律地位，确保决策的结果具有科学性。在很长的一段时间内，法国的核电安全监督职能被分别授予几个不同的部委来执行（主要是工业部、环境部和卫健委），多头治理、弊端丛生。因此，2006年法国议会通过的《核透明与安全法》中的一个亮点就是成立核安全局（ASN），对民用核安全活动进行统一管理。在该法案中，核安全局不仅在行政级别上得到了极大的提升（在工作方面，只需对议会和总统负责），而且对于核安全局最高

[1] 肖梦:《法国核电启示录》，载《南方人物周刊》2011年第10期。

决策层，即五人专家委员会，提供了强有力的职位法律保障，确保其在决策过程中可以不接受政府、个人或其他团体的影响[1]；另一方面，法国与美国的核电发展政策不同，它是需要大力发展核电事业的，“今日的法国，几乎鲜有居民生活在方圆200公里以内找不到核电站的地方”[2]。如此密集的核电发展规模，不可避免地会引起不同群体之间的利益冲突，而这类风险已经不是专家凭借其自身的专业知识所能解决的问题了。从实际出发，它要求法律能为之设置一个沟通与协商的平台，利于各方将自己不同的利益诉求表达出来，并能找到大家都可以接受的方案，“关于行政法的功能……我们可以换一个思路，从平面思维转换到立体思维，可以认识到行政法应当为行政主体和相对方良性互动构建一个平台。在这个平台上，首先，行政法为行政机关和相对方提供一定的程序和机制，使各方有可能充分表达自己的利益主张。这种利益主张的表达可以在某种程度上体现为一个政治过程……”[3]

法国建构核电安全监督体制的路径选择并没有问题，毕竟法国的国情有自己特殊的地方，需要适时地构建与实际情况相符合的核电安全监督机构，如此才能有效地管理好本国的核电安全。当然，这种平衡的技艺非常不好把握，法国核安全监督体系首要和最大的不足也正在于此，法律上留给其他机关干涉的空间太大，特别是总统、总理可以在自己的法定职权范围内对核电安全机构的决定施加影响，甚至直接改变。[4]这很容易造成最终的决策结果可能满足了相关利益主体的价值偏好，但是否符合最科学的评判标准，则容易让人产生疑问。从法定的干预手段来看，较之于总统、

---

[1]《国外核电监管机构面面观》，载中核网，http://www.cnlnpc.com/index.php?m=content&c=index&a=show&catid=37&id=1073，2020年5月20日访问。

[2] 肖梦：《法国核电启示录》，载《南方人物周刊》2011年第10期。

[3] 罗豪才：《行政法的核心与理论模式》，载《法学》2002年第8期。

[4] 依据《核透明与安全法》的规定，总统、国民议会和参议会分享了核安全局决策层的人事任命权，且每年核安全局需要向总统和议会汇报自己的工作。另外，该法中的相关条款也赋予总理一定的干涉权，如有关核设施安全标准的制定，具体的工作由核安全局负责，但是最后需要总理签名并对外公布实施。

总理，代表民主的立法机关对于核安全局决策的影响力实在很有限，除了极少数引起各方都关注的法律以外（如 1991 年辐射性核废料管理法案外），绝大多数的决定都是少数政治精英和技术精英闭门商量的结果[1]，缺乏民主的协商过程。

（三）安全性：核电安全监督机关建构的价值追求

不管我们承认与否，在涉及与核电安全风险相关的行政决策中，专家正在扮演着极为重要的角色，从某种程度上而言，决策的最终决定权已然掌握在了技术精英的手中，美国和法国的核电监督体系设置也证明了这一点，随着政府职能的扩张和管制对象的专业化与技术化，立法代表们拥有的知识似乎无法满足日益复杂的立法需求，立法职能逐渐向行政机关转移。与其说是“法律的统治”，还不如说成是“规章的统治”。[2] 尽管这两种模式存在着诸多的不同（最大的不同之处在于如何处理核电安全监督机构与其他行政部门的关系），但是它们都努力在符合本国特有的政治结构的前提下，提升专家在决策话语权中的分量，乃至如美国那般，将整个的决定权交予专家之手。

事实上，在很多情形下科学依据是否充分，已经成为判断该行政决策行为是否具有正当性的唯一标准。顺沿这个方向思考，我们应聚焦于有两个问题的回答：一方面是如何确保核电安全监督机构在风险评估的过程中最大程度体现科学的品质；另一方面则是防止专家主导的行政决策过程成为“权力—知识”的垄断过程。当然这两个问题是有先后顺序之分的，前一个问题是后一个问题出现的基础，在应对前一个问题的时候，美国和法国的最大经验就是保障核电安全监督机构的独立性，尽管对于这类机构到底应享有多大程度的独立性还存在着很多争议，但是在设置

[1] Marignac.Y, Nuclear power, the great illusion: promises, setbacks and threats. Les Cahiers deGlobal Chance,paris,2008,pp.1-7.

[2] 王锡锌、章永乐：《专家、大众和知识的运用——行政规制制定过程中的一个分析框架》，载《中国社会科学》2003 年第 3 期。

独立机构的必要性方面，主要的核电发展国家还是存在共识的，因为这的确可以帮助科学家们摆脱“身份上的附属关系”，超然于现实利益的纠纷之中，从而做出只考虑“科学问题”的判断。而对于后一个问题，解决的路径主要有两个：其一，从程序性制度的建构入手，防止出现知识被垄断的情形。目前行之有效的制度举措包括信息公开、同行评审、异议监督和说明理由等。其二，应当清醒地认识到科学、专家的局限性，打破对科学和专家的无底线的迷信，通过开放的决策机制和广泛的公众参与，来增强决策结果的正当性，对于这一点下一章将会详细论述，在此不负赘述。

三、模式探讨：中国如何构建与完善核电管理机关

翻看中国的核电发展史，不难发现我们真正发展民用核工业的时间其实非常短，在这一领域中，我们被称为“新手”也一点不为过。仔细算来，我们建设的第一座民用核电站（秦山核电站）始于 1985 年，虽然经过三十多年的发展，我们已投入正式运行的核电站总数也不过只有 17 座，每年向国家提供的电力也只占总额的 2%，这在所有拥有核电的国家中算是比较低的。[1] 正因为核电在中国没有得到大规模地发展，所以构建与完善核电管理机关的紧迫性并没有得到凸显。尽管在福岛核泄漏事件发生后，世界主要几个大国的核电发展计划都不同程度地遇到了阻碍，甚至有极少数国家宣布要完全“弃核”，但是形成强烈对比的是中国的核电发展并没有受到过多的影响，庞大的核电修建计划仍在有条不紊地付诸实施中，“截至目前我国商运核电机组 49 台，总装机容量 5102.7 万千瓦，居全球第三位。核准及在建核电机组 19 台，总装机容量约 2099 万千瓦。自 1994 年首台核电机组投入商运以来，我国核能发电量累计已超 2.6 万亿千瓦时”[2]。在这一背景

[1] 参见中国核电信息网 http://www.heneng.net.cn/index.php?mod=npp，2020 年 1 月 3 日访问。

[2] 刘志强：《我国核电装机容量突破 5000 万千瓦》，载《经济日报》2021 年 4 月 15 日，第 4 版。

之下，中国如何建构与完善核电管理机关也逐渐成为各方关注的焦点，下面我们主要结合美国与法国的经验，来谈谈需要具体面对和解决的几个重要问题。

（一）现状描述：多部门技术官僚＋专家委员会

自20世纪80年代以来，中国的核电监管机构大约经历了三个发展时期。第一阶段为起步探索期（1984—1998年）。1984年7月2日，国家核安全局作为国家核安全监管机构成立，由国家科学技术委员会统一管理，职能最初定位为对民用核设施统一进行核安全审查、监督和管理，后逐渐增加了对核电厂、研究堆和核燃料循环设施的审评、监督和管理以及核材料管制和核安全技术与管理的科学研究等。第二阶段为整合提高期（1998—2008年）。国家核安全局于1998年成建制并入原国家环保总局，设立了核安全与辐射环境管理司，作为原环保总局的职能司，同时监管职能进一步扩充，合并了卫生部门承担的核技术利用项目辐射安全监管职能。第三阶段为快速发展期（2008年至今）。2008年国务院机构改革中将核电管理职责转移给国家能源局，国家核安全局牌子由环境保护部保留，国家核安全局保留行使对民用核设施的安全监管以及对外合作的职能，并在2011年将原核安全管理司扩编为核设施安全监管司、核电安全监管司和辐射源安全监管司。2018年环境保护部重组为生态环境部，对外保留国家核安全局牌子。[1]

目前我们核电监管体系的特征，那就是政府相关部门设置较为复杂，职责交叉划分不清。毋庸讳言，我们都清楚核电站的建设往往涉及重大的利益分配，所以原本相对简单的科学问题很可能被不断放大、复杂化。换言之，为了获得“最大”的利益，与核电相关的利益主体都会尽量利用已有的资源去影响专业机构和专业人士的判断过程。所以，美国和法

[1] 徐广震、扈黎光、赵永康、邱江：《我国核与辐射安全监管30年历程》，载《中国环境保护》2014年8月21日；刘华：《中国核安全监管的发展历程》，载《纵横》2016年第6期。

国的经验已经向我们充分证明保持核电管理机构的独立性和专门性的重要意义。而我们现在施行的管理体系恰恰为不正当的利益输送提供了机会，这也正是我们的问题所在。2010 年，国际原子能机构对中国核电监管制度的官方评价中也曾提及这一不足，“中国核电发展迅速，核安全的监管面临大量的工作，而生态环境部（国家核安全局）还不是独立的实体，组织架构也不太清晰”[1]。尽管 2018 年的大部制改革也试图解决这一问题，但是是否达到预想效果还有待观察。目前，中国核电行业的主管部门仍涉及多家（发改委、工业和信息化部、生态环境部、公安部、卫健委、交通运输部和自然资源部等部委），当然主要的监管职权由四家行使，分别是国家发改委下属的国家能源局（核电司）、工业和信息化部下属的国防科工局和国家原子能机构以及生态环境部下属的核安全局。（参见表 3.1）

表 3.1　中国核电主要监管机构的职权范围[2]

部委名称	职权范围
国家发改委下属的国家能源局（核电司）	负责核电管理，拟订核电发展规划、准入条件、技术标准并组织实施，提出核电布局和重大项目审核意见，组织协调和指导核电科研工作，组织核电厂的核事故应急管理工作等
工业和信息化部下属的国防科工局	主要负责除核电外的核燃料循环、军工核设施管理和国家核事故应急
生态环境部下属的国家核安全局	主要负责核安全和辐射安全的监督管理。拟定核安全、辐射安全、电磁辐射、辐射环境保护、核与辐射事故应急有关的政策、规划、法律、行政法规、部门规章、制度、标准和规范，并组织实施

[1] IAEA,IRRS Mission to the people's Republic of China,IAEA:2010. http://www.mep.gov.cn/ztbd/rdzl/zqyj/qtxgbg/201206/P020120625357408488821.pdf, 2014 年 6 月 5 日访问。

[2] 相关具体内容可参见国家发改委、工信部和环保部的官方网站，http://www.nea.gov.cn/，http://www.sastind.gov.cn/ 和 http://nnsa.mep.gov.cn/，2020 年 4 月 21 日访问。

续表

部委名称	职权范围
工业和信息化部下属国家原子能机构	负责研究、拟定中国和平利用核电事业的政策和法规；负责中国和平利用核电（除核电外）相关项目的论证、审批、监督、协调项目的实施；承担国家核事故应急管理办公室的日常工作，负责研究制订国家核事故应急预案并组织实施等。主要负责核安全和辐射安全的监督管理。拟定核安全、辐射安全、电磁辐射、辐射环境保护、核与辐射事故应急有关的政策、规划、法律、行政法规、部门规章、制度、标准和规范，并组织实施

多头管理的制度体系使得中国对核电安全风险的监管很难真正地落到实处，人为诱发风险的概率大幅增加。比如，依据相关法律的规定，国家能源局和国家核安全局都享有与核安全相关法规的制定权，但是具体的权责划分并不明了，这不仅造成许多规范安全运行标准的法律性文件缺失，而且容易在出现核电事故时，相关部门借此互相推卸责任。“政府对核电监管依然是无法可依，再加上有关环境质量标准项目的缺失，很有可能许多应当测定的项目因标准未做规定或者要求而放弃……我国的核电标准就没有有关海啸的规定。”[1]

另外，多头管理的制度体系也容易造成国家资源的极大浪费。依据我国现有法律的规定，核电项目的发展规划是由国家能源局负责制定，并且它也有权决定相关部门是否可以展开前期的准备工作（主要包括拟选址区域的水、电、道路、通信以及场地平整等），但是环评的审批权和后续的安全监督职权则是由核安全局行使，如果环评没有通过，那么前期所投入的巨额资金将付之阙如，就以拟兴建的彭泽核电厂为例，保守估计，前期投入已经超过了 40 亿元，但是由于环评报告遭受质疑，整个项目不得不暂定，如果环评不过，那么前期投入的资金肯定无法收回。[2]

最后还值得强调的是，多头管理的制度体系也增大了权力寻租的空间，

---

[1] 郄建荣：《我国核电设施环评制度亟需完善》，载《法制日报》2011 年 3 月 23 日。

[2]《彭泽核电“套牢”江西，日利息相当于一台法拉利》，载人民网，http://finance.people.com.cn/n/2012/0723/c70846-18575575.html，2021 年 8 月 9 日访问。

容易滋生腐败，乃至影响核电的正常发展。依据现行的法律规定，一个核电站从筹建到正式运行需要经过项目所在地省级发展改革委员会、国家能源局、自然资源部、国家地震局、水利部、国家核安全局等多达 12 个部门的审批，在此过程中如果有一个部门认为有关的设施建设没有达到标准，那么核电站建设的进程就将受到影响，甚至被迫暂停。而且在这些部门中，有些部门的审批权并不在《行政许可法》的调控范围内，换言之，这类行政审批的设定条件与适用程序是不受法律约束的，相关部门通过规章或规范性文件就可以予以设定。[1]

（二）具体模式的选择：行政主导下的专家决策

诚如上述，既然中国建立独立的、专门的核电安全监督机构势在必行，那么接下来需要思考的问题，就应当是这个机构该如何构建，究竟是以美国的核安全管理委员会还是以法国的核安全局为参考模式呢？在着手具体解答这一问题之前，有一点我们必须清楚，不论选择哪种模式，一定要能适应于中国整个的政治结构体系，并在此框架下，很好地完成其既定的任务。简言之，这一新构建的独立安全监督机构必须能“接地气”，合适地嵌入我们国家权力结构中。基于此目的，有几点是我们需要提前了解的。

首先，依据宪法的相关规定，中华人民共和国的一切权力属于人民，且设定全国人大和地方各级人大为权力的行使机关[2]，详言之，所有其他国家机关（包括行政机关、监察机关、审判机关和检察机关）行使权力的行

[1] 这里有必要做一点关于《国务院对确需保留的行政审批项目设定行政许可的决定》的背景性知识的补充，2003 年制定《行政许可法》，并开始清理行政审批许可事项，为 2004 年的正式实施做准备。但在这一过程中，相关部门发现《行政许可法》有一条规定太严，所有规章以下都不能设定行政许可。而当时规章规范性文件设定的许可居然高达上千项，最后，以国务院决定的形式保留了 500 项，希望尽快通过上升为法律法规的方式解决合法依据问题。而有关核电的审批许可就在这保留的 500 项中。参见北大公法网：《聚焦中国行政审批制度改革》，https://www.law.pku.edu.cn/xwzx/zs/2800.htm，2021 年 8 月 9 日访问。

[2]《宪法》第 2 条第 1 款、第 2 款规定：“中华人民共和国的一切权力属于人民。人民行使国家权力的机关是全国人民代表大会和地方各级人民代表大会。”

为都需要对它负责，并接受其监督。因此，在这一政治框架之下，各个部门之间是相互配合的关系，设立中国的核电安全监督机构也是为了更好实现国家战略目标，因此不能追求完全的独立。在这一点上，美国和法国是不一样的，它们在宪法中对最高权力进行了切割，并把这些权力分别授予了不同的机关，而这些机关之间也并不存在隶属的关系，是一种相互分立与监督的关系。

其次，中国的行政机关，尤其是国务院，在整个权力的架构中处于一种强势的地位，这一点同法国比较类似。国务院是最高的行政机关，统一负责全国行政工作的实施。[1] 一旦设立核电安全监督机构，如何处理它与行政机关的关系，是把这个机关放置于行政体系之内，还是放置于体系之外并直接向全国人大负责并汇报工作？核电监管机关处理的仍是行政事务，若独立于国务院予以单设，会实质意义上改变现行宪法的权力框架。在现代行政规制体系中，国务院是建立在层级化基础上的权威，行政规制机构则是建立在专业化基础上的权威，二者在地位上并不存在冲突之处，因此核电管理机关设置在行政体系之内，由国务院对核电规制事务实施一体化控制，同行政规制机构的相对独立性并行不悖。[2]

正如论文开篇所论，尽管 2011 年 3 月发生的福岛核泄漏事件延缓了中国政府建设核电站计划的实施[3]，但是仅一年以后，政府相继通过了《核电安全规划（2011—2020 年）》和《核电中长期发展规划（2011—2020 年）》，这也意味着被搁置的核电计划再度重启。虽然核电还有很多“瑕疵”，但就目前的情形讲，核电是“唯一能补充煤电、水电不足的能源”[4]，中国大力

---

[1]《宪法》第 85 条规定：“中华人民共和国国务院，即中央人民政府，是最高国家权力机关的执行机关，是最高国家行政机关。”

[2] 宋华琳：《国务院在行政规制中的作用——以药品安全领域为例》，载《华东政法大学学报》2014 年第 1 期。

[3] 2011 年 3 月福岛核事故发生以后，中国政府全面暂停核电站项目的审批，并审查在建的核电项目，以期确保核电项目的安全万无一失。相关内容可参见邹树梁、邹旸：《日本福岛第一核电站对中国核电发展的影响及启示》，载《南华大学学报（社科版）》2011 年第 2 期。

[4] 谢振华：《从环境角度看中国核电的发展》，载《核经济研究》1995 年第 4 期。

发展核电势在必行。在这一背景之下，如果我们的决策模式仍采用专家主导的模式，则可能欠妥，主要原因有以下两个方面。

一方面，在已经确定大规模发展核电的背景下，由于核电本身所具有的风险性特征决定了无论在何处建设核电站，都会引发广泛的争议，科学理性固然很重要，但是在这一决策过程中，也需要提供一个平台供相关利益方来协商。正是在这一点上，专家决策模式很难做到，“专家对专业技术、知识的关注，容易造成对同样重要甚至更重要的非技术问题（如谁获益、谁在承担代价）的排斥”[1]。

另一方面，如果专家过于相信自己的专业判断能力，有可能阻碍新技术的发展。对于任何一项新技术（包括核电技术在内）而言，确定性是相对的，不确定才是其固有的。在这一过程中，不能因某项新技术还存在一定的瑕疵就放弃该技术的应用，如核废料的处理，坦率地讲，目前我们的确没有找到很好的办法来解决这一难题，然而如果是让专家们来考虑这一问题，则很容易受限于自己的专业知识，阻碍核电技术的推广应用。美国就是极好的例子，“专家容易被其所属专业的已有智慧蒙蔽双眼，没有意识到现阶段的知识不是终极知识”[2]。因此，基于上述理由，中国的核电安全监督机构的构建应当采用行政吸纳专家的模式。所谓行政吸纳专家模式，是指重大行政决策由行政机关最终行使决定权，但在这一过程中引入专家，由其在事实和技术的基础上对行政决策的技术性和科学性做出论证，追求决策结果的理性。[3]

（三）新机构的基本框架：建构过程中应遵循的基本原则

在权衡各种利弊关系，具体比较之后，目前中国较为适宜采纳“行政—专家互为一体”的模式，那么，接下来需要考虑的是应如何具体组建

[1] ［英］巴鲁克·费斯科霍夫等：《人类可接受风险》，王红漫译，北京大学出版社 2009 年，第 57—58 页。

[2] ［美］希拉·贾萨诺夫：《第五部门》，陈光译，上海交通大学出版社 2011 年版，第 127 页。

[3] 罗彪：《专家参与行政决策的角色定位及功能优化》，载《四川行政学院学报》2020 年第 3 期。

这一管理机构，应遵循的基本原则应是哪些？或可归纳为独立性、统一性以及权威性三原则。“一个好的安全监管机构必须具备公正、权威、独立的基本制度禀赋，只有公正才能严格地执法，只有权威才能有效地监管，而只有独立才能实现公正与权威。”[1]

1. 独立性原则

虽然我们建议仍将中国的核电安全监督机构设置于行政体系内，但其在组织法上的地位有别于一般的行政机构，无论是机构的隶属、人员的任免，还是运行经费的划拨都应该在体系内寻求更大的独立性，毕竟核电作为具有不确定性的新兴技术风险，监管机构担负着重要的安全职责。目前，监管中国民用核电站安全的行政部门主要是生态环境部所辖的国家核安全局，具体执行机构为核设施安全监管司，2011 年核设施安全监管司拆分为核设施安全监管司、核电安全监管司以及辐射源安全监管司。此外，国家核安全局先后在核设施较集中的 6 个地区派驻了核安全监督站，负责辖区内核安全监管工作。同时成立了两个直属的技术支持中心，即核与辐射安全中心和辐射环境监测技术中心，并依据核安全法设立国家核安全专家委员会，为我国核安全决策提供独立咨询意见。[2]（参见表 3.2）

表 3.2　国家核安全局具体机构设置及其职能

机构名称	具体职能
核设施安全监管司	承担核与辐射安全法律法规草案的起草，拟订有关政策、规划、标准，承担国家安全有关工作，负责核安全工作协调机制、涉核项目环境社会风险防范化解有关日常管理工作
核电安全监管司	负责核电厂、核热电厂、核供热供气装置、研究型反应堆、临界装置、带功率运行的次临界装置等核设施的核安全、辐射安全、环境保护的行政许可和监督检查，以及相关建造事件、运行事件的独立调查、技术评价和经验反馈等工作

[1] 周汉华:《未来个人信息保护机构设置要明确独立性》，载《南方都市报》2020 年 7 月 25 日，第 3 版。

[2]《组织机构与职能分工》，载国家核安全局官方网站，http://nnsa.mee.gov.cn/ztzl/zghyfsaqgltx/202004/P020200428462275645007.pdf，2020 年 8 月 7 日访问。

续表

机构名称	具体职能
辐射源安全监管司	负责核燃料循环设施、放射性废物处理、贮存和处置设施、核设施退役项目、核技术利用项目、放射性物质运输的核安全、辐射安全和环境保护的行政许可和监督检查，等等
核与辐射安全监督站（华北等六个监管站）	根据法律法规授权和生态环境部委托，负责所辖区域内的核与辐射安全监督工作，以及全国核安全设备设计、制造、安装持证单位监管，等等
国家核安全专家委员会	国家核安全专家委员会依据核安全法设立，为我国核安全决策提供独立咨询意见，是国家核安全监管组织体系的重要组成部分。国家在制定核安全规划和标准，进行核设施重大安全问题技术决策及相关重要行政许可时，应当咨询核安全专家委员会的意见

当下我们监管机构所的法律地位还不是很高，独立性也不是很强，其容易受到其他行政部门非正常干扰。仍以全面负责国内核电安全的国家核安全局为例，它隶属于生态环境部，行政级别为副部级单位，而其所辖的具体监管部门的行政级别就更低了。虽在某些专业事项上享有一定的最终决定权，但是囿于行政层级的隶属关系，国家核安全局及其内设部门的诸多行政职权，如人事任命、资金保障和管理权限等，均容易受到其上级或其他行政部门的影响，从而增大其决定的不确定性。

另外，国家核安全局虽也内设立有国家核安全专家委员会，且在2019年7月25日召开了专家委员会成立暨第一次全体会议。[1] 法律上也明确规定重大决策应当咨询核安全专家委员会的意见。从其人员组成来看，这个委员会确实囊括了国内核电行业的精英，仅就专业而言，肯定能代表国内目前的最高水平。但值得忧虑的是，专家委员会隶属于核安全局，核安全局局长兼

[1] 专家委员会由来自我国政府部门、科研、设计、生产、制造、营运单位及高等院校等的核科学相关领域123名资深委员和委员组成。专家委员会下设核安全战略与政策、核设施设计建造运行、核燃料循环、废物与厂址、仪控电与机械设备、应急与辐射安全、核设施安全评价与软件分析等专业分委会。参见《组织机构：国家核安全专家委员会》，载国家核安全局官方网站，http://nnsa.mee.gov.cn/zjjg/gjhaqzjwyh/202006/t20200602_782275.html，2020年8月6日访问。

任专家委员会的主席，行政监管部门的主要领导也基本上进入专家委员会，并担任相关职务。而且专家委员会的工作规则、运作程序、会议程序等，并未向社会公开。也无法清楚知晓，专家委员会是否实质参与了核电决策过程。事实上，这种行政与专家过度融合的监管模式是很容易阻碍科学意见的独立、客观表达的，应考虑适当分离设立的问题。

2. 统一性原则

尽管2018年国家机构进行了大规模改革并重新规整，很多职能相近的行政部门也被合并为一体。通过改革，国务院部委由原有的45个减为41个；直属机构从22个减为19个，非常设机构从75个减到44个，部委内司局机构减少20%。[1] 例如，全国人大批准组建生态环境部，将原环境保护部的全部职能和其他部委的污染防治和生态保护相关职能进行整合。

诚如上述，在核电安全监管这一领域，有权监督的行政机关还是较多，多个部门仍可以不同程度地干预核电安全事务，[2] 相关的职权职责并没有完全理顺，由此导致多个行政机关针对核电站进行多重管理，增加了行政管理成本，降低了行政监管效率，使监管交叉与监管真空并存，乃至行政相对人无所适从。[3] 为此，我们应当考虑将相关部委的监管职责全部剥离出来，成立统一的核电安全监督管理部门，全面行使与核电安全有关的行政职责。或者考虑以国家核安全局为基础，积极整合相关职能，统一履行安全监管的职责。

3. 权威性原则

监管的权威性要求有权监督机关在核电安全评估领域享有足够的话语权和决策权。若将核电安全监督部门放置于行政体系之内，解决权威性问

[1]《国务院机构改革方案》，载中国政府网，http://www.gov.cn/xinwen/2018-03/17/content_5275116.htm，2020年6月7日访问。

[2] 根据现行组织法的规定，国家发改委下设的国家能源局、工信部下设的国防科工局和国家原子能机构以及生态环境部下设的国家核安全管理局均有部分安全监管的职责。

[3] 杨志云、殷培红、和夏冰：《政府部门职责分工及交叉的公众感知：基于环境管理领域的分析》，载《中国行政管理》2015年第6期。

题应从三个方面着手。

第一，从外部提升其行政级别，现在我们监督部门的行政级别普遍偏低，仍以生态环境部下设的国家核安全局为例，在行政机关的序列中仅属于副部级单位，但它的主要监管对象中国核工业集团公司、中广核集团有限公司和国家核电技术有限公司（补充一点，目前中国核电市场并没有放开，只有这三家拥有营建的许可证）的主要负责人也享有很高的行政级别，有的级别甚至高于核安全局[1]。行政等级上的不对等地位很可能产生监督虚置的情形。

第二，从内部提升决策的科学性、专业性。增强监管机关的权威性，仅仅依靠行政级别的提升是不够的，还得从内部提升决策的科学性、专业性，尤其是通过定期的选拔制度，将品德、业务都好的专家推入决策层。之所以社会各界会信赖监管机构的决定，其根本原因在于面对不确定的情形，监管机构能够公正地做出最恰当的决定。

第三，监管部门的职权配置一定要充分、合理。“有责必有权”，赋予监管部门与其职责相匹配的职权是树立其权威的前提。目前在核能监管的行政体系中，权力的分配并没有做到完全的科学、合理，仍存在不少问题。比如，核与辐射安全监督站就没有被明确授予相应的执法权。虽然依据现行《核安全法》第70条规定，监督站向核设施建造、运行、退役等现场派遣监督检查人员，履行核安全监督检查的职责。但“核安全监督检查”被有关部门理解为仅包括现场调查取证或核实情况，询问和调查相关人员，查阅、复制文件、记录等有关资料等权力，并没有直接处罚权，若发现有违规情形，只能向其上级国家核安全局汇报情况，是否处罚由核安全局裁决。实践中，这一做法不仅降低了调查处理工作的效率，违法行为不能第一时间得到纠正与处理，而且使得监督站缺乏权威，难以对企业的违法违

[1] 以中国核工业集团公司的前任董事长孙勤为例，在转任之前，担任国家能源局的副局长，享有较高的行政职务。相关信息可参见中国核工业集团公司的官方网站，http://2015yxjmpx.cnr.cn/2013lh/qyj/sq/zy/201303/t20130309_512112033.shtml，2019年12月23日访问。

规行为形成实质性有效的制约。[1]

因此，基于核电安全监管重要性，可以考虑提升新设的核电安全监督部门的级别，独立于部门行政机关，直接隶属于国务院，并在其领导和授权下履行核安全监管的职责（类似于中国银行保险监督管理委员会），同时合理分配部门之间的职权职责，充分授权相关职能部门，真正形成公正、权威以及高效的监管体系。

四、本章小结

在规制核电风险的过程中，最为忧虑的问题就是行政决定缺乏科学性，专家的参与度还不够，话语权也还不够充分。申言之，高度专业的技术决策并不是由最专业的人来负责。若想有所改进，完善决策部门的组织架构与议事规则就显得至关重要。

目前，学界关于高科技风险决策过程中的专家角色的讨论，有共识也有分歧。共识在于应提升专家委员会的独立性和话语权，特别是日本福岛核电事故发生以后，改革的呼声越发强烈。分歧则在于专家委员会具体的设置方案，目前并未形成定论：一种是采取“行政—专家相对分离模式”。实际上，这是一种技术精英完全负责决策的模式，即通过设立独立于行政系统的专家委员会，并赋予其相关事项的最终决定权（final say），最大限度提升专家在决策过程中的主导地位，以此确保最终决定的科学性；另一种则是应采纳“行政—专家融为一体模式”。这一模式最大的特征是将专家委员会放置在整个行政体系的框架之内，在此基础上，确保其享有相对独立的法律地位，但重要的决定还是应由高级别的行政官员决定。如此设计的目的是考虑到核电的兴建并不仅仅是科学的问题，而是一个复杂的社会问题，必须依靠行政部门的力量方能圆融地解决。

事实上，高科技风险决策过程中所存在的风险主要是由主、客观两

[1] 许子晓等：《核与辐射安全监管执法权问题的探讨》，载《环境保护》2018年第2期。

个方面的原因造成的。客观上，高科技风险的形成有其自身的根源，它的产生、发展以及最终带来的实质性危险是超出常人的认知能力的，规制本身具有一定难度，因此翻阅人类的历史可发现它就是不断和技术风险斗争的历史。虽然自决心发展核电以来，中国应对核电技术风险的管理体制就不断取得实质性的进步，成绩有目共睹。但中央决定加大发展核电的力度时，制度供给不足弊端还是凸显了出来。究其根本，专业人员在决策过程中角色不准、不明是原因之一，科学性必须在制度构建上得到保障。一方面，制度必须保障专家只是从专业角度进行判断，而不是出于任何其他目的，因此专家组织应当保持一定的独立性，避免受到外界非正常因素的干扰；另一方面，制度也必须保障他们在决策和执行过程中具有实质性的权力。专业权力若没有足够的运行空间，那么在充满风险的核电规制领域，决策上的错误将无法减少或避免。

再结合中国“重行政”的历史文化传统，公众对于政府存在深度依赖的心理，政府做出的决策，更易于接受、执行。为此，专家委员会设置在行政体系内，同时保持相对的独立性应该是核电决策最适当的组织建构形式。具言之，核电决策专家委员会作为咨询机构应当在国家能源局、核安全局等行政主管部门的指导下开展工作，但不宜直接成为主管部门的下属机构，同时专家委员会应具备独立财政预算、主动启动调查等职能。

第四章

科学与信任：公众对于核电风险的可接受性研究

核电技术被誉为20世纪人类最伟大的科技成果之一，但从没有一个技术引发如此激烈的争论并形成观点鲜明对立的正、反两派。事实上，世界各国在发展核电的过程中，无一例外都会碰到同一难题，即说服公众接受建立核电站的行政决定。这似乎已陷入一种很难处理的困境中，大家都知道发展核电会给国家带来巨大的利益，但都很排斥在自己家门口建设，即使经过环评部门严苛的审查，也不能消除疑虑。这阻碍了核电的正常发展。为此，构建新的核电法律框架时，在规则制定过程中必须考虑公众的可接受问题，而这一点与传统的法律分析框架是完全不同的。

实际上，公众参与对于核电的健康发展至关重要，但又因核电行业的特殊性，参与本身也须坚持几项基本原则：一方面，公众可以就核电风险问题与政府机关或专家展开协商，但对话的基础必须是科学理性，避免陷入科学虚无主义的误区；另一方面，在研究路径方面，一定要突破“知识缺失模式”的束缚，即简单地将公众不能接受专家的意见（核电是低风险的）归咎于公众缺乏相关的科学知识，其实事情的缘由远比这复杂。最后科学如何能够被理解，实现沟通的有效性。虽然已建成的核电站通过运行事实证明核电的确是非常安全的，发生事故的概率也是非常低的，但让我们非常困惑的是，公众为何还是坚持反对核电。因此，探究民众真实的想法，寻找其安全底线就显得尤为重要。

一、核电发展过程中的真问题：公众不愿意接受核电风险

2014 年 7 月，中核集团对外宣布将在广东江门鹤山建立中国东南沿海的第一座核燃料加工厂，消息发布后，引起了社会的广泛关注。还未等到相关部门对该项目所作出进一步解释，江门市民的反对声就已经接踵而来。在民意的反对下，江门市人民政府正式宣布这宗价值高达 370 亿元的投资项目将被取消。[1] 而这仅仅是近几年中国各地众多“反核电”事件中的一起罢了，仔细梳理近几年发生在全国的“反核电”事件（类似还包括反对垃圾场、炼油厂、加油站、铁路、造纸厂和 PX 项目等工程的建设），不难发现，即使安全性方面有权威性专家的担保，但当地居民出于忧心这些工程可能对附近的资产和环境造成负面影响的考虑，基本上都会反对这些项目的兴建。而抗争所带来的结果也大同小异，一旦民众抗议的规模大，反对的方式激烈，经媒体宣传报道引起广泛关注以后，相关决策部门通常都会选择终止该项目。（参见表 4.1）

[1] 刘进等:《广东江门核争议台前幕后》，载《南方日报》2013 年 7 月 12 日。

表 4.1 近些年中国大陆“反核电”事件一览表 [1]

拟建设核电设施	工程建设情况
信阳核电厂（河南 2010 年）	动态投资规模在 600 亿元左右，因当地民众反对和国家投资规划调整等原因，信阳核电站停止建设
彭泽核电厂（江西 2013 年）	因为遭到民众的广泛质疑，该建设项目已经停止
乳山核电站（山东 2012 年）	因民众的强烈反对，原本计划投资数百亿元的该项目已被迫撤销
桃花江核电站（湖南 2013 年）	该电站已于 2006 年动工，但由于受到日本福岛核事故和当地民众的反对，该工程仍处于停建状态
江门鹤山核燃料厂（广东 2014 年）	在民意的反对下，江门市人民政府宣布这宗价值高达 370 亿元的投资项目将被取消
连云港乏燃料处理厂（江苏 2016 年）	当地居民上街反对，连云港市人民政府决定，暂停核循环项目前期选址工作

很显然，我们的政府在面对“反核电运动”时，似乎已陷入一种很难处理的困境中，即“核电项目上马—公众反对—宣布停止”的消极过程。当然这并不只是中国政府才会遇见的难题，发展核电的国家都会碰见，只不过中国的问题更急迫、更复杂。一方面我们亟须大力发展核电以满足国家建设过程中对清洁能源的需求，特别是“两个一百年”奋斗目标提出以后，国家建设对于能源的需求就更为强烈了[2]；另一方面又必须妥善处理好来自民众的反对意见，没有民众的普遍支持，任何发展都不具有可持续性。对于这个两难的选择，政府寄厚望于法律的解决途径，“要把政府工作全面纳入法治轨道，让政府用法治思维和法治方式履行职责，确保行政权在法治框架内运行”[3]。换言之，就是希望利用法律规范核电建设的程序，以此消解民众对于核电的抵触情绪。

[1] 相关报道来自中国核电信息网，具体网址为 http://www.heneng.net.cn/，2019 年 6 月 28 日访问。

[2] 党的十八大报告中首次提出“两个一百年”奋斗目标，即在中国共产党成立一百年时全面建成小康社会；在新中国成立一百年时建成富强民主文明和谐的社会主义现代化国家。

[3]《从依法行政到建设法治政府》，载人民网，http://opinion.people.com.cn/n1/2016/0831/c1003-28678329.html，2021 年 8 月 9 日访问。

但吊诡的是，在各地频频遭到激烈反对的核电工程并没有明显的法律瑕疵（各类手续齐全且符合环评的要求），或许这一情形还可解释为法律制度本身的不完善引发公众的不满。但是放眼世界各国，那些所谓法治成熟的国家如美国、法国以及日本等，在建立核电工程时也会遭遇民众的强烈反对。实际上，发展核电的国家都会碰见同一个难题，即面对风险，公民不服从怎么办？或许，法律与民众都没有过错，只不过评价的角度有所差异而已，的确存在一个沟通的问题。

我们并无意去探讨“什么是良法”，但不可否认的是，一个没有充分理由、依据支撑其合理性的法律必然会受到广泛质疑，甚至抵制，哪怕它被强制实施，成本也会是非常高昂的。这时我们就应该认真审视我们的行政法律解释框架，它是否能够为这些行政活动提供各方都能接受的合法性的判断标准？

依据传统的行政法理论，民主的正当性问题已然在立法环节被妥善处理了，行政机关仅仅充任立法代言人的角色，即它只需按照立法机关的意图严格执法即可，而对于民众的反应或执法中遭遇的其他情形则可置之不理。换言之，在这一“传送带模式”之下，整个的行政过程事实上已经成为一个非常封闭的系统，它具有抗拒外界压力的能力，并且可以按照既定的规则进行运转。但是处理技术含量较高的事务时，如作出关涉核电发展的决定，传统的行政法解释框架会遭遇一个很难解决的问题，“无法可依”的窘境，即立法机关无力提供精确的规则，因为核电技术所具有的高度复杂性的特征使得立法机关无法克服知识方面的不足，即使勉强制定的规则也不能应付出现的不确定情形，如此一来，试图通过立法机关赋予规则民主正当性的想法也就不能实现。

因此，本章节需要解决的一个重要问题就是如何重新赋予核电风险规制以民主正当性。换言之，发展核电的过程中还是应得到公众的理解、支持，尤其是核设施附近的民众能发自内心地自愿接受核电风险。但在具体搭建处置公众不愿意接受核电风险的隐忧的法律框架之前，基于核电技术本身的特征，有几点情况需要予以释明。

（一）公众协商应有底线：科学理性

坦率地讲，公众与专家对于核电的风险认知存在着巨大的差别，而差异产生的根本原因可归咎于“理性”本身：一方面，专家理性是以知识为基础的科学理性，其特征主要体现为客观性、可计算性、单一性和跨越时空情景的相对稳定性；另一方面，公众理性是以经验和常识为基础，它的主要特征则是主观性、多元性和特定社会与文化环境下的可建构性。[1] 所以双方在各自坚持的“理性观”的支配下，对核电风险的认知出现迥然不同乃至针锋相对的情形也是正常的，可以合理地予以解释。如 20 世纪 80 年代，美国环境保护署（EPA）为将有限的环保资金投入公众关注程度高的环境污染治理项目中去，进行了一次比较公众与专家关于风险认知程度的实验，实验结果引起了广泛关注，让所有人都很诧异，因为公众与专家对于风险的关注度完全不同：专家将气候变暖、氡气排放和臭氧层减少，视为环境最大的风险，但是公众却认为这类风险危害程度并不大；公众则是将核电辐射、有毒化工物的排放和具有放射性的垃圾放在风险程度最高的位置，而对于这类风险，专家反而觉得危害并不大。[2] 这表明了专家与民众对风险的主观认知存在重大差异。

即使在高等教育已如此普遍的当下，公众的风险认知并没有随着知识的普及而与专家日益趋同，我们仍将陷入这种因认知差异所造成的选择困境，仍需要在预设决策规则时作出价值决断。就发展核电而言，如果选择偏向公众的“社会理性”，让公众凭借自己的经验和常识来作出选择，出于安全和利益的考虑，很少有公众会自愿赞成在自家附近修建核电站，若无外来的强力干预，类似核电这样的新技术就很难在实践中应用。相反，如果选择偏向专家的“科学理性”，则会担忧来自公众的质疑，甚至出现极端的反对形式，从而使规则形同虚设，毕竟没有民主支撑的规则，哪怕它是多么具有科学性，也肯定出现“正当性”危机。当

---

[1] 谢晓非、郑蕊：《风险沟通与公众理性》，载《心理科学进展》2003 年第 4 期。

[2] Robert L.Counting On Science at EPA.Science249,1990, pp.616-618.

然，针对这两种诉求，究竟应该偏向哪种意见，学界也是并无共识可言。[1]但核电风险决策的一个非常重要的特征，就是要面向更多的不确定性，如涉及核废料处理问题，囿于知识供给的不足，科学家对于风险是否存在、风险到底有多大和风险是否可以控制等问题并不能给予精确地回答。而针对这一系列问题，公众由于先天对这些风险就具有厌恶感，所以他们的认知是感性的、主观且不理性的，在情感的支配下，通常会采取较为极端的行为。

尽管专家的认知也有内在的局限性，特别是面对未知领域的时候，也经常会出现一些争论，甚至是以非常激烈的方式进行。但是我们不能因为专家共同体不能提供确定、唯一的答案，就怀疑科学本身的价值，从而陷入科学虚无主义的误区。所以本书在构建核电风险规制过程中的公众参与的法律框架时，一个基本的思考点就是如何让公众接受科学家们用统计学或概率学所客观描述的风险。换言之，在科学理性的前提下，搭建一个法律平台供各利益相关方来协商，最终到达让各方都能接受核电风险的目的。

（二）研究路径的革新：突破“知识缺失模型”的束缚

公众为何不能接受核电？长久以来，一个得到普遍认可的解释是公众缺乏必要的科学素养，学界称之为“知识缺失模型”（deficit model）[2]。详言之，在这一解释框架内，公众对核电的接受程度是与其科学素质息息相关，甚至可以说是主要的决定因素。之所以公众不能接受专家的意见（核电是低风险的），原因主要在于公众缺乏相关的科学知识。依据这一解释路径，最有效的解决办法就是利用各种方式，如大众传媒、专家讲座和核电厂参观等，努力提升公众的科学素养，使之能达到或接近专家的认知水平，这类科普本身也被视为风险交流的一种形式。并且在相当长的一段时间内，

---

[1] Richard B. Stwart., The Reformation Of American Administrative law,8 Harvard law review1684,1975.

[2] Evans,G,Durant,J,The Relationship Between Knowledge and Attitudes in the Public Understanding of Science in Britain. Public Understanding of Science,2（4）,1993.

我们在实践中对于公众大规模的反核运动采取的主要回应手段也是这类“科普”活动，除此之外并无更好的解决办法。但是实践已经证明“科普”活动所产生的效果与我们预期想达到的目标相距甚远，公众不仅没有接受核电风险，反而对于科学本身的权威性的怀疑日益加深。特别是在日本的福岛核事故发生后，对于专家的质疑更是此起彼伏，“有时候对放射性有一定了解程度的人比不了解的人对放射性更感到紧张，对核电有一定了解程度的人比不了解的人更反对核电”[1]。“知识缺失模式”或许不能够为实践中所发生的一切提供一个合理的解释框架，即公众不接受核电风险的根本原因仅仅是公众缺乏必要的科学素养的解释已经不再具有充分的说服力，因此构建新的研究范式势在必行。

至于新的解释框架该从哪里入手搭建？这可能是一个没有标准答案的问题。或许探究“知识缺失性”模式失败的原因，不失为一个好的切入点。坦率地讲，公众的确是欠缺核电方面的知识，但是否可以因此而得出这么一个结论，即只要提升了公众的科学素养，他们就一定可以接受核电的风险？事实已经证明这个结论是站不住脚的。问题出在哪里呢？恐怕最根本的原因是在于我们把影响公众认知的因素处理得过于简单化，并没有做深入的调查研究。概言之，在“知识缺失性模式”的指引下，科学家们“天真”地认为公众就如同什么都不懂的空桶，而他们的任务则是向里面装入知识，只要这个桶里装的知识与自己脑袋里的知识一致了，那么公众就会和自己一样变得科学、理性，理解和接受核电风险也就不成问题了。事实上，公众的认知体系比想象的还复杂。

“知识缺失性模式”的逻辑过程有两个致命的缺陷：其一，科学家并不等同于科学，科学家在做出科学研究的结果时，容易受到政治意识形态影

[1]《中国记者走进日本核电研究机构》，载中国网，http://www.china.com.cn/chinese/2006/Jun/1235621.htm，2014 年 6 月 30 日访问。另外对于这一点，中国学者也曾通过实践调研予以佐证：核恐慌有着随着文化程度的提高而增加的趋势，文盲及小学文化的人群未见明显的焦虑，而从初中到大学文化以上，焦虑度逐渐提高。参见余文乐等:《核电站周围人群核焦虑研究》，载《中国辐射卫生》2011 年第 1 期。

响，或者是受到来自赞助商的压力，[1] 从而使其结论与事实真相或许存在很大的出入。试问如何让公众相信专家们是公正、客观和科学地向他们介绍了核电的客观风险？其二，忽略了地方本已存在的文化和环境特征。在此必须指出的是，每个地方都有自己独特的地方人文特征，实际上，这种文化已经潜移默化影响着当地的公众对于核电风险的看法，能够左右他们的决定。例如，曾经遭受过核攻击的日本，其国民本身对于核电风险就存在很强烈的厌恶情绪，"和大多数日本人一样，我在小学就开始学习核电相关知识，日本是原子弹问世以来唯一的受害者，对于核电的恐惧是外国人不能想象的……"[2] 在这一情形下，如果不考虑民众的情感因素，还坚持向公众单方向地灌输核电风险知识，很有可能让公众对所谓正确的科学知识产生更强烈的逆反心理。

笔触于此，我们可以得到一个初步的结论，"知识缺失性模式"已经过时了。换言之，公众缺乏的不仅仅是核电知识，对于核电的恐惧可能还有更深层次的原因，"以往许多人认为，公众对核电的争议是对技术的不了解、缺乏理性的表现，因此将主要精力放在了向公众普及核电知识，加强沟通等方面；但实践中却发现，以技术上的观点和评价去改变公众看法的作用是十分有限的，持续的核技术的改进并没有带来公众接受性的改善……"[3]，但在此强调一点，赞同公众风险认知复杂化的观点并非想否认科学的作用，最终说服公众接受核电风险主要还是依靠专家的知识供给，只是交流、沟通的技巧需要改变。因此在我们构建新的法律框架时，最为重要的就是考虑如何让公众与专家或政府进行良性的沟通和互动，让公众真正地信任专家或政府。

（三）科学需要理解：多安全才够安全？

在 20 世纪 60 年代末期，有关核电、化工和基因工程等高科技领域的

[1] [美] 孙斯坦：《风险与理性》，师帅译，中国政法大学出版社 2005 年版，第 1 页。

[2] [美] 孙斯坦：《风险与理性》，师帅译，中国政法大学出版社 2005 年版，第 1 页。

[3] 潘锋：《公众态度决定核电兴衰》，载《学习时报》2006 年 9 月 5 日。

风险是否可以接受的讨论日渐激烈，为更好地处理这一问题，美国社会学家 Starr 于 1968 年提出了一个非常著名的命题：多安全才够安全（how safe is safe enough)？[1]这个提问犹如一枚丢入湖中能泛起阵阵涟漪的石子，让人思谋良久。如果这个问题让核电专家来回答，他们会用很多的数据来证明，相较于乘坐飞机或高铁等现代交通工具所带来的风险而言，核电已经非常安全。既然核电是如此的安全，为何公众就接受不了，而这也是推动核电建设的政府部门感到最为棘手的问题，老百姓的安全底线到底在哪里？

言及于此，在研究这一系列问题的过程中，总有一个困惑在脑海中挥之不去，这是我们行政法学需要处理的问题吗？依据规范主义的解释，行政法的主要功能是划定行政活动的外部边界，重点保障公民权利不被强势政府所侵犯，“行政法是控制政府行政活动的法律，它明晰了行政机关可以行使的权力范围，确定这些权力行使的原则，并为受到行政活动侵害的个人提供救济”[2]。很明显照此径路，公众风险可接受性问题很可能并不属于行政法学，乃至法学需要研究的问题，而应划入社会学或心理学的研究范畴。

但在类似核电决策的高科技风险规制领域中，立法机关通常以概括式授权的方式将具体规则的制定权让渡给行政部门，而行政部门制定规则的出发点往往并不是以实现绝对安全为目标，更多的时候只是从技术的可行性、经济利益最大化以及市场的需求等方面考量。如此，行政部门主导制定的规则体系恐怕就不是主流法学界所理解的规范意义上的行政法。既然行政法的制定过程已经悄然发生了变化，那么它具体的研究范畴也应有所变化才对，否则理论将与实践产生严重的抵牾：一方面从规范的角度看，行政法的目的是控制权力，保障个人权利，其合法性基础是代议制的机构的授权，而行政机关主导下的行政法模式的最大问题就

[1] Johnson Branden B.Advancing Understanding of knowledge's Role in Risk Perception, Presented at the American sociological Association meeting in Pittsburgh, Aug.1992.

[2] B.Schwarts, Administrative law, Boston, little Brown, 1976, pp.1-2.

是“民主性”不够，引入公众参与机制也正是为了弥补这方面的不足；另一方面从功能主义的角度观察，不论采用哪种行政法的理论框架，有利于行政目标的实现都是评价其“合法性”的重要指标，当下各国在推进核电发展的过程中，最主要的困难就是公众的反对，如何向民众解释核电风险至关重要。

因此，不论是从“规范”或“功能”的角度，公众风险可接受性问题都应该纳入行政法学研究的范畴中。在研究公众风险可接受性问题时，行政法学还是有别于社会学或心理学的研究视角，社会学和心理学侧重于一种纯粹事实的描述，通过对各种事例的分析，找出影响公众对核电风险接受的各种因素。简言之，只是告诉“是什么”，并无先入为主的价值预设。而行政法学的研究却不仅仅停留于此：一方面研究目的本身就极具功利性，即为了实现让公众接受核电风险的目的而研究相关案例，所以它只注重于那些对公众是否接受核电风险的主要因素的研究，并在此基础上寻求相关的解决对策；另一方面行政法学者的终极追求是寻找解决问题的规则，探求行政机关与公众之间通过信息交流、咨询、交涉、合作和共同决策等方式，实现公众接受专家对核电风险判断的目的。概言之，法学研究是有价值取向的，规则本身就具有极强的主观性、人为性。

二、复杂的认知：公众不接受核电风险的原因探析

本章节需要处理的一个核心命题在于，如何能让公众对于核电风险的认知与专家的认知相契合，换言之，就是如何让公众相信核电是一种非常安全的能源？

公允地说，经过近七十年的发展，核电技术日趋完善，核反应堆的堆芯熔化概率已经降低到 -4 到 -6 次方量级，但是公众对于核电风险不接受的态度并没有随之得到改变。当然综观发展核电的世界各国，情况皆然，如核电发电量占全国 80% 的法国在民意的压力下宣布暂时不再考虑新建核电站，又如德国、瑞典、意大利和瑞士等国政府更是明确地对外宣布将永

久放弃核电的发展计划。[1] 由此可见，试图仅仅依靠研究和提升核电技术的安全性来影响公众对于核电风险的可接受性是不够的，毕竟造成公众不接受核电风险的原因是多方面的。因此，准确抓住影响公众不接受核电风险的主要原因成为政府解决这一难题，即“核电项目上马—公众反对—宣布停止”的消极建设过程的一个关键性前提条件。

在此还需强调的是，尽管公众风险的认知过程非常复杂，但是最关键的要素还是应提升核电技术的可靠性，降低核电事故的发生率，“日本核电事故发生以后，中国所有的核电新项目的上马是零概率的事件”[2]。而我们研究的着眼点在于核电应用技术是有安全保障的前提下，行政机关怎么能主动地去建构公众的风险观，达到接受专家科学评估的目的，所以在原因分析的时候也主要是围绕行政决策过程中行政机关应当做而没有做或没有做好的事情展开分析。

（一）塔西佗陷阱：政府公信力的重要性

从 20 世纪 50 年代起，“政府—科学家”二元决策主体结构就开始逐渐成为各国在涉及高科技决策时的主要特征，并且科学家在这一过程中担任的角色也越来越重要。[3] 不可否认，这种精英决策模式可以最大限度地优化行政机关的活动，但是同时它也制造了另一个问题，即政府机关或科学家常常在“科学天然合理”的旗帜下，以一种高高在上的态度面对公众。[4] 这种交流方式是很不对等的，非常容易造成政府与公众之间潜在的紧张关系。

然而民主社会存在的一个前提假设性条件必须是政府具有代表性，即民众授权它可对重大事项作出抉择，它的所有行为都必须是出于增进公众

---

[1]《全球弃核之痛》，载新华网，http://news.xinhuanet.com/world/2012-11/24/c_123995802.htm，2014 年 6 月 30 日访问。

[2] 李晓红：《核电事故或使新能源格局生变》，载《中国经济时报》2011 年 3 月 26 日，第 3 页。

[3] 苏竣、郭跃、汝鹏：《从精英决策到大众参与：理性视角下的科技决策模式变迁研究》，载《中国行政管理》2014 年第 3 期。

[4] 蒋劲松：《从科学走向民主——读“在理解与信任之间”》，载《民主与科学》2006 年第 1 期。

的整体利益的考虑。如果政府机关或专家借着“科学”的名义为特殊人群谋取利益，哪怕只有一次，也会丧失公众对于他们的信任。以核电领域为例，可以总结为以下几点。

其一，能源供应的确紧张，为加快核电的发展，有意夸大核电的安全性。这一方面日本是极好的例子，日本因为地狭人多、能源匮乏，必须大力发展核电，为了消减公众对于核电的恐惧心理，政府一直向民众灌输“核电绝对可靠、安全”的观点。但是在 1995 年以后，由于发生了好几起核泄漏事故事件，公众对于政府的核电宣传产生了信任度明显降低，随后政府准备再新建的几座核电站都遇到了较大规模的民众抗议。[1]

其二，一旦发生核事故（特别是严重的核事故），为避免引发社会动荡，故意隐瞒相关事故信息并设置障碍阻止独立第三方的调查，从而引发公众对于政府是否具有管理核电风险的能力的质疑。还是以日本政府为例，在福岛核事故发生以后，一直拒绝披露有关放射性物质和现场废弃物的清理等方面的信息，造成民众的恐慌心理，“直到日本政府 2013 年 8 月承认，福岛第一核电站每天有至少 300 吨遭受核污染的地下水流入海洋，且这种情况可能从核事故发生后一直存在”[2]。事实上，这类政府刻意隐瞒的信息终究有一天还是会被揭露出来，但信息若是以这种方式公布于众，政府将陷入非常被动的局面。

其三，对于一些明显影响核电安全的因素（主要是指公众都能凭常识认知的风险），核电监管部门自信其发生的概率太低而未能妥善处理。如美国加州的代阿布罗峡谷核电站（Diablo canyon）就建造在地震带上，且加州曾经在 1906 年发生过里氏高达 7.8 级的大地震，但是 20 世纪 70 年代专家在此选址建设该电站时，自信大地震发生的概率非常低，所以美国核安全管理委员会对于代阿布罗峡谷核电站（Diablo canyon）防震要求仅仅是满足抵抗里氏 7—7.5 级地震所造成的影响，民众一直对此标准颇有怨言[3]，

---

[1] 时振刚等:《日本核电公众接受性的变化》，载《核科学与工程》2002 年第 2 期。

[2]《日本：女医生揭露政府隐瞒核污染真相》，载新华网，http://japan.xinhuanet.com/jpnews/2014-03/19/c_133198089.ht，2014 年 7 月 1 日访问。

[3] Tom Zeller Jr,Of nuclear power ,Risk and Meteorites,The New York times, March28,2011.

特别是日本发生福岛核电事故后，民众对于安全的隐忧进一步增强，同时也加深了对政府的不信任感。

另外还有一点需要强调，避免政府监督机构既当“运动员”又当“裁判员”，让公众误以为政府在核电建设过程中存在巨大的自身利益。详言之，在核电技术的发展过程中，政府本身就充当了一个复杂的角色：一方面，它从国家能源战略的角度出发，需要大力推动核电的发展速度；另一方面，它也承担核电的安全监管的职责，为核电的各项建设制定标准。尤其是把这两项职责赋予同一机构的时候，很难让公众对政府的核电安全监督工作产生信任。如 1954 年美国国会通过了原子能法案修正案，将促进和管制核电发展的职能都赋予给了原子能委员会，公众正是因为担忧原子能委员会一味注重发展核电，而降低了安全管制的标准，所以在 20 世纪 60 年代，不论原子能委员会制定的哪方面标准，如核反应堆的位置和运行标准、辐射安全标准和环境保护标准等，都会遭受公众的批评。[1]

在核电风险规制领域中，政府的公信力尤为重要，因为民众并不具有技术和资金方面的优势去研究核电，所以只能将部分决策权交付政府或专家。假如政府就核电风险提供不确定的信息，那么公众一旦知晓真实的信息，他们对于核电本就具有的“恐惧感”将被成倍放大，从而通过各种方式去反对核电的发展。

提升政府风险治理的公信力，可谓世界级难题。政府或专家也不是“全知全能的先知”，让它们完全消除风险是不可能的，当然这一想法本身也是不科学的。思虑至此，我们不妨转换一个角度来看待政府的公信力问题，之所以政府需要解决这一问题，主要出发点是让公众接受核电风险，相信现有的体制运转模式已然将风险降低到了最低程度。因此，政府在解决问题的时候，其树立公信力的关键在于每一步都能让公众认可这是当前情况下的最优选择。

目前公认达致这一目的的最好办法除优化整个行政机构的运转方式外，

[1] 刘画洁：《我国核安全立法研究》，复旦大学 2013 年博士学位论文。

就是注重信息公开。详言之，要走出“塔西佗陷阱”，一方面需要确保决策本身的科学性、权威性和中立性；另一方面就是政府必须走“诚实信息”的道路，只有诚实的政府才可能是勇于承担责任的政府，才能获取民众的信任与依赖。

（二）邻避情结：个人利益的权衡

正如本章节一开始就提及的，公众对于核电风险的认知是一个非常复杂的过程，政府的公信力问题只是众多原因中的一个。我们必须清楚地意识到即使我们妥善处理了政府的公信力问题，也并不意味着公众就可以接受核电的风险，两者之间并不是等同关系。如我们马上要讨论的个人的邻避情结问题也同样不容忽视。

事实上，拟建核设施附近的居民基于个人利益的衡量也是影响他是否接受风险的一个重要因素，在这一方面，西方的邻避理论恰好为我们提供了一个非常合适的理解框架。依据这个理论框架，邻避设施通常有两个明显的特征：一方面核电设施存在产生明显的外部负面作用的可能性。这主要包括可能存在的低度核辐射、水质恶化、生态影响和核废料处理等，从而引发对是否损害身体健康的隐忧。另一方面成本与效益显失均衡，有不公平之嫌。邻避设施通常对大多数人（尤其是那些不居住在邻避设施附近的居民）来说，都是利远远大于弊，如核电站所生产的电能主要是供离其有较远距离的城市居民使用。但对于那些居住在核电站附近的人而言，往往却是支出的成本（包括身体健康所受到的潜在损害、房产贬值和安宁生活受到损害等）要远远高于所得到的利益。既然这类设施不能给附近的居民带来“立竿见影”的收益，那么这些居民也就不愿意承担这样的风险，做出这样的选择也是符合情理的，“我们可以相信你说的项目是如何的好，但请不要建在我的家门口”[1]。

---

[1]《破解核电不要建设在我家门口的邻避运动》，载中国电力，http://www.chinapower.com.cn/newsarticle/1210/new1210051.asp，2014 年 7 月 2 日访问。

邻避理论的贡献之一或许在于提醒我们，每一个人实际上都是利己的，在考虑涉及自身利益的建设项目的时候，其出发点就是简单的成本—效益分析，所以有学者认为因核电建设而引发的邻避抗议“不一定是技术层面的理性知识，很大程度上是一种对自身利益有可能受损的不满情绪的发泄”[1]。概言之，邻避运动产生的直接原因在于对个体利益的维护以及对核电风险本身的忧虑。

言及于此，需要强调，行政机关在应对因邻避设施而发生的抗议活动时，一定要对症下药，不要简单地将其归咎为“公众不明真相”，并因此将大量的精力放在科普方面（而且总是以一种宣教者的身份单方面地向民众灌输相关的科学知识），努力在民众中构建“核电站绝对安全”的知识体系，而忽略民众真正的利益需求。如此不仅不能妥善处理邻避抗议活动，而且很有可能因公众的诉求没有得到及时的回应导致抗议活动进一步升级。例如，在20世纪80年代，美国政府准备在威斯康星州新建核废料储存场，但遇到当地民众的激烈反对。相关民调显示超过71%的当地民众明确表示反对该设施的兴建，核管理委员会（NRC）为此在威斯康星州展开了形式多样、内容丰富的科普宣传活动，以期能说服民众接受该核废料储存场，但是效果并不理想。直到联邦政府公布补偿回馈方案后，公众的态度才发生明显改变，公众反对的比例已降至41%。[2]

随着个人权利意识的日渐增强，因核电建设而发生的邻避抗议活动已经越来越多，只要稍微留意一下核电方面的建设信息，这一点就不难证明。不过，民众的反对不应成为减缓核电发展速度的借口，理想的环保主义理念更是无助于社会的进步。那么，政府机关该如何应对这类邻避抗议活动？有人建议既然此处民众反对建设核电站，那可以考虑重新选址建设，中国这么大，肯定能找到合适的地址建立核电站。当然这种方式是最省事的一种，但是如果仔细斟酌这一举措所会引发的连锁反应，则未必适当。

---

[1] Vittes M E,Factors Contributing to NIMBY Attitudes,Waste Management,13（2）,1993,pp.125-129.

[2] Michael E,Kraft,Public and State Responses to High-level Nuclear Waste Proposal: learning from policy failure,policy studies review,10（4）,1991.

重新选址建设核电站，很容易让民众形成一个错误的认识，即政府机关另行选址的行为等同于默认核电站的确存在“负面效应”，尽管政府可以事后辟谣并否认“负面效应”的存在，但是大家会进一步追问政府机关重新选址建设核电站的合法性依据又是什么。或许，拟定的建厂地点附近居民的反对行为已经给出了答案，采取对抗行为是可以让政府改变已经做下的决定。但是以这样一种“逃跑”的方式来解决问题，恐怕会造成更大的隐患。换言之，这种方式明白无误地告诉公众，政府解决问题的方案就是“抗议越激烈，政府让步的可能性越大”。如此一来，在类似“成功”案例及其产生的示范效应的影响下，将会有更多的居民反对在自己家门口修建核电设施，从而导致核电发展蓝图有可能只是存在于图纸上了。

坦率地讲，正确的处理方式应当是直面公众所忧虑的问题，并以“开诚布公”的方式与民众进行平等交流，努力寻求一种双方都能接受并且都能从中获利的解决问题的方案。正如上文所述，民众真正关心的是对个体利益的保障和对核电风险本身的忧虑，解决邻避抗议的着眼点也应放置于此。一方面政府在具体的风险管控过程中，需要通过切实有效的制度构建，让公众了解核电设施建设究竟对他们有没有危害，危害到底有多大，而政府又是通过哪些有效的方式将风险降低至可以接受的安全范围内，当然这就不可避免地要求政府改变决策的方式和行为的过程，采用更具包容性、参与式的公共治理方式；另一方面则是建立和完善相应的经济利益补偿和分享制度，不仅要让核设施附近居民的利益得到充分的保障，同时还要让附近居民能享有核电发展项目所带来的经济利益，长期、稳定的利益共享机制会为核电的健康发展提供一个最有利的外部发展空间。

（三）文化视阈中的风险：一个值得关注的因素

不得不承认的是，从一开始探寻公众不接受核电风险原因的时候，我们在潜意识中就已然形成了一个惯性的思维——“公众都是理性的人”（hypothesis of rational man）。换言之，他们不会感情用事，也不会盲从，支配一切行动的唯一因素就是看能否实现自身利益的最大化。在这一解释框架之下，我们曾“天真”地认为如果法律能确保每个人实现自身对于新建核电站的利益期望，那么他们不接受核电风险的难题也就迎刃而解了。

然而，事实证明即使法律上明确规定保障核设施附近居民的各项权益，甚至给予其许多额外的利益补偿，在很多地方修建核电设施的时候仍会受到民众的强烈反对。如德国政府迫于民众的压力，计划在2020年以前全面关闭本国运行中的核电站（尽管德国核电设施附近的居民享有多项特殊权益，如超低的电价、优质的医疗设施和便捷的社区服务等），甚至是完全出于民众利益的考虑适当延长核电站使用年限的建议也遭受多方批评。“根据科隆大学能源经济研究所做出的检查报告，认为延长12年到20年效果是最好的，他们认为延长20年最多可以减少温室气体排放16%，工业界的发电成本减少1/3以上，老百姓用电支出减少7%，而且可以给德国增加7万多个工作岗位。”[1] 仅从收益的角度思考，德国民众的反对是不符合理性原则的。

由此可知，将个人选择的动机完全归咎为是仅仅考虑“成本—效益”的理性人的假设模式存在着重大的瑕疵，所以著名经济学家诺斯（Douglass C.North）曾一针见血地指出人类行为较之经济学家的模型中的个人效用函数所包含的内容要复杂得多。详言之，人在决策的时候所考虑的因素绝不简单只是使个人利益最大化这一理性因素，而是很大程度上取决于他所处的具体环境，以及习惯、习俗、本能和从众等非理性因素，因此用“社会—文化人”来取代“理性人”假设应更为妥帖。[2] 诺斯最大的理论贡献或许在于告诉我们，人是具有多面性和复杂性的，他的选择行为是受多种因素的影响，如社群中其他人的抉择结果、特有的文化氛围和意识形态等，一定不要将人的行为动机简单化。

在风险研究领域，秉持类似诺斯观点的也大有人在。早在风险理论构建之初，玛丽·道格拉斯（Mary Douglas）就已言明风险应当是文化认知的结

---

[1]《德国十万民众游行要求关闭核电站》，载新华网，http://news.xinhuanet.com/world/2010-09/20/c_12589298.htm，2019年7月14日访问。

[2]［美］道格拉斯·C. 若斯:《制度、制度变迁与经济绩效》，刘守英译，上海三联出版社1994年版，第3—11页。

果。详言之，风险现象是某一具有共同价值观念、制度规范、行为方式和生活习俗的社会群体的文化认知。在不同的文化区域中，人们对于同一技术会产生不同的风险认知结果以及采取不同的应对策略，并且风险从客观上观察没有增加，而是感知增多了。[1] 在此基础之上，玛丽·道格拉斯通过无数次的实证研究，大胆地提出了一个“网格—群体模型”（Grid-Group hypothesis）来理解不同文化区域的人群对于风险的认知（参见图 4.1）[2]。

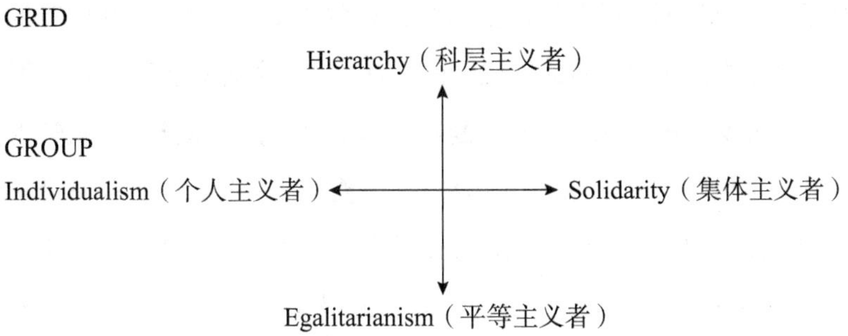

图 4.1　玛丽·道格拉斯“网格—群体模型”（grid-group hypothesis）

事实上，玛丽·道格拉斯（Mary Donglous）的风险文化理论为我们提供了一个非常好的解释框架，帮助我们从一个非理性的角度理解公众为什么不相信科学家对于风险的评估。“人一旦在内心接受了某个观点，就不会轻易动摇。如果你坦率地告诉对方，你不同意他的观点，他就不理睬你了。如果你把数据和事实一一罗列出来，对方会怀疑你的信息来源是否可靠。当你为

[1] Mary Douglas, Aaron Wildavsky.Risk and Culture: An Essay on the selection of Technological and Environmental Dangers, University of California Press, 1983, pp.7-9.

[2] 玛丽·道格拉斯利用这一模型归纳总结了对待风险的四种不同取向：等级主义者（Hierarchy）尊重权威，涉及风险时，严格遵守群体规章和期望，信任受委托的组织；平等主义者（Egalitarianism）则倾向于对外在强加的规则的不信任，并支持社会平等和以参与的方式来对待风险；个人主义者（Individualism）面对风险，倾向于自己的选择而做出最大的努力，并基于经济因素特别是成本——收益分析基础而做出的理性选择；集体主义者（solidarity）倾向于将各种事件的发生和结果看作命运和机会的安排，面对风险他们觉得无能为力，且认为做各种决定都已经超出了他们的控制范围，因此习惯于服从别人的命令。Ian H. Langford, Stavros Georgious, Ian J Bateman. Public perceptions of health risks from polluted coastal bathing waters: a mixed methodological analysis using cultural theory, Risk analysis, 20（5）, 2000.

他演示逻辑推理过程的时候，对方会认为你故弄玄虚。”[1] 耶鲁大学法学院的 Dan Kahan 教授通过实证研究也证明了这一点，即人们受区域文化（包括道德、传统的社会习俗以及社会秩序等因素）的影响会形成根深蒂固的观念，并在此观念的支配下，去评判专家所完成的风险评估是否具有科学性。[2]

从文化的角度出发，我们可以更好地理解为何人们在面对科学事实时，仍不愿意改变自己的旧有观念。毕竟如果为了承认某项高科技的安全性，而必须抛弃已经坚持很长时间的信念，对很多人而言都是比较困难的，尤其是中老年人。然而本书的旨趣也正是为了完成这项看似不能完成的任务，即通过研究文化的影响，寻找到解决问题的答案，以求能让公众较为容易地接受核电风险的科学评估。当然在此需要言明的是，本书并不奢求利用法律的手段去改变既有的文化，而是思考在既有的文化背景的影响下怎样的风险沟通模式更能利于目的的实现。值得庆幸的是，Dan kahan 教授在这一领域中已经做出了很好的尝试，并且他一再提醒后来的研究者：“固有的观念对公众接受新信息的扭曲效应（twisted effect）非常明显，基于此因素，如果专家希望公众能接受他们的新观点，那么专家一定要努力做到在不会触犯其防御性情感反应的前提下将推导理由展示给他们。”[3]

简言之，Dan kahan 教授的研究给予我们最大的启示就是在与民众沟通

---

[1] Leon Festinger. A theory of cognitive dissonance, Stanford University Press, 1957, p.23.

[2] Dan kahan 的研究可以说是建立在 Mary Donglous 的研究基础之上的，他也先将被试者的文化价值取向归纳成“个人主义者”“社群主义者”“等级主义者”“平等主义者”四类，然后对这四类人群测试他们对于专家所评估的核电风险的认知。实验开始前，kahan 告知所有的被测试者，他们需要先读一本与核废料处置风险相关的书籍，并且告诉被试人员这本书的作者是否是一位知识渊博、值得信赖的专家。之后，kahan 给被测试者一份编造的专家简历，该专家会被描述成行业内数一数二的人物，如美国国家科学院院士、在某所一流大学获得了相关专业的博士学位和现在也在另一所精英大学任教等，在判定核电废料处置风险的实验中，结果显示如果该专家的立场是核废料具有高度风险且现阶段无法处理时，只有 23% 的个人主义者认可该专家是“值得信赖的知识渊博的专家”，但是却有近 88% 的社群主义者相信专家的专业判断。See Dan M.Kahan. Cultural Cognition as a Conception Of the Cultural Theory of Risk, Handbook of Risk Theory2012, pp.725-759.

[3] Dan M.Kahan. Cultural Cognition as a Conception Of the Cultural Theory of Risk, Handbook of Risk Theory2012, pp.725-759.

有关核电风险问题的过程中，说服对方接受专家意见，最为紧要之处恐怕除了科学事实本身之外，还要取决于能否协调好既有区域文化与科学事实之间的关系，科学事实应以民众接受的方式而告知。

三、制度构建：寻求解决公众不接受核电风险问题的对策

据上所述，公众不接受核电风险的原因主要是来自三个方面：其一，政府公信力存在瑕疵，此时无论它是说真话抑或说假话，普通公众在潜意识方面就已经认定政府是在欺骗他们，从而反对政府所做出的相关决定（陷入塔西佗陷阱）。其二，对个体利益的维护，在这一点上核电设施附近居民的忧虑又主要集中在两个方面，一方面核电设施的确存在产生明显外部负面作用的可能性，从而引发对是否损害身体健康的隐忧；另一方面成本与效益有可能显失均衡，即不能直接享有核电建设所带来的利益。其三，拟建核电区域已经存在的文化和环境背景对于公众风险认知的影响，必须承认的是，每个地方都具有自己独特的人文特征，而不同地方的公众在不同文化的潜移默化下对于核电风险的看法也迥然各异。

构建法律制度时，需要应对两个层次的问题：前一个层次是解决一个理性的人对于核电风险的忧虑（主要体现为个体利益的维护以及对核电风险本身的忧虑），这个层面的问题相对而言较容易解决，但法律也不能仅仅到此为止，毕竟这还不足以阻止“核电项目上马—公众反对—宣布停止”的消极过程的发生；后一个层次则是解决问题过程中更为紧要之处，即考虑在既有文化背景的影响下采取怎样的风险沟通模式更有利于目的的实现。因而，在下文具体阐释如何解决公众不接受核电风险问题的对策的过程中，我们的思路也将紧紧围绕这两方面展开。

（一）政府公信力的重塑：风险评估可靠性的法律保障

既然核电风险评估是一项计算事故发生概率的工作，按照“理性人”的看法，为确保结论的科学可靠性，法律的核心任务就应是确保最权威的

专家在不受外部影响的情况下独立完成评估工作。但吊诡的是，专家也并不能够得出“确定无疑”的风险评估结论，风险社会的特征也正在于“知识的不确定性”。就以核废料的处理为例，我们目前公认的最好的处理办法就是将其掩埋在荒无人烟的地方，如沙漠或深海之中，但即便如此，专家仍不能够确保这些核废料是安全的，这也是美国内华达州尤卡山核废料永久储存场工程拖延十几年后仍迟迟不能竣工的一个主要原因。当然，也正是由于核电风险评估所具有的“知识不确定性”的特征，使得专家本身的缺陷（如固执、知识的局限性和易于被利益集团俘获等）被逐渐放大，最终可能导致公众失去对专家、政府的信任。

因此若想避免陷入“塔西佗陷阱”，不仅需要确保整个风险评估过程的科学性，还应让公众通过某种形式的参与，充分感知到这一点。具体而言，法律可以从以下几个方面着手为风险评估的科学可靠性提供保障。

1. 过程透明

“阳光是最好的防腐剂”，充分的信息公开必然有助于防范或减少专家可能出现的偏差，但是真正值得关注的是信息公开的内容。在实践中，政府往往将信息公开的重点聚焦在核电风险评估本身。当然不能否认公开这方面信息的重要性，但必须承认的是，晦涩难懂的专业词汇增加了公众理解的难度，而目前普遍适用于核电风险评估的主要方式是概率性分析方法（PRA），较之传统的确定性分析方法在解决事故情况、系统原因和不确定因素处理等方面更为复杂。[1] 缺乏必要专业知识的公众对此很难理解，更不用说依据这些公开信息去纠正专家的错误。不过事实上，公众的兴趣点通常并不在于此，而是更为关心的是谁、依据怎样的原则和程序去评估核电风险。换言之，公众希望凭借获取的其他可能影响评估结果的相关信息来监督专家的工

[1] 概率性分析方法（PRA）首创于 1975 年（美国），随后在商业核反应堆的建设过程中被广泛运用，这一方法主要试图回答 3 个根本问题，即核电站事故可能错在哪里，怎么会发生和会有什么后果？目前，这一方法被认为是在安全决策过程中根据对核电站在异常和极端条件下的性能对不确定因素进行预测并予以解决的最佳方式。参见王玉成、薛大知：《核电站风险管理系统及其构模方法》，载《核动力工程》第 15 卷第 6 期。

作，如专家是否具有良好的业界声誉、评估委员会遴选专家的程序是否适当、评估委员会设置的评估原则是否准确等。因此，公开核电风险评估委员会的运行程序、委员组成名单和具体承担某项安全风险评估工作的专家或技术机构名单（如核电建设选址专家小组名单）就显得尤为重要。

综观大力发展核电的国家，我们不难发现各国都很重视涉及风险评估的信息公开工作，其中又以美国最为典型。尽管美国并没有制定类似于《核电安全风险评估管理办法》之类的法规，但是整个与核电相关的风险评估过程均能做到公开与透明，当然这不得不归功于美国成熟的政府信息公开制度。[1] 在美国核安全管理委员会（NRC）的网站上，我们可以在较为显眼的地方找到这一届专家委员会的详细名单及其个人简介。[2] 不仅如此，核安全管理委员会的组织章程、专家遴选的标准和程序、委托的具体风险评估技术机构的情况和理由、风险评估的内容和方法以及评估的结果等信息都被及时地公布于网站之上，便于民众的查询。如此，专家们出于保护自己业界声誉的考虑[3]，对自己在评审过程中的言行都很谨慎。

2. 同行评审（peer review）

吉登斯（Anthony Giddens）曾言："事实上，现代性就意味着风险社会的来临，当然这并不表示现代社会就比以前危险很多，而是意指过往无法预测的天灾和意外，现在通过专家建立的知识系统，可以得到较为精确的计算，获知其发生的概率，从而提前做好预防措施。"[4] 据此真正值得忧虑的是，既然整个风险的评估工作主要是由部分专家来完成，那么他们的评估工作在科学上是否成立则成为非常紧要之处，然而作为公众或是其他领域的专家，通常是不具备判断能力的。换言之，专家很有可能在科学的名义下，出于获取

[1] 周汉华：《美国政府信息公开制度》，载《环球法律评论》2002 年第 2 期。

[2] 这一届专家委员会的委员的详细资料可参见美国核电管理委员会的官方网站，其具体网址为 http://www.nrc.gov/about-nrc/organization/commfuncdesc.html，2014 年 7 月 22 日访问。

[3] 在美国与专家访谈的过程中，能深刻地感受到他们对于个人声誉的重视，毕竟完善的信誉记录会伴随他们一生，影响到生活的方方面面。

[4] Anthony Giddens. Modernity and self-identity: self and society in the late modern age, Stanford university press, 1991, pp.109-143.

不正当利益的考虑而故意制作错误的评估结果。因此引入中立技术专家组成的同行评审委员会来对风险评估的结果进行评审就显得尤为重要。[1]

实际上，引入同行评审的意义很好理解，难点在于如何具体地在现有的评估体系中设置这一制度？疑惑主要来自两个方面：一方面是否需要赋予这个中立的技术专家组织以最终裁定权，如果赋予这样的权力，也就意味着在风险评估组织之上又设立了一个上级组织（它的公正性又由谁来保障？）如若不赋予此类权力，那么同行评审制度很容易流于形式；另一方面同行评审专家的信息、遴选标准以及评审程序是否应该公开，如果选择公开方式，很有可能在评估专家和同行评审专家之间造成矛盾，如此一来，部分评审专家会因“怕得罪人”而不愿意畅所欲言，毕竟在一个相对具体的评估领域，具有专业权威性的专家并不是很多，并且相互之间的利益联系也很紧密。而如若不公开，在专业性极强的风险评估领域，一旦同行评审专家对评估专家的结论提出疑问，那么公众又凭什么来判断其中的是非。

目前，在核电领域，美国的同行评审制度发展相对较为成熟，有些经验值得借鉴。首先，依据 2005 年美国白宫管理和预算办公室（the office of management and budget，OMB）的规定，所有的政府机构（包括独立管制机构）如若要向公众发布科学信息或科学评价，在此之前必须对这些拟发布的内容进行同行评审。[2] 当然全面引入同行评审机制，并不意味着要对核安全管理委员会的风险评估结论进行同行评审（主要是考虑到维护其作为全国核

---

[1] 美国学者 J. B. Ruhl 和 James Salzman 曾撰文总结了行政同行评审的三大主要好处：其一，行政同行评审能够对行政决定的事实基础，有效地实施质量监督（quality control）；特别是当行政活动涉及复杂的科学知识，公众和法院对于行政决定事实依据的监督往往流于形式，此时，通过专家对专家（experts vs. experts）的监督和评审，能使事实依据的可靠性得到有效的保障。其二，独立的同行评审制度，能够提升行政机关采用的事实依据的透明度，如此公众、立法、行政以及司法机构都能够有效地参与到监督之中。其三，专家之间通过评审的形式开展交流，在对话和相互质疑的过程中，很有可能涌现解决问题的新视角、新思路和新信息，最终提升行政机关决定的质量。See J. B. Ruhl & James Salzman. In Defense of Regulatory Peer Review, 84 Washington University Law Review 1（2006）.

[2] Final Information Quality Bulletin for Peer Review, 70 Federal Register 2664（Jan 14，2005），http://www.whitehouse.gov/omb/memoranda_fy2005_m05-03，2014 年 7 月 30 日访问。

电风险最高评估机构的权威性）。只是在程序上，要求对部分专家所作出的风险评估结论进行同行评审，至于专家是来自机构内抑或机构外，则由核安全管理委员会自己决定。在此基础上，再由核安全管理委员会作出最终的评估结论。其次，同行评审委员会所作出的结论是有一定拘束力的，尽管核安全管理委员会享有最终的结论判定权，但是一定程度上也要受到同行评审专家结论的制约。[1]详言之，对于同行评审专家所提出的异议之处，核安全管理委员会在作出最终结论之前，必须以公开的形式对这些异议进行回应或举行听证。另外，对于同行评审专家的相关信息，核安全管理委员会尽量予以保密，这主要是为确保同行评审的专家能畅所欲言，消除他们的顾虑。

此外还有一点需要我们注意，一旦建立起同行评审制度，就需要考虑与行政复议或行政诉讼制度相衔接的问题。详言之，在已经存在同行评审制度的前提下，风险评估委员会最终结论的法律效力究竟如何，复议机关或法院是否应对此结论持“高度尊重”的态度。诚然，风险评估委员会的最终结论本身一般不会直接影响被评审对象的权利义务关系，在法理上也可将这类行为排除在可诉的法律行为之外，并且为保障结论的可靠性，评估机构还在程序方面设置了同行评审制度，似乎再进行实质审查，恐有劳民伤财之嫌。但值得重视的是，风险评估结论通常都会成为风险监管决策的科学依据，如某个地方是否适合建设核电站的选址报告，并且如若等到法律行为完成，即被监督者的权利义务关系已经改变之时，再审议风险评估结论的适度性，很有可能不利于风险的控制。当然对于已然经过同行评审的风险结论，复议机关或法院应给予“高度尊重”,“此情形下，复议或诉讼中就不宜再从事任何形式的同行评审”[2]。不

[1] 依据美国白宫管理和预算办公室的规定，如果同行专家的审查报告指明评估结论存在科学不实之处，以及从现有科学理论和知识来看尚不支持的推论和论断，行政机关有责任和义务给予回应：或者将科学不实和科学不支持的推论和论断从决定的事实基础中剔除，或者对行政决定重新进行解释和论证。J. B. Ruhl & James Salzman. In Defense of Regulatory Peer Review, 84 Washington University Law Review 1 (2006) .

[2] 沈岿：《风险评估的行政法治问题——以食品安全监督领域为例》，载《浙江学刊》2011 年第 3 期。

过也存在例外的情形，即评估机构在最终结论中没有对同行评审专家质疑之处做出合理说明的。

（二）个人利益的平衡：从邻避情结到迎臂效应

正如前文所述，核电设施附近的居民对于建在身边的核电站普遍抱有很强的不满情绪，尽管专家一再保证核电非常安全，发生安全事故的概率很低，但是考虑到一旦发生事故所产生的巨大危害，每一个“理性”的人都不会“自愿”接受这一风险，除非能够提供足够的理由说服自己。如果把每个人都假设成为只是计较自己利益得失的经济人，那么解决这一问题的关键点将主要取决于两个方面：其一，让公众相信核电的运行安全已得到充分地保障；其二，公众在利益方面能获得足够的补偿，甚至超出其利益的损失。而在这两方面，我们可以把观察的视角投向法国，作为唯一一直高速发展核电的国家，法国确实有很多成功的经验可以借鉴。基于此，下文我们将重点围绕法国的具体制度实践，来谈谈在核电发展过程中个人利益应如何平衡的问题。

1. 公众意见的功能定位

公众排斥在自己家附近修建核电的一个主要原因在于担心核电设施可能存在产生明显的外部负面作用，从而引发对自己身体健康的损害。尽管事实已经证明，核电非常安全，发生事故的概率也极低，且其正常运行时对附近民众无任何健康损害。但是难点在于如何让公众也能认同这一点，不过这里首先需要有一个思维的转变，也正如本章一开始就论述的那样，我们不能再将公众仅仅当成专家面前的“空容器”，从而将核电知识的普及简化成一种“自上而下的信息传递”。而是应当将公众放置在与专家和政府平等的地位上，推动三者开放、平等和真诚地对话，强调公众在科学技术应用过程中的参与作用。[1]（美国卡内基梅隆大学的 Baruch Fischhoff 教授依据公众参与高科

---

[1] Durant,J,participatory Technology Assessment and the Democratic Model of the Public Understanding of Science. Science and the Public, 26（5）,1999.

技应用过程的深度，将公众参与的方式划分成 7 类，参见表 4.2。）

表 4.2　公众参与高科技应用过程的七类方式 [1]

1	通过既定的法律程序确保行政机关的评估工作具有科学性，公众无须参与
2	直接将复杂的科学知识告诉公众，但不负责解释
3	将复杂的科学知识告诉公众，且提供细致的解释
4	提供机会让公众了解类似的风险已被证实是可接受的
5	为让公众接受高科技风险，从多个方面提供充分的理由去说服
6	和公众进行非常友善的互动
7	真正将公众当成伙伴，且其角色也是不可或缺的

很显然，仅仅依靠一个缺乏“回应性”的法律框架不足以获取公众对于核电的支持，所以广泛推动公众参与的出发点也正是为了获取他们对于核电项目的信任。换言之，公众广泛参与的最大益处就是帮助公众克服对于核电的恐惧心理，从而接受核电是很安全的观点。事实上，任何一国在建设本国的核电过程中，均会遭遇不同程度的民众“反对”。法国同样也不例外，在其核电的初创阶段（从 20 世纪 60 年代至 20 世纪 80 年代），关于核电的所有决策都掌握在政府手中，公众参与也只不过是件漂亮的“摆设”。[2] 法国拥

[1] 从该表我们可以清楚地意识到在高科技应用过程中，公众参与已经不仅仅局限于一种直线性的被动的信息接收，它的内涵和外沿都需要扩充，让公众能以一种更加积极的方式参与其中。See Baruch Fischhoff. Risk Perception and Communication Unplugged: Twenty years of Process. Risk Analysis, 15（2）, 1995.

[2] “在国家中央层面上，从 20 世纪 60 年代至 20 世纪 80 年代，没有一个关于核电发展的主要决定提交国会讨论，几乎所有的核电决策都是政府以单方的行政命令的形式下发，尽管后来法国工业部为了缓解公众激烈的反核情绪也建立了公众咨询、地方议会听证等制度，但是缺乏实质意义，一方面核电项目开放给公众的评议时间只有区区数周，公众很难提出高质量的意见；另一方面负责对收集而来的意见进行回复或决定是否采纳的部门均是工业部，公正性根本无从谈起。例如，20 世纪 70 年代兴建的布莱耶（Blayais）反应堆时，共收到公众质询的意见共计 26000 条，另外在 1975 年 4 月，弗拉芒维尔（Flamanville）和拉努韦勒港（Port-la-Nouvelle）也都进行了是否同意兴建核电站的地方公投，但这些都没有对核电站建设产生任何的影响。” Marignac.Y, Nuclear power, the great illusion: Promises, Setbacks and threats. Les Cahiers de Global Chance,2008. Fagnani J, Moatti J P,The politics of French nuclear development. Journal of Policy Analysis andManagement, 3（2）, 1984, pp.264-275.

有悠久的信任精英（工程师）的文化，可并没有抑制住公众日渐高涨的反核情绪。到 20 世纪 70 年代中期，已然对政府形成了很大的压力，当时一份权威的民调显示 55% 的法国民众反对核电。[1] 但是对于能源紧缺的法国而言，“可以选择的能源（除了核电）真的没有，我们没有储藏丰富的石油、天然气或煤炭，新能源（如太阳能、潮汐能或风能等）技术仍不太成熟，还需要多年的研究且其应用前景也不太明朗，目前看来，只有核电，才能为法国提供足量的、不受他国控制的能源供给”[2]。

为了重新赢得公众对于核电的支持，法国政府将“扩大公众参与”作为打破局面的一剂良方，其具体的举措包括如下几个方面（实际上，满足公众的知情权也应看作公众参与的一种形式，不过上文已有介绍，在此就不做赘述）。

首先，设置国家公众辩论委员会（CNDP），便于公众公开地表达自己的观点。按照既有的做法，涉及核电的决策都是由政府或监管机构在咨询专家意见后作出的，然后告知公众希望获取他们的支持，但是这一让公众被动接受决定、接受风险的方式，很容易让民众怀疑其公正性。也正是为了弥补这一方面的缺陷，法国通过《加强环境保护法》设立国家公众辩论委员会，同时规定所有会对环境产生影响的大型项目都必须展开“公众辩论”。[3] 显而易见，这一举措的目的就是让民众更多地了解核电建设的信息，并提供机会让他们表达自己的观点。

其次，对于涉及核电影响公众健康的事件，尽可能地让公众代表全方位参与调查。例如，在 1995 年，反核组织向社会发表了两个报告，指称在 La Hague（该处建有一核废料处置设施）地区，儿童的白血病患病概率升

[1] Hadjilambrinos C. Understanding technology choice in electricity industries: a comparative study ofFrance and Denmark, Energy Policy, 2000, pp.1111-1126.

[2] Guilhamon J,The conditions of implementation of the French nuclear program. Speech to theAmerican Nuclear society，San Francisco, 1983.

[3] 靳凤林：《法国公众辩论与听证制度及政府行政伦理决策——法电集团欧洲先进压水堆项目个案分析》，载《科学社会主义》2007 年第 3 期。

高。为辨明真相，法国的卫生部和环境部联合成立了放射生态调查委员会（GRNC），并首次吸纳NGOs中的反核专家、外国专家以及公众代表参加该委员会。尽管事后公布的调查报告也“毫无悬念”地证明该核废料处理厂与附近儿童患白血病概率之间并无联系，但是由于调查委员会第一次吸纳了各方代表参与，民众对于其可信性大大增加。[1]

最后，定期就核电的运行情况与公众进行坦诚的沟通，尤其是有关核事故的情况。在中央层面，国家核安全局拥有自己的期刊和网站，每年都会公布一篇长达400多页的年报，披露各种情况，如核设施检查中发现的隐患、各核电站的具体运行情况以及对于各类事故的处置情况等。同时，国家核安全也接受公众的各种咨询（为此专门设有24小时有人接听的免费咨询电话），并及时予以答复。而对于每一个具体核电站而言，与公众的坦诚沟通同样也很重要。为消除公众对于核电的神秘感，每年会组织约10万人参观各地的核电站，并且在参访过程中，不设立任何的“禁区”，对公众的所有疑惑都予以解答。在重视风险交流这一点上，日本政府与核电经营商也有类似的成功经验可资借鉴。比如，在东通核电站建设与运营过程中，其经营商东北电力公司就对当地居民逐户拜访，每年固定两次，主动介绍情况，这种充满“东方人人情味”的沟通方式，在实际工作中发挥了非常良好的效果。[2]

2. 具体的利益补偿机制

既然每一个人都是“经济人”，会根据自己的利益得失来权衡自己的选择，那么说服核电设施附近居民接受核电风险的理由除了规制机关已把发生核事故的概率降至最低以外，利益补偿同样也是一个不容忽视的重要因素，毕竟核电厂一旦发生事故（尽管概率很低），将是毁灭性的。为缓解核电建设所带来的心理负担，适当的利益补偿或许是最有效的方式。虽然核电建设能为当地带来非常明显的经济效益（如提高当地政府的财政收入、

[1] 陈源：《技术精英联盟与政策变迁：法国核电政策过程为例》，载清华大学优秀博士论文文库。

[2] 方路生：《破解核电邻避效应打好“感情牌”》，载《中国能源报》2017年6月19日，第12版。

增加就业机会以及改善环境质量等），但是这些长期而缓慢的受益方式，民众是很难直接感受到的。最为紧要的是让民众能直接感受到发展核电所带来的丰厚收益，最好是把民众的利益和核电的发展捆绑在一起。

在这一方面，法国同样也有很多成熟的经验。法国核电设施的补偿主要包括现金补偿和非现金补偿，而非现金的补偿又可以分为如下几类：其一，享有低廉电价的权利。对于核电设施附近的居民，核电企业依照规定向他们只收取非常低廉的电价，以此让公众意识到发展核电的好处。其二，提高核电设施附近居民的各项福利。通常是以现金资助的方式改善社区的各项基础条件，如医疗、住房以及教育等。其三，保证核电设施附近不动产的原有价值不贬值。这主要是要求核电运营商为场址周围的不动产提供一定数额的保险，防止因核电设施建设而带来的周围房产的贬值。其四，筹建专门应付意外情况发生的基金会。按照相关规定，在核电厂正式运行前，核电运营商必须提供一笔资金成立一专门基金会，其职责就是支付因未来发生意外灾害或风险所造成的损害。其五，享有就业的优先权。为保障核电设施附近居民的经济利益，核电运营商建厂及运营阶段必须优先直接或间接雇用地方上的居民。[1]

（三）文化影响下的制度构建：一种功能主义的研究径路

在此，我们又将观察的视角拉回到开篇所提出的问题，怎样的法律制度安排能让公众接受发展核电所带来的风险，相信专家所作出的科学判断？以往的研究我们多侧重于将公众作为一个“经济人”进行分析，在制度构建方面，主要的着眼点也是如何确保公众的合法权益，当然这一方面的研究也是非常重要的，但是在核电建设的过程中，在不同的国家或区域，公众对其风险的接受度是不一样的，这不得不让我们反思除理性的考量因

[1] 陈维春:《法国核电法律制度对中国的启示》，载《中国能源》2007 年第 8 期。法国电力公司著:《从起步到腾飞：法国压水堆核电厂的故事》，孙旭等译，原子能出版社 2007 年版，第 103—122 页。Finon D., Reforms in the French power system: fromcontestability to effective competition? Energy Policy,29（10）,2001,pp.755-768.

素外（如合理的赔偿、透明的政府运作机制等），是否还存在一些其他因素影响着公民对核电风险的认识。

近些年，一些著名法学家（如耶鲁法学院 Dan kahan 教授和哈佛法学院 Cass R. Suntein 教授）受心理学和脑科学的影响，将区域既有文化纳入影响公众是否接受风险的考量范围的新思路，在某种程度上为我们提供了一种新的研究径路。详言之，人们受区域文化（包括道德、传统的社会习俗以及社会秩序等因素）的影响会形成根深蒂固的观念，并在此观念的支配下去评判专家所完成的风险评估报告是否值得信赖。[1] 因此，为更好地说服当地公众接受核电风险，政府机关或专家在与他们互动的过程中，应尽可能地将其观点以一种符合当地文化习惯的方式进行表达。在此还需要补充的一点是，本书对于文化因素的影响方面的认知也是建立在玛丽·道格拉斯（Mary Donglous）的风险文化理论基础之上（网格—群体模型，“grid-group hypothesis”），当然我们也清楚，这一认知模式使用的等级主义者、集体主义者、平等主义者和个人主义者的区分方式，具有理想类型[2]的色彩。这一区分的背景是现代民主政体下的法治国家，区分的标准则主要是根据在不同文化的影响下，个人对于政府或专家的依赖程度。

1.“等级—集体”模式：信赖工程师文化

不可否认的事实是，同样是修建核电站，有的国家或区域并没有遭遇过分激烈的民意抵抗。仍以法国为例，20 世纪 70 年代初期，时任法国总理梅斯梅尔（Mesmer）为解决本国的能源危机，提出了一个大胆的核电发展计划（依据该计划，用十年时间在法国建造 80 座核电站，到 21 世纪来

[1] Dan kahan, Cultural Cognition and Public Policy, Yale Law and Policy Review24,2006. 又如许多心理学家进一步解释道，人类行为主要受到认知的影响，而不受事实影响、常识推理等多种因素形成的认知。就风险认知而言，人们将某种因文化影响形成的情感与某种活动或事件的负面后果联系起来，进行加工、建构和想象。See Marks,I. and Nesse,R, Fear and Fitness: An evolutionary analysis of anxiety disorder, Ethnology andSociology,Vol.3,1994,pp.247-261.

[2] “理想类型”的方式首先是由马克斯·韦伯创立的。这一社会科学方法是为了方便研究者对现象进行分类和比较分析，事实上，任何一种理想类型都不可能在现实生活中找到与之对应的模板。

临的时候完成建造170座核电站的任务，最后的目标则是法国所有的电力供应均由核电站提供）。尽管该计划也受到法国民众的质疑，但是并没有如其他国家那样搁置发展核电的计划。到1985年为止，法国就已经新建了56座核电站。[1]在一个现代民主政体下的法治国家，这一计划的完成不能不说是一个奇迹。如果基于“理性人”的假设前提，它是很难解释这一现象的。

事实上，仅仅依靠完善政府核电监管机构的公开、透明的运行机制和个人利益的合理补偿制度是不够的（在其他国家同样的制度安排，并没有取得同样的效果），更何况是对于法国这样地少人多的国家，一旦发生核电事故，将会是灭顶之灾。法国民众缘何不强烈反对这一计划呢？实际上，玛丽·道格拉斯（Mary Donglous）的风险文化理论为我们提供了一个很好的解释框架。详言之，在一个具有“等级—集体”文化的国度或区域内，民众非常尊重权威，尤其是在高风险的科技领域，都会严格遵守群体规章和期望，信任受委托的专家[2]，而法国的经验刚好也印证了这一点。毋庸置疑，法国民众对于本国核电安全的信心主要来自他们对专家的信任，即所谓的“工程师文化”[3]。在法国，知识精英的地位一直很高，父母在教育子女的时候也多是鼓励他们能立志将来成为一名工程师或科学家。在这样一种尊重权威、专家的浓郁文化氛围中，法国民众充分信任专家所作出的判断，自然也相信专家们能够将核电风险控制在最低可以接受的范围内。

Dan kahan教授的研究成果更进一步表明，“多数人对风险的认知往往不是基于证据的收集和理性判断，而是根据自己已有的信念或习惯，

[1] 中国电力网：《法国民众为何接受核电》，具体网址为http://www.cpnn.com.cn/sd/gj/201410/t20141008_746033.html，2014年9月30日访问。

[2] Ian H. Langford, Stavros Georgious, Ian J Bateman. Public perceptions of health risks from polluted coastal bathing waters: a mixed methodological analysis using cultural theory, Risk analysis, 20（5）, 2000.

[3] 陈源：《技术精英联盟与政策变迁：法国核电政策过程为例》，载清华大学优秀博士论文文库。

尽可能地寻找与之吻合的立场”[1]。既然法国有信赖工程师的文化，那么在制度构建的时候，重点应当是如何让公众相信法国核电的安全一直掌控在最优秀的专家手中，关键点又在于两个方面：其一，构建合理的人才选拔机制，能将最优秀的人才提升至决策者的岗位；其二，建立良好的专家与公众的互动机制，让公众相信是最优秀的人才掌握着法国核电的安全。至于核电风险的规制机构是如何具体运作的，则不是民众关心的重点。

2.“平等—个人”模式：自我抉择文化

依据玛丽·道格拉斯（Mary Donglous）的划分，一个强调个人主义的社会，其文化是支持新技术的广泛应用的，而一个强调平等主义的社会，它的文化则是反对新技术的应用（普遍认为技术扩大了财富和权利分配的不平等）[2]。对于核电风险的认知截然相反的两种结果，我们却将其放在一个类型之下，其主要原因在于他们都存在自我决定是否接受风险的文化传统，而不是完全交付给专家，“平等主义者（Egalitarianism）倾向于对外在强加的规则的不信任，并支持公众以一种平等方式来参与是否接受风险的决策行为；个人主义者（Individualism）面对风险，倾向于自己的选择而做出最大的努力，并基于经济因素特别是成本—收益分析基础而做出的理性选择”[3]。在这一文化底蕴之上，我们在构建相应制度的时候就必须重点考虑如何让公众有序地参与到决策的过程之中，关键点又在于两个方面：一方面是公众的意见是否能有效地影响决策结果，如果整个决策过程中不设置适当的渠道吸纳公众的合理意见，那么只能将他们推向街头，采取极端的方式来表达意见；另一方面则是公共利益和个人利益之间的平衡，不能

---

[1] Dan kahan, Cultural Cognition and Public Policy,Yale Law and Policy Review24,2006.

[2] 美国学者 E.Peter 和 P.Slovic 的调查数据也证实了这一论断，即在个人主义程度较高的调查者中，认为核电高风险的人较少（公众的接受性较好），而平等主义程度较高的调查者中，认为核电高风险的人则很多。E.Peter and P.Slovic,The importance of worldview in Risk perception, Risk Decision and Policy,3（2）,1998,pp.165-170.

[3] Ian H. Langford, Stavros Georgious, Ian J Bateman. Public perceptions of health risks from polluted coastal bathing waters: a mixed methodological analysis using cultural theory, Risk analysis, 20（5）, 2000.

因为部分区域民众的反对而损害整个共同体的利益。

仅就公众参与的广度和深度而言，美国的有些经验是值得借鉴的。事实上，美国自建国之日起，追求平等便成为这个多元国家的一个目标，“但是，自由并不是他们期望的主要的和固定的目的，平等才是他们永远爱慕的对象。他们以飞快的速度和罕见的干劲冲向平等，如达不到目的，便心灰意冷下来。但是，除了平等之外，什么也满足不了他们，他们宁死而不愿意失去平等”[1]。在追求平等目标的驱动下，美国民众参与公共事务的意愿非常强烈，因此在涉及核电风险是否可接受的问题方面，政府肯定会寻求如何在公共利益得到保障的前提之下让民意得到充分表达的方法。特别是在 20 世纪 90 年代以后，美国的决策者们越来越重视民意表达机制的构建，迫于压力不得不将核电选址的最终决定权授予社区民众，即通过“志愿和竞争的设立厂址的程序”让公众自己去衡量在自家附近建立核电站的利弊得失，从而决定是否接受建造。[2]

四、发展核电的制度设计：如何让中国的民众接受“核电风险”

上文花费如此大的力气来介绍各国在核电发展过程中如何让公众接受核电风险的经验，事实上还是在为回答本书一开始就提出的问题做铺垫，即如何能让中国的民众接受“核电风险”？毋庸讳言，我们在这一方面所遭遇的困难较之其他几个主要发展核电的国家更加复杂。

---

[1] [法] 托克维尔：《论美国的民主》(上卷)，董果良译，商务印书馆 2009 年版，第 60 页。

[2] “志愿和竞争设场程序一般包括三个步骤。首先，根据相关标准，由公众设置机构确定符合技术规范的几个选址，并向民众公开。其次，各地区通过公民投票决定是否参与竞争设场。为了保障整个过程顺利进行，同时鼓励公众参与，开发者还为那些真正感兴趣的社区提供资金来做有关设场的调查、研究以及宣传等。最后，以‘抽签—拍卖’的形式决出最终选址。具体而言，设施开发者事先制定一定的补偿标准，然后通过抽签形式从备选地址中选出一个作为暂时的设场地点，如果其他备选地址中有社区愿意接受比事先制定的补偿标准更低的补偿，则愿意接受最低补偿的那个社区获得最终的设场权，否则通过乐透选中的那个社区将拥有最终设场权。”参见郭菲：《美国如何处理“邻避运动”》，载《决策》2014 年第 5 期，第 75 页。

建构中国的核电法律体系，外部的主要情况可归纳为两个方面：一方面，政府机关已经下定决心大力发展核电产业。尽管在日本福岛核电事故发生以后，基于安全的考虑，中国政府一度停止实施本国核电站的发展计划，但是能源短缺的现实和对清洁能源的渴求迫使政府不得不重新启动核电的发展计划。在这一基本政策确定以后，对于民众而言，是否需要发展核电的讨论已经结束，接下来应讨论怎么发展的问题。另一方面，民众的权利意识日渐增强，尤其是对于环境方面权益更为重视，这会直接导致社会发展权与个人权益之间存在的冲突越发明显。

不难想见，发展如核电这般具有一定风险的高科技产业肯定会遭到较为强烈的反对。而我们真正的问题也在于此，既然国家发展核电的战略不能改变，那么只能说服公众接受核电风险。当然，我们还是需要解决中国发展核电的现实问题，即在强调个人权利的时代背景下，怎样的制度安排能让民众接受核电风险。

（一）文化的影响：是否利于核电风险的接受?

首先我们可以下一个初步的结论，中国独特的文化底蕴还是有助于政府说服民众接受核电风险的。历史并不是中国发展核电的累赘，若能运用得当，因地施策，肯定能事半功倍。有利发展核电的文化因素可归纳为以下三个方面。

首先，中国具有信赖知识精英的传统。长久以来，我们都是通过一整套比较完整的制度体系选任贤能之士去管理公共事务，“所由与近代西方民主选举制度不同者，仍然是一从众，一从贤。中国传统观念，总谓贤人可以代表群众舆论与公共意见。此是一理论。至于贤人而实不贤，中正而并不中正，则是另一事实”[1]。在浓郁的尊重贤人传统文化氛围之下，民众历来都尊重知识权威，受此影响，面对新兴的科技领域，惯性会使民众相信、依赖专家的判断，相信得到业界认可的权威专家能够处理好发展核电所带

[1] 钱穆:《中国历代政治得失》，生活·读书·新知三联书店 2011 年版，第 47 页。

来的风险。至于专家会不会滥用这种信任，正如钱穆先生而言，则是道德问题，需要其他机制予以约束。

其次，中国对于“核”有着深厚的民族自豪感。相较于其他发展核电的国家，中国发展核电是没有历史包袱的。以日本为例，因为曾经遭受过核袭击，并且人员和财产都遭受了巨大的损失，所以日本民众谈“核”色变，这无疑增添了政府实施核电计划的难度。“没有一个国家如日本一般，对核充满恐惧……日本一家权威机构对全国1052名成年人抽样调查结果显示，74%的受访者对日本的核计划持批评或谨慎的态度。”[1]而中国的情况却大不相同，“核”曾给我们带来过无上的荣光，“当时原子弹还有一个外号叫‘争气弹’。几乎所有工作人员都和我一样体会过国家积贫积弱给个人带来的耻辱感”[2]，发展核电是与民族的独立、富强联系在一起的。

最后，近四十年来，在“安全第一，适度发展”的指导原则之下，中国的核电站并未发生重大的安全事故，整个核电体系的运行状况是非常良好的，这也为中国进一步扩大核电的发展规模创造了极为有利的外部空间。由已积累的经验可以推断，若安全风险一直保持很低的水平，核电容易被中国民众所接受。

既然重要的评价指标均表明中国适宜发展核电，那还有什么值得担心的？但吊诡的是，实践却与我们的理论判断并不一致。问题到底出现在哪一个环节，支配民众行为的因素究竟是什么？如果我们一时也不能找到合适的理由，不妨先从“反核”民众的诉求着手进行分析（参见表4.3），仔细研究一下民众到底反对什么。

---

[1] 赵一海：《真实的日本核电》，载《南方周末》2011年3月18日版。

[2]《安静的遗产——中国第一颗原子弹爆炸50周年》，载新华网，http://www.ha.xinhuanet.com/hnxw/2014-10/16/c_1112847332.htm，2014年11月23日访问。

表 4.3 中国民众“反核”主要理由的一览表[1]

事件名称	主要反对理由
2016 年江苏连云港反核事件	市民担心中法核循环项目是“核废料垃圾场”，建成后将接收全世界的“核废料”永久储存，并担心放射性污染甚至“核废料”爆炸等问题
2013 年广东江门反核事件	江门市市政府正式对外发布江门核燃料项目的公示期太短（仅 10 天的社会公示），且公示的渠道仅为当地的政务网站而非大众媒体
2007 年山东乳山反核事件	拟建核电站的位置位于国家 4A 级旅游景区内，且附近正在发展一座拥有十万人口的滨海新城
2012 年江西彭泽反核事件	选址并不符合国家现有的标准，且整个选址过程缺乏透明度
2011 年湖南桃花江反核事件	人们对于桃花江核电站（号称“中国内陆第一座核电站”）最大的质疑之处在于核废水的排放符合安全标准
2012 年广西桂东反核事件	拟建核电站的位置处于饮用水源西江的上游，且政府对此规划迟迟不给予正面解释
2011 年湖北咸宁反核事件	拟建核电站位置处于人口密集区域，且紧邻两大淡水湖（洞庭湖和鄱阳湖）

从这些诉求中，我们不难发现中国民众对核电的态度与西方国家民众的态度是不一样的。中国民众并没有彻底地否认核电技术本身，换言之，大家都认可中国发展核电的必要性，在发展清洁能源（包括核电）这一事项上，社会各界是有一定共识的。既然如此，那民众到底反对什么呢？其实答案已在诉求中充分表现出来了：一方面核电选址存在明显缺陷，而专家又不能及时给予正面的解释，这直接引发公众对专家系统本身是否值得依赖的质疑；另

[1] 相关数据主要来自媒体的报道：林洁：《江门核燃料项目在民意中搁浅》，载《中国青年报》2017 年 7 月 14 日，第 3 版；鞠靖：《争议乳山核电站》，载《南方周末》2007 年 12 月 21 日；《彭泽核电厂：还有很多工作不能停》，载人民网，http://theory.people.com.cn/n/2013/0222/c49155-20570703.html，2021 年 8 月 9 日访问；《桃江暂别核电》，载人民网，http://theory.people.com.cn/n/2013/0222/c49156-20570678-4.html，2021 年 8 月 9 日访问；陈扬：《广西西江上游核电项目遭多方反对》，载《南方都市报》2012 年 3 月 16 日；《连云港公布中法核循环项目情况》，载新华网，http://www.xinhuanet.com/politics/2016-08/07/c_129211284.htm，2021 年 8 月 9 日访问。

一方面核电建设过程缺乏透明度，公众的知情权无法得到充分的保障，如此，公众对于决策者是否充分考虑了安全因素疑虑丛生也是在所难免的。另外，相关利益群体的合法权益没有得到充分保护也是一个不容忽视的重要原因。

（二）从猜忌走向信任：具体制度方面的几点思考

按照玛丽·道格拉斯（Mary Donglous）的风险文化理论，中国的风险文化应当属于“等级—集体”文化类型，换言之，我们具有较为强烈的尊重权威、专家的文化氛围。又如，钱穆先生所言：“中国政治上的传统观念，对一意见之从违抉择，往往并不取决于多数，如西方所谓之民主精神。而中国人传统，则常求取决于贤人。春秋时即有‘贤均从众’之说（见《左传》）。哪一人贤，就采纳哪一人的意见，假若双方均贤，则再来取决于多数。贤属质，众属量，中国传统重质不重量。中国人认为只要其人是贤者，就能代表多数。不贤而仅凭数量，是无足轻重的。”[1]

从文化的角度而言，民众还是非常信任“贤者”（专家）的，当然这种信任是建立在专家始终能做出最“科学”的决策的前提之下的。所以我们制度构建的重心应当是，如何让公众相信中国核电的安全一直掌控在最优秀的专家手中，且所作出的抉择也是最科学的。详言之，关键点又在于两个方面：一方面，构建合理的决策机制，确保能让最优秀的专家作出最科学的决策，这里又关涉两点，既要将最优秀的专家遴选出来，又要保障科学家只能基于事实本身作出决定，排除一切非正常的干扰因素；另一方面，建立良好的政府或专家与公众的互动机制，让公众相信拟建的核电站是安全的。至于核电风险的规制机构是如何具体运作的，则不一定是民众关心的重点。

1. 科学应当真实：核电信息一定要公开、透明

王锡锌教授曾言：“内部信息和外部没有沟通，所以我们老是猜，对所有我们关心的问题只能用猜测和想象，结果产生了大量‘不明真相的群众’。既然我们对信息有需求，你又不能提供信息，所以‘谣言’就会成为

[1] 钱穆：《中国历代政治得失》，生活·读书·新知三联书店 2011 年版，第 35 页。

我们满足信息需要的源泉。”[1] 在我们的核电领域，这一断语同样适用。

民众为什么会对核电产生“恐惧”心理，很大程度上就是因为相关信息没有充分、及时地公开。例如，2010 年河南信阳准备申请立项建设核电站，而政府出于维护社会稳定的需要，仅将一份该项目的立项报告短暂（仅两天）地放置在其相关职能部门网站上，除此之外，政府没有公开任何与核电相关的信息。毫无疑问，这种处理方式给予“不明真相的群众”以极大的想象空间，最具代表性的反对理由就是，当地的特产信阳毛尖茶叶很有可能受到核电的辐射污染，而对于这类根本没有科学依据的论点，正是因为政府信息的缺失，才有了其生存的土壤，并造成社会的恐慌。[2] 又如，2010 年 5 月，大亚湾核电站发生燃料棒轻微损伤事件，由于监管部门没有及时公开相关信息，而事件发生两周后，香港有媒体披露了这起事故，并造成香港和深圳居民的大面积恐慌，尽管政府事后采取种种补救措施予以澄清事故真相，但是花费实在太大。[3]

另外，政府应及时主动公开相关技术标准信息，如核电站设计的抗震标准，我们有关信息交流的方式也应当有所创新，一定要摆脱“知识缺失模式”的思维束缚。详言之，在很长一段时间内，我们都将公众不能接受专家的意见（核电是低风险的），仅归咎于公众缺乏相关的科学知识，依据这一解释路径，最有效的解决办法就是利用各种方式开展科学普及活动，努力提升公众的科学素养，使之能达到或接近专家的认知水平。当然我们在此无意贬低“科普”的重要性，但是相关权威研究却证明，公众的文化程度越高，更倾向于反对在家附近修建核电，而对于文化程度较低的民众，

[1] 王锡锌：《信息公开是改革的一大支点》，载《南方都市报》2012 年 9 月 16 日，第 7 版。

[2] 孟登科等：《核电恐慌》，载《南方周末》2010 年 7 月 15 日，第 1 版。

[3]《大亚湾核电恐慌：当知情权遭遇透明度》，载凤凰网，http://finance.ifeng.com/news/20100812/2507002.shtml，2014 年 12 月 3 日访问。另外，正是因为此次事故的发生，核电监管部门在 2011 年 4 月出台了两个文件，分别为《环境保护部（国家核安全局）核与辐射安全监管信息公开方案（试行）》和《关于加强核电厂核与辐射安全信息公开的通知》，以满足公众的知情需求。当然，其中相关规定是否合理值得商榷，比如，规定“在发生可能引起公众广泛关注的国际核事件分级表（INES）0 级事件时，核安全管理司应在 72 个小时内公开发布信息”，72 小时内的时间上限是否过长？

反而对于是否修建核电站持“无所谓”的态度。“文化程度与核焦虑性指标呈负相关，尽管相关性较弱，却仍能明显地看到。焦虑水平是随着文化程度的提高而增加。”[1]

如何解释上述认知方面的悖论呢？就一般情况而言，高学历的知识精英们应该更理解、支持政府的核电发展战略，而不是更激烈的反对。恐怕问题就在于交流的方式，按照“知识缺失模式”的思维，风险交流一直采取线性模式，即将科学家塑造成科学知识的掌握者，认为其主要职责就是把“专业知识”转化为通俗易懂的语言，进而向更广范围内的公众传播。但在此过程中忽略了非常重要的一点，那就是公众并不是一无所知的木偶人，特别是对于知识文化程度较高的人群，他们对于核电的安全风险已有一定的了解，对于政府这样一种片面强调“核电安全”的科普方式持有不信任的态度。所以，有学者批评道：“科学普及的本质在线性模式中，其主要目的不是要公众真的了解科学，而是要让社会知道其存在的重要性，或者说其权威性。”[2] 简言之，科学家与公众的交流基础是科学的真实性，不宜回避核电风险的实质问题，且最好采取一种平等、坦诚的伙伴式方式进行。

2. 完善专家监督体系迫在眉睫

在中国核电领域的风险评估过程中，尽管政府实际上起着主导作用，但其结论也需要得到专家（官方的评估委员会）的认可方能具有合法性。换言之，是否能确保风险评估结论在科学意义上的可靠性，专家的表现同样非常重要。然而，中国核电领域的部分专家目前是很难让人信赖的，主要原因可归纳为如下两点。

一方面，专业能力的表现受到质疑。一些拟建的核电站在选址安全评估方面即使存在重大的瑕疵，也仍能得到技术专家的认可。例如，2015 年筹建的江西彭泽核电站，尽管在是否符合厂址人口密度标准、厂址的地震标准以及避开重要工业区建厂要求等方面存在重大争议（反对建设一方的

[1] 余宁乐等:《核电站周围人群核焦虑研究》，载《中国辐射卫生》2011 年 3 月第 20 卷第 1 期。

[2] ［奥］乌里克·费尔特:《优化公众理解科学——欧洲科普纵览》，上海科学普及出版社 2006 年版，第 2 页。

证据已经具有充分的说服力），但还是通过了专家委员会的评审，获得了工程建设许可。[1]

另一方面，信息的获知能力不对称。公众对于核电评审专家的信息一无所知。点开国家核安全局的官方网站，我们查阅不到任何有关涉及核电环评委员会的信息，如评测委员会的具体人员名单、组织章程、专家遴选的标准和程序以及风险评估的内容和方法等，而可获取的仅仅是评测的结果信息。不可否认，我们采取的委员会制 + 匿名评审的评估方式可以最大限度地解除专家怕事后被打击报复的隐忧，但事实上也造成了更大的内部黑洞。对于任何一项高科技技术的应用，肯定存在支持者和反对者，而查阅这几年专家评论中国核电发展计划的文章，除极个别专家提出异议外（最著名的学者当数何祚庥先生）[2]，几乎所有专家都认为目前中国的技术已经能确保核电运行的绝对安全。

因此，为确保风险评估结论在科学意义上的可靠性，尤其是在即将大规模发展核电的时代背景下，建立和完善专家监督体系迫在眉睫。不可否认，最好的预防措施应当是通过道德教育让专家具有较高的德性，从主观上就能抗拒各种诱惑，只忠诚于客观的科学事实。当然这只能是一种美好的愿景，真正有效的预防措施还得依靠具体制度，详言之，我们可以从两个方面入手：一方面是引入同行评审机制，特别是考虑能否让制度外的专家来评审某个或某些专家所做出的风险评估初步分析结论[3]；另一方面则是引入社会力量，主要是指公众、媒体以及环保组织，来监督评审专家，不过前提则是监管部门应尽可能多地公开涉及风险评估的信息。

---

[1] 郭芳等:《望江“恐核症”》，载《中国经济周刊》2012 年第 9 期。

[2] 翻阅近五年中国学术界讨论核电技术的文章，只是查阅到一篇反对文章，参见何祚庥:《我国必须立即停止核电发展的“大跃进”》，载《中国核科学技术进展报告（第二卷）》2011 年版。

[3] 在此还值得一提的是，在核电这个领域内，再到某个具体的技术层面，国内的权威屈指可数，如何进行同行评审还真是个大问题，为避免同行评审流于形式的情形的出现，也可考虑引入外国同行评审机制。

3. 建立和完善合理的利益补偿机制

一般而言，修建核电站的决定直接涉及的利益攸关方有两个：一方面是地方政府和三大国有核电企业。依据我国现有的核电利益分配机制，地方政府和核电企业均是修建核电站决定的直接受益者。就核电企业而言，经营核电产业肯定能够获利巨大，尽管营建核电站前期投入较大，但是后期维护的投入相对较小，有数据显示目前经营一家规模适中的核电站每年的利润可以达到70亿元，几乎等同于一个经济较发达县的全年的财政收入。[1]而对于地方政府而言，同样获利丰厚，“除电力自身可观的效益，还将对交通运输、建材、电器材料、采掘、餐饮、酒店、娱乐等产业产生明显拉动作用。根据以往建设经验，建立一个大型核电站，就可以在周边形成一个小城镇，对推动城镇化以及解决地方就业贡献颇大”[2]。

另一方面是核电站附近的居民。相较于地方政府和国有核电企业都能获取巨大利益的情形，核电站附近居民可获得的直接好处并不明显。一直以来，政府更多的时候是强调公民对于国家的奉献义务，权利则稍显不足。当然，在发展核电事业的初创阶段，倡导民众发扬无私奉献的精神无可厚非，毕竟在特定年代，宣告结束大陆无核电的历史会让每个国人由衷地产生民族自豪感，“时至今日，中国似乎没有哪个工程如此牵动人心（秦山核电站）。从共和国总理到布衣百姓，倾注了那么多的热情，倾注了那么多的关切”[3]。

但是随着大规模发展核电战略的实施，现行的利益分配机制必须进行重大改革，不仅要补偿利益受到直接侵害的居民的实际损失，而且应当给予他们一定的可期利益，以此激发他们对于核电发展的认同感。总之，最

[1]《中国核电超级印钞机》，载央视网，http://news.cntv.cn/china/20120703/109943.shtml，2021年8月7日访问。

[2]《中国核电从这里走来》，载新华网，http://www.xinhuanet.com/power/2019-09/20/c_1210286936.htm，2021年8月9日访问。

[3] 丁燕：《六个亿，买个乖》，载《嘉兴日报》1998年11月27日。转引自中国核工业集团公司秦山核电公司编：《永远的风景线——新闻媒体关于秦山核电站的报道摘编（1982—2006）》，原子能出版社2006年版。

好是能将核电厂附近居民的利益与地方政府和核电企业的利益紧密地联系在一起，形成命运共同体，让民众也能切切实实地感受到发展核电所带来的好处。好的经验可归纳为以下两个方面。

首先，提高核电站附近居民的房产和其他固定财产的补偿标准。一旦决定在某地新建核电设施，当地的固定资产肯定会大幅度地贬值，如果仍是按照市场价值进行补偿，那么这些居民肯定不愿意，而且不公平（并且中国人都具有强烈的恋家情结）。比如，拟新建的山东乳山核电站，公众强烈反对的重要原因之一在于，利益没有得到合理地补偿，该电站毗邻的银滩地区是环境非常优美的海边度假区，很多人在此买房置业，但当这里准备修建核电站的消息传出后，房价大幅降低，又因政府和核电企业没有给予合理、及时的补偿，附近居民的利益会受到严重侵害，反对强烈也就不足为奇了。[1]

其次，应以多种直接补贴的方式让居民感受到发展核电所带来的好处。虽然地方政府和核电企业在获取核电的利益后，也从中拿出很大一部分资金来改善民生，诸如修路、绿化环境和改造一些其他基础设施等，但是对于民众而言，这些都是间接的利益，他们并没有切身地感受到发展核电所带来的好处。在此我们可以借鉴其他国家的做法，直接给予核电站附近居民更多的物质利益或个人发展的机会：比如在电价上，给予这些居民以最大的优惠甚至免费，又如只要核电站需要招工，尽量优先考虑从附近居民中招录；另外，还可以定期为这些居民提供免费体检的机会等。总之，一定要让民众（尤其是核电站附近居民）切实感受到发展核电所带来的好处。

五、本章小结

判断政府做出的与“核电”有关的决策是否具有合法性，最为关键的

---

[1] 鞠靖:《争议乳山核电站》，载《南方周末》2007 年 12 月 12 日。

因素在于其是否具有科学性。不可否认，对于风险评估方面的事项，因对专业知识的掌握程度要求高，民众很难涉足，因此，专家应当具有更多的发言权，切不可陷入科学虚无主义的错误认识之中。但是，高科技风险决策的合法性并不直接等同于科学性，毕竟社会是复杂且多元的，站在不同的角度所理解的风险是不一样的，民众眼中的风险远比专家认识的风险复杂许多，我们在构建合法性框架的时候，也必然需要考虑可接受性的问题，若无民众的认同，核电建设绝无顺利开展的可行性。概言之，在确保风险评估可靠性的前提之下，行政机关必须争取到民众的广泛支持，民主性与科学性同等重要。

那么，政府的决定如何才能让民众接受，这个沟通交流的平台应当怎样搭建？在此之前的理论模型中，我们都将民众假设成“理性的人”，即纯粹从利益的角度来分析他们的行为动机，并认为只要政府的决策行为过程足够透明，民众的利益得到充分的补偿，他们就肯定会接受政府的科学决定。但事实上，现实远比假设复杂，所谓模型推演也只是理论上的，并不能完全解释现实中人们“反核”动机，其实影响人行为的因素具有多样性的特征，既有理性的因素，也有非理性的因素。这就需要政府在决策前通过多种途径、手段去认真倾听民众的每一项诉求，并予以回应，尽量满足其合理的需求。

尤其值得重视的是区域的文化环境，从文化层面对风险进行反思是一个全新的观察视角，从风险文化意义上来看，风险是一种社会文化现象，风险文化的传播主要依靠一些带有象征意义的理念和信仰，这种信仰和禁忌、责备成为古时人类社会处理危险的一套系统，这套系统和现代的风险管理系统、法律管制条例、刑法等具有同样的功能，都是一种社会控制方法与维持社会秩序的方式。[1] 不同国家、地区乃至于城市，都有可能形成不同的风险文化，而这一差异又致使民众对于高新技术的接受能力或专家

[1] 张宁:《风险文化理论研究及其启示——文化视角下的风险分析》，载《中央财经大学学报》2012年第12期。

的信任度产生区别。中国文明自古以“和”为贵，强调“天人合一、和和美美”的和谐思想，注重从和谐关系出发来规避风险，因此，政府的交流方式（含决策方式）也应当最大限度地契合的我国的和谐理念，以利于民众接受政府的决定。

第五章

尊重与保障：决策程序的规范化法治化

减轻行政部门的科学证明义务，加快核电的发展，必须授予行政部门一定的决策自主权，即在法定的范围内允许其自行决断，采取更为积极的手段推进核电的发展进程，除非主观上故意或存在重大过失，即使因决定产生事故，也不能追究行政官员的法律责任。但同时让人纠结、不安的地方也在于此：一方面，在将发展核电立为基本政策以后，对于核电的风险规制就必然涉及高度专业化的技术知识，情况瞬息万变，立法上制定精准的行为规则规范监管机构的行为是不可能办到的，如此只能赋予行政机关很大的决策裁量空间；另一方面，核电监管部门享有的决定权若真没有约束或规则依循，恐怕每一个具有理性思考能力的人都会产生莫名的惊慌。毕竟关涉核电发展的决定稍有不慎就会酿成后果非常严重的事故，直接损害公众的身体健康，破坏人类赖以生存的环境，且具有时间上的持续性，切尔诺贝利核电事故和福岛核电事故就是反面例子。正因为对于自身安全的顾虑，我们始终坚持一个信念，即重要事项的决定权（final say）应当置于法律的控制之下。那么，究竟应以哪种方式规范政府的决策过程呢？既然囿于知识的不足，不能在实体方面建构完善、明确的规则体系，那么只能从程序着手。

本书所指称的行政决策，是指核电监管部门做出的可能对特定多数人或者团体的利益产生重大影响的决定行为。比如，核电建厂的选址、核废料的处置以及补偿方式的确定等。相应地，决策程序是指监管部门在做出这些决定时应当遵守的方式、步骤、时限和顺序。决策方式、步骤构成了决策行为的空间表现形式；决策的时限、顺序构成了决策行为的时间表现形式。[1] 实质上，决策程序规范化的目的就是要使其具有控制决策行为合法、正当运作的强制力量，核电监管部门在做出决策时必须遵守预定的程序，否则将会产生对其不利的法律后果。

一、现状描述：决策程序的制度实践

因传统法学的影响，程序法在我国一直被认为是“为保证实体法所规定的权利义务关系的实现而制定的诉讼程序的法律”[2]。所以，在法学理论中程序法一直处于从属于实体法的地位，并为实体法所支配。但是程序不是次要的事情。随着公权力持续不断地急剧增长，只有依靠程序公正，权力才可能变得让人能容忍。[3] 近年来，随着核电发展规模的不断扩多，中国的立法机关和行政部门都持续关注程序方面的规范，并已经在实践中出现了一系列的制度创新，这为研究者提供了比较丰富的研究素材和观察对象。

因核电行业本身所具有的风险不确定的特征，在设置程序规则的时候，会以安全性和科学性为依归。在此基础之上，综合考虑公众的可接受性和核电产业的发展速度。总体而言，目前的决策程序呈现以下几个方面的特征。

---

[1] 姜明安主编：《行政法与行政诉讼法》，北京大学出版社 2015 年版，第 325 页。

[2] 应松年主编：《行政法与行政诉讼法》，中国法制出版社 2009 年版，第 448 页。

[3] [英] 威廉·韦德：《行政法》，徐炳译，中国大百科全书出版社 1997 年版，第 94 页。

（一）决策的科学性、民主性：逐渐提升

决策是行政主体在履行法定职责过程中形成公共政策的行政活动。[1] 所谓的科学、民主决策就是要求行政主体不能任性而为，简单、随意地做出行政决定，必须基于实际情况，虚心听取各方意见，在科学、民主的指导下理性作出抉择。随着社会关系和规制对象的日益复杂化、专业化，政府决策更应当注重提升过程的科学性和民主性品质。值得欣慰的是，这个问题已经受到社会各界广泛的重视，相应的完善举措也在不断推出。2019 年国务院颁行的《重大行政决策程序暂行条例》第 5 条、第 6 条分别就决策的科学性与民主性做出原则性的规定。[2] 在该条例的指引下，各地也纷纷制定更为详细的关于决策程序的规定，无一例外都将科学性、民主性作为重要内容纳入。

事实上，囿于核电本身的敏感性，相关决策过程一般不为公众所知。又因发展核电事关国家的自豪感、凝聚力的提升，因此，在核电建设早期，其发展主要是由政府单方强力推进，"秦山核电站的建设成果，将标志我国的核电事业上了一个新的台阶，必将大大鼓舞全国人民"。但随着核电建设规模的日益扩大，同时重视科学性、民主性决策的呼声又日渐强烈，民用核电领域决策的规范性也被高度重视，相关立法工作明显加速。2018 年 1 月 1 日起，《核安全法》正式颁布施行，该法第 66 条规定："核设施营运单位应当就涉及公众利益的重大核安全事项通过问卷调查、听证会、论证会、座谈会，或者采取其他形式征求利益相关方的意见，并以适当形式反馈。核设施所在地省、自治区、直辖市人民政府应当就影响公众利益的重大核安全事项举行听证会、论证会、座谈会，或者采取其他形式征求利益相关方的意见，并以适当形式反馈。"同时第 69 条也明确了公

---

[1] 王万华：《重大行政决策中的公众参与制度构建》，载《中共浙江省委党校学报》2014 年第 5 期。

[2]《重大行政决策程序暂行条例》第 5 条规定：作出重大行政决策应当遵循科学决策原则，贯彻创新、协调、绿色、开放、共享的发展理念，坚持从实际出发，运用科学技术和方法，尊重客观规律，适应经济社会发展和全面深化改革要求。同时第 6 条规定：作出重大行政决策应当遵循民主决策原则，充分听取各方面意见，保障人民群众通过多种途径和形式参与决策。

民、法人和其他组织对存在核安全隐患或者违反核安全法律、行政法规行为的举报权。从法律层面保障了公众参与核电建设的权利；正在拟定中的《原子能法（草案）（征求意见稿）》也多处强调，科学研究、应用以及监管的重要性。

实践中，各级政府也日渐重视科学性与民主性问题，以当下在建的红沿河（5、6号），福清（5、6号），田湾（5、6号），防城港红沙（3、4号），漳州（1、2号），惠州（1、2号）等核电站为例，从官方实时发布的建设信息中，不难发现技术专家在工程建设过程中的话语权逐渐日益增大。每一个建设环节都会有专门的技术团队负责把关，若没有专家的同意，工程建设也无法进入下一个环节。同时，在核电建设过程中，也越来越重视公众参与的作用，通过年度新闻发布会、公众参观、开放体验日等各种形式，增进与媒体和公众的沟通。[1]

（二）程序规则体系明显增强：以安全性为首要目的

中国核电建设正经历从谨慎摸索到积极发展的转变阶段，伴随着建设速度的明显加快，规范监管部门运作的程序体系也逐渐形成，呈现以《核安全法》为中心的三级规则体系（参见表5.1）。截至2019年6月，颁布《放射性污染防治法》《核安全法》法律两部；颁布《民用核设施安全监督管理条例》《民用核安全设备监督管理条例》《核材料管制条例》《核电厂核事故应急管理条例》等行政法规9部，发布部门规章30余项和安全导则100余项，31个省、自治区、直辖市制定地方性法规文件200余个。[2]

---

[1]《中广核8·7公众开放体验日》，载新华网，http://www.xinhuanet.com/energy/2015ZGH/，2020年7月29日访问。

[2]《白皮书：中国从高从严构建核安全政策法规体系》，载新华网，http://www.xinhuanet.com/politics/2019-09/03/c_1124954075.htm，2020年3月31日访问。

表 5.1 中国核电现行法律法规体系图

第一层次	国家法律	《核安全法》《放射性污染防治法》等
第二层次	行政法规	《民用核设施安全监督管理条例》《民用核安全设备监督管理条例》《放射性同位素与射线装置安全和防护条例》等十余部
第三层次	国务院部委规章、地方性法规	主要涵盖国务院条例的实施细则、有关部门或地方政府的行政管理规定等
第四层次	指导性文件	核电厂设计中的质量保证等
第五层次	参考性文件	核安全文化特征等

综观目前核电领域的所有现行法律，不难发现，每一部具体法律中都有相应的程序规定，可见立法者对程序非常重视。其目的也很明确，通过规范化的决策流程，尽最大可能遵循科学的指引，确保核电建设的安全。比如，《核安全法》第二章专门就核设施选址、建造、运行、退役等活动的程序做出规定；又如《放射性污染防治法》第 18 条的规定，首次将环境影响评价引入了核电厂的选址程序，“核设施选址，应当经过科学论证，并按照国家有关规定办理审批手续”；再如国务院 2019 年制定了《重大行政决策程序暂行条例》，该条例将公众参与、专家论证、风险评估、合法性审查、集体讨论决定作为重点，逐一明确、细化这五大法定程序的具体要求，等等。

实际上，在核电建设的整个过程中，每一个步骤都有相对应的程序规定。通过不断完善程序法制，核电的安全得到最大限度的保障，自始至终遵守安全第一的核电发展方针，“要建立完善的、科学的质量管理体系，要在保障质量的前提下保证进度。当进度与质量发生矛盾时，进度要服从质量”[1]。

（三）决策信息的透明度：日益增强

在很长一段时间内，核电都被大家认为是一个神秘的存在，与核电发

[1] 李鹏：《李鹏核电日记：起步到发展》（下），新华出版社 2004 年版，第 412 页。

展相关的信息，比如核电厂的选址、许可程序、运营以及管理等，都处于高度保密状态。核电建设早期，因技术研究的需要且受影响的人群很少，严格控制信息公开，公众普遍都能理解。但进入积极发展阶段后，核电发展方面的信息就应当及时公开，“除了满足公众知情权，更重要的是给产业发展创造一个良好的环境，在核电站的前期工作、建造和运营之前，尽量降低其可能面临的社会风险。核产业健康可持续发展需要阳光的环境和公众的支持”[1]。

值得欣喜的是，近些年来围绕公众知情权，我们在制度建设方面取得了长足的进步。特别是福岛核事故发生以后，为消除不实信息的误导，增强公众对核电与核技术利用安全的了解和信心，并加快了信息公开制度化的步伐。[2]《核安全与放射性污染防治“十二五”规划及2020年远景目标》中明确规定，要构建公开透明的信息交流平台，增加行业透明度。[3]制定核设施信息公开制度，明确政府部门和营运单位信息发布的范围、责任和程序；2017年颁行的《核安全法》第65条规定，依法公开的核安全信息，应当通过政府公告、网站以及其他便于公众知晓的方式，及时向社会公开。

（四）公众参与决策过程：有序推进

作为一种行政过程中的利益表达机制，公众参与既有助于调和乃至于避免社会冲突，也有利于民众利益的实现，与政府“权为民所用，利为民所谋”的理念高度吻合。特别是在事关核电的发展过程中，利益影响面更

---

[1]《公众与核电之间差了一个信息公开的距离》，载中国青年报，http://zqb.cyol.com/html/2016-09/05/nw.D110000zgqnb_20160905_1-07.htm，2020年3月17日访问。

[2] 据相关研究表明：福岛核事故后，我国公众对建设内陆核电厂的疑虑本质上是核事故对社会心理影响的反映，消除这种影响为核电发展创造良好的“软环境”是一项艰巨的任务，亟待加强。建议做好内陆核电安全性宣传，并提高内陆核电厂环境影响评估信息公开的透明度和公众参与活动的广泛性。中国核电协会：《内陆核电厂环境影响评估》，载人民网，http://politics.people.com.cn/n/2013/0601/c70731-21698221.html，2020年3月31日访问。

[3] 参见国家能源局网站：http://www.nea.gov.cn/2012-10/17/c_131911605.htm。

广、冲突更为激烈，为有效化解矛盾、推动核电的发展，公众参与所能发挥的作用应得到更多地重视。但在此需澄清的是，本书所指的“公众参与”是指：在关涉核电发展的行政决策中，监管部门通过允许、鼓励利害相关人和一般社会公众，就核电建设所涉及的与其利益相关或者涉及公共利益的重大问题，以提供信息、表达意见、发表评论、阐述利益诉求等方式参与决策过程，并进而提升决策公正性、正当性和科学性的一系列制度和机制。[1]

毋庸讳言，公众意见已经成为核电项目是否能顺利建设的决定性因素之一，中国的立法机关和行政监管部门也愈加重视维护工作在核电决策过程中的知情权、参与权和监督权，逐渐改变在核电发展中，行政部门单方决定的决策模式。例如，《核安全法》第 66 条规定，核设施营运单位应当就涉及公众利益的重大核安全事项通过问卷调查、听证会、论证会、座谈会，或者采取其他形式征求利益相关方的意见，并以适当形式反馈；2003 年开始实施的《环境影响评价法》第 5 条规定，国家鼓励有关单位、专家和公众以适当的方式参与环境影响评价；2006 年原国家环保局制定的《环境影响评价公众参与暂行办法》，对环境影响评价公众参与的基本要求、形式、程序等作出了较为详细、明确的规定。在立法不断完善的同时，实践中政府部门也有限度地开始以各种形式组织公众参与核电的建设，尤其是注重与核电厂址周围的利益直接相关的民众的沟通与交流。例如，大部分核电站都定期向公众开放并组织专家与之座谈，利用一切机会就公众困惑的问题进行解答；[2] 又如核电站选址阶段，通过问卷调查、现场咨询和问卷回收等形式，环保部门有针对性地收集公众所提出的环境保护方面的意见。[3]

---

[1] 王锡锌主编：《行政过程中公众参与的制度实践》，中国法制出版社 2008 年版，第 2 页。

[2]《中国广核集团宣布：六大核电基地定期向公众开放》，载中国政府网，http://www.gov.cn/jrzg/2013-08/07/content_2462939.htm，2020 年 3 月 31 日访问。

[3] 陈晓秋等：《核电站选址阶段环境影响评价的公众参与问题》，载《辐射防护通讯》2007 年第 1 期。

二、观察与梳理：决策程序存在的主要问题

虽然我们在决策程序的规范化方面已经取得了长足进步，但是仍存在部分不尽如人意之处，程序的完善程度与核电建设规模、公众的期许是不相匹配的。正因为决策程序的具体设置存在瑕疵，公众的合理关切没有得到积极回应，以致“反对核电”的声音或行为仍时有发生，已影响到我国核电建设的正常开展。仔细观察与梳理，决策程序存在的问题主要包括以下几个方面：其一，决策过程的公平性不足，重大事项上行政机关单方决定的模式依然未改变；其二，有关核电建设、运行以及事故等的信息公开不充分，导致民众常常在不明真相的情况下做出过激行为；其三，在经济利益的驱动下，决策过程中的科学性、民主性仍显不足，核电建设是否真正贯彻“安全第一、预防第一”的发展原则存疑；其四，任何重大的行政决定一定是建立在理由充分之上，但有时也因决定机关掌握的相关信息不是很充分，导致决定本身的合理性缺乏足够的事实予以支撑，从而难以获得专家、民众的支持。

事实上，正是因为程序的价值长期没有得到足够的重视，具体的设置上也没有合理的规定，才导致政府机关与民众发生“权力—权利”对峙的情形。但从这一角度观察，也可看到程序的重要价值。必须再次强调的是，法律上规定的程序具有强制性，即行政机关在做出决策的过程中没有自主选择的余地，不得增加或者减少决定过程的步骤、顺序、方式以及时限。[1]对于这些程序方面的要求，行政决策部门是要必须严格遵守的，否则将承担不利后果。因此，及时找准程序方面的不足并予以完善，对于矫正决策过程弊端的重要性也就不言而喻了。

（一）程序的公平性：仍有待提高

所谓决策过程中的公平性，是指行政部门在作出涉及核电建设的决定时应当公正、公平，特别是在关乎民众的切身利益时，作决定时应当慎之又

[1] 姜明安主编：《行政法与行政诉讼法》，北京大学出版社 2015 年版，第 327 页。

慎、考虑周全。实际上，就核电的发展过程而言，政府只有公正、公平地作出决定，民众才会信任并服从。但需强调的是，这里“公正、公平”的评价主要针对的是决定的内容，其核心目的就是要求决策机关作出任何决定时，都应以公益为先，不徇私利，评价本身具有较强的主观性。为让民众也能感知到决策机关在决定过程中秉持了“天下为公”的理念，程序上就应当予以充分体现，毕竟程序是客观存在的，民众能够感知。但坦率地讲，当下决策程序在公平性方面还有很大的完善空间，具体可归纳为以下几个方面。

1. 程序立法赋予相关参与人的程序权利不充分

在关于核电建设的决策过程中，相对人本来就处于弱势地位，若要其有能力依法维护自身的合法权益，监督行政部门依法公平、公正行使决定权，就必须在程序方面增强其他参与人的权利，即制衡决策部门专断行为的程序设置。但目前这方面的法制建设是不完善的，需要改进的空间还很大。例如，关于意见表达权的程序设置，虽然国务院 2019 年施行的《重大行政决策程序暂行条例》第 14 条规定，决策事项涉及特定群体利益的，决策承办单位应当与相关人民团体、社会组织以及群众代表进行沟通协商，充分听取相关群体的意见建议。然而这只是一个原则性的要求，还需要相关部门制定具体的程序规则予以细化。以核电建设领域为例，筹划建设一座核电站属于重大行政决策，应充分听取各方的意见，但是应听取哪些人民团体、社会组织以及群众代表的意见，具体的遴选标准是什么？目前并没有进一步细化的规定，导致在实践中各地采纳的标准不一，听取意见也往往流于形式。

2. 核电决策程序并没有完全符合社会的公正理念，正当性不足

程序正当理念最早起源于英国普通法中的“自然公正原则”，这一理念目前被世界上许多国家的程序法律所接受。程序正当原则的核心要义集中在两点上：一方面，自己不做自己案件的法官，即在决策过程中，作决定的部门或人员应与决定事项无利害关系；[1]另一方面，对相关人作出不利处

[1] ［英］丹宁勋爵：《法律的正当程序》，刘庸安等译，法律出版社 1999 年版，第 73 页。

分决定时，应给予其机会申辩。概言之，正当程序原则就是要求决策机关秉持“公平、公正”的理念作出有关决定，只要受到非正常因素干扰，就不符合其要求。事实上，目前核电决策过程中，地方政府和核电建设公司对利益的过分追逐，已经影响到最终决定的公平、公正性。从黑龙江、吉林、山东、江苏、上海、浙江、湖北、江西等省份将核电产业列入省级发展规划可以看出，地方政府非常重视核电产业带来的发展机遇。增加就业岗位、提高政府收入、优化产业结构，对于地方政府意味着政绩。一个核电站项目投资多达数千亿元，地方政府很难忽视由此带来的利益。[1]

3. 核电决策程序并没有完全符合核电技术应用的规律性，科学性不足

核电技术经过几代人的摸索、创新，已经积累了较为丰富的实践经验，其中部分经验也获得了专家与民众的广泛认可。在决策程序的设置上，如果行政部门不尊重这种已达成的共识，轻率地与之相违背，那么不仅难以推动核电的正常发展，同时很有可能引发民众的抵触、对抗情绪，从而阻碍行政目的的实现。比如，鉴于放射性物质冷却需要大量的水，核电站选址应优先考虑沿海地区，贸然选择内地建设，必然会引发民众的普遍不满。[2] 实际上，行政部门的任何决策都受到程序公平、公正原则的制约，只有符合客观情况，具有科学性，同时又与社会的普遍认知相一致，才会获得民众的接受、支持，实现预定的行政目标。

（二）信息公开：还需更彻底、准确

决策信息公开是指行政部门在作出有关核电发展的决定过程中，除涉及国家秘密与商业秘密外，还必须向利害关系人和社会公开与决定有关的事项。[3] 而公众或社会组织也可以通过信息公开的程序，监督行政部门依

---

[1] 李好、林石：《核电重启的背后推手》，载《新财经》2012 年第 7 期。

[2] 彭峰等：《核电复兴、风险控制与公众参与——彭泽核电项目争议之政策与法律思考》，载《上海大学学报（社会科学版）》2014 年第 4 期。

[3] 胡建淼、章剑生：《论行政程序立法与行政程序法的基本原则》，载《浙江社会科学》1997 年第 6 期。

法决策。实际上，随着法治政府建设的日益深入，政府信息公开的重要性也逐渐显现。当前行政公开原则已经成为法律的基本原则，亦为社会各界所普遍认可。尤其是2008年《政府信息公开条例》施行以后，整个政府权力运行的透明度有了明显提升，与核电建设相关事项的公开力度较之以前也大为增强，这肯定是应当予以赞许的。但同时也必须指出的是，在信息公开的程序设置上，仍存在一些缺陷，亟待改正，具体可归纳为以下几个方面。

1. 信息公开的范围还可以再扩大

核电建设是一个周期较长、体系复杂和技术要求很高的系统性工程。任何一个环节若处理不妥，都可能引发事故。因此，核电建设无小事，其整个过程都是公众关心的重点。为满足公众对于信息的需求，消除其对核电技术的恐惧感，除涉及国家秘密和商业秘密外，政府还应公开所有与核电建设有关的事项。目前这方面存在的问题主要集中在两点上。

一方面关于核电决策的关键信息主动公开不足。依据《政府信息公开条例》的规定，政府信息公开主要分为主动公开与依申请公开，对于公众普遍关心的问题应主动公开。目前大部分主动公开的信息都是关于核电运行状况的，而事前有关选址、技术选择等关键信息则公开不足，这些恰恰又是社会各界所最为关心的。比如，已暂停建设的江西彭泽核电站，在筹划建设之初，有关部门已经开展了很细致的前期评估工作，但最重要的三份环评报告始终未公开，以致该项目引发广泛争议，最终在巨大压力之下停工，前期巨额投入也无法收回。[1]

另一方面国家秘密的范畴较含混、不明确。国家秘密因事关国家的安全和利益，不予公开是各国惯例，并无争议，《政府信息公开条例》第14条规定："依法确定为国家秘密的政府信息，法律、行政法规禁止公开的政府信息，以及公开后可能危及国家安全、公共安全、经济安全、社会稳定的政府信息，不予公开。"但在实践中，由于国家秘密本身的范围并不清

[1] 郭芳等:《望江"恐核症"》，载《中国经济周刊》2012年第9期。

晰、明确，核电建设中的很多信息都被归入国家秘密的范畴，从而导致信息公开的范围被极大地限缩，“免于公开的例外是由之滥用，尤其是频繁以国家秘密为不予公开的现象，备受诟病”[1]。

2. 公开的时效性还应再增强

利害关系人若能第一时间了解、掌握决策相关信息，就可以利用法定的参与程序表达自己的意见，影响最终决定，从而最大限度地维护自身的合法权益。因此，除非有禁止性的规定，决策部门都应迅速、及时地向相对人公开过程信息，不能以任何理由拖延。2016 年中共中央办公厅、国务院办公厅联合印发了《关于全面推进政务公开工作的意见》，对决策信公开的实效性也有所规定，“实行重大决策预公开制度，涉及群众切身利益、需要社会广泛知晓的重要改革方案、重大政策措施、重点工程项目，除依法应当保密的外，在决策前应向社会公布决策草案、决策依据”。依据这一规定，行政部门必须在作出具体决定前，向社会公布决策的相关信息，但是这条规定是比较笼统、原则的，还有很大的细化空间。就核电站选址的决策而言，每一个具体环节结束之后，相关信息就应该立即公开，并非要等到最终作出决定之前再统一公开。

事实上，对整个核电建设而言，在哪里建、怎么建是一个复杂的系统性选择，它又可以划分为若干阶段，每个阶段都需要投入大量的人力、物力去调研、核实相关情况，如果任何一个阶段的工作没有做扎实，就会引起社会的质疑，整个选址工作就会承担巨大的压力，甚至夭折。为此，每一个阶段性工作完成以后，除保密需要外，相关结论的草案、依据都应立即公开，接受各方的质疑。

3. 信息的真实性有待加强

诚信是政府应遵守的基本义务之一，政府公开信息的真实性又是诚信义务的重要内涵之一。因此，信息的真实性在政府信息公开过程中具有非常核心的意义和价值，它是公众或社会组织行使监督权的前提性条件。如

[1] 郑春燕：《政府信息公开与国家秘密保护》，载《中国法学》2014 年第 1 期。

果信息内容在真实性上存疑，不仅直接损害了利害相关人的合法权益，而且很有可能影响社会的正常管理秩序。为此，2016 年国务院专门制定《关于加强政务诚信建设的指导意见》，其中强调了政务公开真实性的重要性，“要建立健全守信践诺机制，准确记录并客观评价各级人民政府和公务员对职权范围内行政事项以及行政服务质量承诺、期限承诺和保障承诺的履行情况”。

核电技术具有高度的专业性，知识结构较复杂，普通人的确存在认知上的困难。在这种情形下，政府更应该发挥主体监督作用，认真核查每一条信息的真实性，对自己所发布的每一条信息的真实性负责。但需指出的是，目前在这方面政府的工作仍然存在瑕疵。比如，在拟建的江西彭泽核电站的前期选址工作过程中，隔江相望的安徽省望江县人民政府，于 2011 年 10 月对彭泽县政府公开的多处信息的真实性提出疑问，其中争议最大之处就是所拟定的核电厂址是否处在地震带上。“核电厂所处的江西九江位于‘九江—靖安’断裂带上，地震较为活跃，近十年已发生 5 次震级在 3.2—5.7 级的地震，但有关部门发布的选址影响报告书中称，厂址附件范围不存在第四季活动断层，属于弱震区，这与事实显然不符，为核安全埋下巨大隐患。”[1]

（三）专家和民众的参与：仍不充分

虽然决策的科学性、民主性越来越受到社会各界的重视，专家、公众参与的硬性法律要求已经在很多法律文件中予以实现，比如《核安全法》中用专章设置专家、公众参与的程序，但这些规定在具体实践中的法律效力却始终有限。尽管当前不少法律明确规定，在作出重大行政决策过程中应通过咨询会、听证会、座谈会以及论证会等形式听取专家、公众意见，但是对专家、公众参与的效力却并没有做出明确的规定。最后导致的结果

[1]《江西核电厂存在安全隐患，安徽发文求暂停》，载人民网，http://env.people.com.cn/GB/17051522.html，2020 年 4 月 15 日访问。

是，相关的法律参与程序都按照要求履行了，决策却仍然按照行政部门单方意志进行。就核电领域的决策而言，具体问题可归纳为以下两个方面。

一方面就与核电政策制定直接相关联的行政立法而言，专家、公众参与明显不足。法律虽然已经规定行政机关在制定影响核电的各项规章制度时，应积极履行听取专家、公众意见的义务，但究竟采取哪种方式则由行政部门自行决定。“应当广泛听取有关机关、组织和公民的意见。听取意见可以采取书面意见、座谈会、论证会和听证会等多种形式。”[1]法律进一步规定对此类拟制定的法律文件，送审稿中应附有专家、公众意见的汇总稿和听证会笔录，审查机关“应当认真研究各方面的意见”，若没有，则可以“缓办或退回起草部门”。但事实上，这样的法律责任规定对行政部门不会产生较强的法律约束力，从而导致专家、公众参与容易流于形式。

另一方面在作出具体的行政决定过程中，专家、公众参与的不足同样明显。例如，虽然2018年生态环境部颁布了《环境影响评价公众参与办法》，较之以往对于公众参与的路径、方式以及程序作出了较为详细的规定，但就核电建设环评审批程序而言，仍存在较大的结构性缺陷，即程序规定的原则性较强，缺乏细化、可操作的具体规定，尤其是公众代表的遴选程序还是过于模糊，究竟谁能代表公众，是不是核电厂附近的村干部的意见就能代表公众的意见？而这些特别关键，关涉公众能否真正参与核电建设的程序，还应进一步细化。

另外，专家、公众话语权的分量还远远不够，致使专家、公众参与的意愿日渐降低。专家、公众参与重大公共工程的意义在于，让核电建设获得最广泛的支持，既具有科学性，又有民主性。为实现此目的，就应当让专家、公众分享一定的决策权。但事实上，现行的参与程序对于公众、专家的意见还是没有给予足够的重视，缺乏充分、及时的正面回应。比如，在核电建设的最初阶段，即选址过程中，它的重要性无须多言，但是目前并没有专门的

[1] 参见《立法法》第58条、《行政法规制定程序条例》第12条、《行政规章制定程序条例》第13条。

法律规范这一过程，唯一有关联的法条就是2003年颁行的《放射性污染防治法》中的第18条，“核设施选址，应当进行科学论证，并按照国家有关规定办理审批手续……”虽然此条也强调科学的重要性，但专家的权责范围具体有哪些，如何参与到决策过程之中，这些最紧要之处的意涵都很模糊，也未能对科学论证程序做出更为详尽的规定。最终很有可能导致决策权还是由行政部门独自掌握，立法者设定此条的初衷并没有实现。

（四）决策的理由说明：需要加强

在决策过程中，说明理由发挥着越来越重要的作用，尤其是在核电建设过程中，政府部门面对公众强烈的说明理由的要求，“只有当我们真诚地相信我们为我们的政治行动所提出的理由——假定我们要作为政府官员来提出这些理由——是充分的，而且我们也合乎情理地认为其他公民也可以合乎情理地接受那些理由，这时我们对政治权力的行使才是恰当的”[1]。由于对自身利益的高度关切，公众所要求的不再仅仅是结果的告知，还需要知道作出决定的法律依据和事实依据。但坦率地讲，政府在这方面的工作迫切需要加强，对于关键事务的决定常出现说理不足、禁不起推敲的情形，很容易激发起公众的抵触、反对情绪，从而影响工程的进展。事实上，就核电建设而言，在合法的前提下，目前公众最想了解而政府说理不充分的地方主要集中在以下两个方面。

首先，决定的科学性说理还不充分。虽然核电发生事故的概率是非常低的，但是一旦不幸发生，其所带来的毁灭性后果又让公众心有余悸，因此，尽管公众都能理解发展核电的重要性，但是也希望每一个与之相关的决定都有充分的科学依据予以支撑。由于核电具有高度的专业性，普通人理解那些晦涩的知识是有难度的。为此，公众判断科学性是否有保障主要通过两个角度：一是专家是否具有良好的社会信誉度，是否与拟建设的工

[1] [美] 罗尔斯:《公共理性理念新探》，谭安奎译，载谭安奎编:《公共理性》，浙江大学出版社2011年版，第125页。

程无利益纠葛。这就需要政府及时披露专家的相关信息，但当下在具体环节的评审上，政府又主要执行的专家匿名参审制度，无疑使这两者之间存在较大的张力。二是合理的质疑意见是否得到充分解释，任何一项政府决定都会存在正、反两方面的意见，特别是像核电决策这般知识含量非常高的，质疑或反对的声音肯定是越发强烈，那么对于那些合理的关切，决策部门应及时地、有针对性地给予解释，否则会招致公众更大范围的怀疑。目前政府在这方面的表现还是差强人意，如中科院院士何祚庥就认为内陆建设核电站不适合，技术上并没有十足的把握。[1]

其次，利益分配方案欠缺详细的说明。对民众而言，对于核电建设最为关心的除了安全以外，就是收益的分配问题，付出这么大的代价后，究竟能获取哪些好处？众所周知，核电站投入运营以后就能产生巨大的经济效益，“1 个机组发电 1 天就能赚 1500 万元”[2]。面对如此巨大的经济收益，直接参与分配利益的获益方应是国家、核电企业、地方政府以及核电站附近的居民等。在这多方主体中，核电站附近的居民是付出代价较大，但是议价能力相对较弱的一方。长期以来，基于国家经济实力的考虑，政府在建设核电站过程中都忽略了民众利益补偿的问题，在行政决定的合理性说明中，也主要强调的是公民应承担的公共责任义务，而经济补偿方面所享有权益则一笔带过。当然在核电发展的早期，为树立国家良好的外部形象，各方作出一定的牺牲是必要的，也是可以理解的。[3]但核电进入稳步发展阶段以后，利益的分配方式在具体决定作出之前就应达成一致，并予以详细解释、说明。毕竟牵涉的范围越来越广，涉及的人数也越来越多，若未在事前充分沟通并形成一致意见，那么在工程建设过程中，就很有可能遭遇各种不测的风险。

[1] 何祚庥：《坚决反对在内陆建核电站》，载《环球时报》2012 年 2 月 8 日，第 17 版。

[2] 李凤桃、江晓川：《中国核电成高负债下的超级印钞机》，载《中国经济周刊》2012 年 7 月 3 日，第 21 版。

[3] 大亚湾核电站的建设就曾被作为国家开放的典范。《邓小平同志与中国核工业》，载人民网，http://cpc.people.com.cn/GB/33839/34943/34982/2638302.html，2021 年 8 月 7 日访问。

三、隐匿的真相：决策过程不规范的根本原因

诚如上述，与核电建设相关的政府决策过程中存在很多的不足，亟须弥补、完善相关的程序，尽最大努力实现科学化、民主化决策的目标。虽然症状已然明了，但若想断绝病根、彻底治愈，还需探析问题背后的深层次制度诱因。

与传统的政府决策事项不同，工业和技术进步所带来的风险越来越不确定，但同时影响范围又越来越广泛，而规制风险的政府决定又成为风险的来源，包括制度化风险和技术性风险。[1] 为有效规制此类风险，反思现行的决策过程出现的种种问题，从深层次的制度设计而言，主要问题可归纳为以下几个方面。

（一）法制不发达：没有一部统一的程序法典

涉及核电的重要法律规范常包含一定的行政程序法律规范，比如《核安全法》《环境污染防治法》等，但因重实体、轻程序的传统思维，程序要件往往原则化、弹性化。[2] 目前我国缺乏一部统一的《行政程序法》。尽管规范核电决策过程的各种规章、规范性文件繁多，但是普遍立法层次低、效力也不高，虽然具有一定的规范性，考虑到了决策行为、建设场域的差异性，但极其不一致，基于长远利益的考量弊大于利，决策程序亟须规范、统一。

第一，程序性规定混杂在实体法中难以形成系统的操作程序。单行核电法中的程序性规定是根据核电技术特征的实体性需要而产生的，其程序规范难以形成独立的、系统的决策程序，对专门决策程序立法而言缺乏可操作性，以此规范决策行为效果达不到最优化。以核电站选址为例，基于重大经济利益的考虑，实践中存在着部分地理状况、人口数量等材料造假

[1] 陈柏峰：《风险社会的技术治理与应急决策》，载《中国法律评论》2020 年第 2 期。

[2] 应松年主编：《行政程序立法》，法律出版社 2009 年版，第 3 页。

的行为，决定机关未告知利益相关人权益救济途径和陈述、申辩权利，或者虽然履行了告知义务，但告知的内容不正确或者不具体救济权利、救济途径的告知不明确的问题。而且在申诉期限方面，有的决定机关承诺的申诉期限存在违反法律、法规规定的情况。

第二，单行法中的程序规定过于笼统而缺乏可操作性。与核有关的法律、法规以及规章都要求行政部门在作出决定过程中要听取公众意见，但是公众参与的积极性与程度都不是很高，信息公开化也落实不到位，实践中真正考虑或者采纳公众意见的行政决定并不多，公众参与流于形式。比如，《核安全法》第66条规定，核设施所在地省、自治区、直辖市人民政府应当就影响公众利益的重大核安全事项举行听证会、论证会、座谈会，或者采取其他形式征求利益相关方的意见，并以适当形式反馈。由于对“影响公共利益的重大事项”“适当形式反馈”等关键词汇的意涵模糊，导致各地政府部门执行的具体标准五花八门，很不一致。

第三，当前行政程序法的研究有待加强。回顾、反思中国法学界对于法律程序研究的过去与现状，不难发现，尽管学者主要专注于介绍、阐述和论证西方的程序价值观念和制度，但鲜有学者深入了解、掌握行政真实的运行特点和对程序进行实证研究。一些具体的程序制度，比如听证制度、回避制度以及行政证据制度规范等都不同程度地存在法学理论与实践之间脱节的问题。当然，这也充分反映了在行政程序立法中学界与实务界信息交流不是很通畅。同时，我国行政程序法的研究集中于行政程序总论，极少有人关注特别领域的行政程序，核电方面自然也在其列。

（二）决策的理念模糊：正当程序未贯彻于过程之中

根据正当程序原则，一方面核电行政部门在作出相关决策过程中，有利害关系的官员不能参与决策，应当回避，否则，该行为无效；另一方面任何人在受到不利处分之前，应为之提供公正的听证或其他申诉、辩解的机会。根据正当程序原则，因核电建设，使公民的财产或其他物质性利益将要受到不利影响时，行政机关均应事前给予其通知，告知决定依据、理由、听取其申辩意见。否则该决定将被司法审查确认无效。[1]

20世纪中期以后，随着世界各国对程序法治的价值越来越重视，正当程序原则已经被多国所接受并适用，并通过立法将其作为行政法的基本原则。中国虽然目前还未有专门的程序法，但正当程序原则的精神和理念也已进入部分实体法中。同时在司法实践活动中，法官也早已适用正当程序原则审判行政行为的合法性。[2]实际上，在关于核电发展决策的实践中会面临一个新的问题：在我国目前还没有统一行政程序法的情况下，而已有的程序立法对相关决策过程又没有具体规定时，如何来保障利害相关人的合法权益？事实上，在这一情形下，行政程序的正当程序原则可以发挥最为关键的作用。适用它也就意味着必须遵守最低的公正标准，而这对于限制恣意、约束政府部门的决策权力、保护相对人权利都具有十分重要的意义。因此，正当程序是程序法治的核心，确立其行政法基本原则的地位已经刻不容缓。

但实际上，受传统文化和法制不健全的影响，正当程序原则在实践中仍没有得到普遍适用与遵循，其内涵与效力更多时候还只是停留于学者的著作之中。一些行政机关因为缺少正当程序观念，其行为仍在损害利害关系人的合法权益。比如，依据法律规定，行政部门应该在作出决定前召开座谈会、听证会或其他形式征询公众意见，但囿于法律适用范围规定的模糊性，行政部门往往采取不利相对人的解释，从而规避公众参与的环节。[3]

（三）专家、民众参与不够：重要性贯彻执行不充分、不全面

与传统的决策事项相比较，涉及核电发展的决策是存在很大的不同的。一方面是“不确定性”的挑战。建设核电站风险究竟有多大，该如何控制以及控制在什么水平之内是安全的，这一系列的问题当下都没有肯定的答案，即便是专业的科学家，恐怕也无法达成共识，而这也决定了立法机关

---

[1] 姜明安主编：《行政法与行政诉讼法》，法律出版社2015年版，第75页。

[2] 何海波：《司法判决中的正当程序原则》，载《法学研究》2009年第1期。

[3] 姜明安等：《行政程序法典化研究》，法律出版社2016年版，第82页。

无法为行政机关的行为提供精准的规则；另一方面则是“公众不服从”的隐忧。在人类学、文化学上，风险是一个群体对危险的认知，它的作用就是辨别群体所处环境的危险性，公众的风险认知具有复杂性特征，若无法妥善处理，势必影响国家核电发展战略的实现。正因为存在上述两个方面的不同，专家和民众在与核电发展相关的决策中应当承担不同的角色和作用。实际上，在决策过程中，这两方面的挑战目前都没有得到妥善的处置，政府部门对于专家和公众的作用并没有清晰、全面的认识。主要体现为以下三个方面。

第一，决策过程中经济效益仍起决定性作用。某个地方到底适不适合发展核电，首要应考虑的是其安全性，应将风险降低到最低程度，也就是主观风险和客观风险都应是最低的。在此仍需强调的是，核电事故的巨大灾难性。若稍有不慎，一旦引发重大的核电事故，将会对整个区域、整个国家带来不可弥补的重大损害，核电技术本身适用空间也会大大地被限缩。因此，各国政府在作出与核电相关的决定时，都持非常谨慎的态度，安全因素绝对是决定性的因素，我国在核电发展初期，也很好地贯彻了这一理念。但是随着核电发展的明显提速，政府核电决策的考量因素也悄然发生着变化。[1] 由于发展核电可以为地方带来巨大的经济效益，并提供大量的就业岗位，所以各地政府对于核电发展都持积极欢迎的态度。但事实上，有些地方发展核电存在巨大风险，是不适合的。

第二，专家的作用没有得到充分体现。所谓“专家”特指在特定领域具有专门知识、技术的学者。目前中国的行政决策过程中，专家提供咨询意见是其参与决策的主要方式，即通常以一种“中立”的身份和独立、权威的知识品性，来对某项政府决定作出适当性分析，并提出意见或建议，至于最后的决定，仍是由政府作出。强制性地要求专家参与决策过程，并提供咨询性的意见可以明显提升决策本身的科学性，这种良好的效果在实践中也表现很突出。但是在作出涉及核电这类科技含量高的事项决定时，

[1] 王绍光：《中国治道》，中国人民大学出版社 2014 年版，第 76 页。

专家的角色仅仅定位于“参谋”是不够的，换言之，对于专家提出的意见，政府不应该有享有选择“听或是不听”的权利，除非有充分的依据予以驳斥。

第三，公众参与流于形式，并没有实质意义上的沟通。观察当下行政决策过程的现状，不难发现公众参与在我国的发展正如火如荼，从中央政策到地方性法规，诸如“以人为本”“公众参与”“民主”“法治”等词汇出现的频率非常高。同时在实践中，听证会、咨询会以及论证会也频频召开，这似乎都在显示公众参与的广度和深度是在逐步加强的。[1] 虽从形式而言，参与的程序、路径以及方式日趋完善，但是参与的实质效果却不甚理想，公众参与多流于形式，缺乏真正的沟通。事实上，政府在决策过程中，仍受到传统的“管理—命令”思维框架的影响，并没有认真对待公众的诉求和利益，从而加重两者之间的对立和矛盾。比如，我国核电厂址选择程序的重要缺陷之一是公众参与度较低。通常一个核电厂址在政府层面基本确定以后，我国决策单位或部门在某一个阶段对当地群众进行一些简单的抽样调查，将意见简单归纳后编入报告书中。事实上，这种社会审查程序的安排，使得公众在核电厂址选择上起到的作用很小。[2]

（四）监督不完善：行政决定仍存在徇私的空间

虽然按照“依法行政、依法决策”的要求，法律应对一切情况都作出明确、具体的规定，行政机关只要遵照规定决策即可，但实际上这是不可能的。囿于现代行政的广泛性和复杂性，在很多情形下，法律只能作出较为原则的规定，允许行政部门拥有一定的自由裁量权。为促使行政部门合法、合理以及合目的地行使裁量权，避免权力的滥用，健全的监督机制就显得尤为重要，及时、有效地追究责任可以最大限度地保障决策的公正性，

---

[1] 罗豪才主编:《现代行政法制的发展趋势》，法律出版社 2004 年版，第 213 页。

[2] 张慧:《选址纷争再起：合理性和规范性分析》，载《中国能源》2012 年第 4 期。

特别是与核电相关的决策，影响范围广泛，更应及时纠正其不当之处。但事实上，目前我们在监督行政决策过程的体制机制方面，仍存在一些较为突出的缺陷，亟须完善。

第一，内部监督明显乏力，责任追究不到位。作出与核电有关的决定都应具有令人信服的依据，严格禁止任何滥用职权、徇私舞弊的行为发生，毕竟任何一个失误或失职行为都有可能引发一场后果严重、损害巨大的核电事故。为避免此类事件的发生，应高度重视行政内部监督体制机制的作用，从源头上杜绝决策者的不法行为。[1] 但目前法律上对于内部监督如何展开，即具体的程序、方式以及手段，都规定得较为模糊，作出决策的人并没有受到严格的监督。若事前不能及时纠正并追究责任，事后再追究恐难以挽回已造成的恶劣影响。比如，依照生态环境部制定的《核电厂环境辐射保护规定》，核电站不能建立在 10 万人以上聚居区直线距离 10 公里范围内，山东乳山明显不符合这一条件，但前期申报建设核电站仍获通过，并引发媒体和民众的广泛质疑。[2] 可见因内部监督机制的不健全，违法决策还是时有发生，倘若决定作出以前，能严格审查并及时纠正，何至于引发后面的种种乱象。这不仅极大损害了政府的公信力，还增加了国家的财政负担。

第二，外部监督多元，并未形成合力。随着各级监察委员会的成立，我国的监督体系发生了重大的结构性调整，监督的主体、范围和手段都较之以往存在很大的不同。[3] 就监督政府的核电决策过程而言，除了行政内部监督以外，外部监督主要包括人大监督、监察监督和司法监督三种形式。尽管法律上对上述三种监督方式的适用主体、范围以及程序都有一些规定，然而却不是很清晰、具体，各自的监督权限也存在交叉、冲突的情形，制度优势并没有充分展现出来。因此，有必要从法律上划清三种外部监督形

---

[1] 杨寅：《行政决策程序、监督与责任制度》，中国法制出版社 2011 年版，第 33 页。

[2] 鞠靖：《争议乳山核电站》，载《南方周末》2007 年 12 月 19 日。

[3] 马怀德：《国家监察体制改革的重要意义和主要任务》，载《中共中央党校（国家行政学院）学报》2017 年第 1 期。

式的职权职责。

另外，在决策过程中，外部监督主体与行政部门之间的权限也应厘清，避免在一些专业事项上，监督主体代替行政部门作出决定。核电技术是一门知识含量很高的行业，行政部门因聚集大量的业务人才，所以在决定相关事项的时候具有专业优势。因此，对于专业技术问题，监督部门还是应尊重行政部门的决定，不应轻易干涉，除非存在明显的过错。

四、对症下药：核电决策的完善之道

核电决策过程可以区分为实体性和程序性两个部分，因核电建设本身的复杂性和专业性，从实体上进行细致、详细的规则建构很难。因此，规范整个决策过程的最佳方式是安排科学、合理的决策程序，其根本目标就是将核电所带来的风险降至最低。具言之，一方面保障核电的安全发展，为整个国家提供源源不断的清洁能源；另一方面扩大专家、民众，尤其是利害关系人的参与权，使其能真正介入行政决策的过程，以维护国家、社会和自身的合法权益。针对核电决策的特点，就程序的具体设置，特提出以下几点建议。

（一）程序法典制定：以专门规则规范核电决策程序

传统的行政决策方式存在恣意、多变、神秘化等问题，即决策者选择决策方式的首要考虑因素是其有效性，是否正当并不那么在乎。相较之下，现代行政决定的选择，不仅要考虑其有效性，而且要考虑其正当性、合法性，在重要性方面，后者甚至高于前者。因此，世界各国都重视的决策过程的法治化，尤其是程序法治。近些年来，我国的程序法治建设也是成绩斐然，中央与地方都加快了制定相关法律、法规的步伐。国务院于2019年9月1日起施行《重大行政决策程序暂行条例》。在地方上，湖南、青海、江西、天津、广西、甘肃、重庆、广州市等省市，根据《立法法》第73条的授权，也都已制定了政府行政规章以及专门规范重大行政决策的程序。[1]

尽管这些法规、规章同样也适用于核电的决策过程，但因需要满足适用的普遍性，所以规定本身意涵较为模糊，行政部门的裁量空间较大，规范化的立法目的并没有完全实现。因此有必要制定一部专门针对核电建设决策过程的程序法规，依靠外部强制力量保障整个决策过程的合法性与正当性。

其一，程序法治化、统一化可约束行政机关的权力，同时提升行政效率。决策程序的法治化、规范化意味着行政部门的任何决策行为必须遵守预定的行政程序，任何违反法定行政程序的行为，都将产生对行政决策部门不利的法律后果。实际上，我国法制建设中一直存在轻视程序法作用的倾向，“为保证实体法所规定的权利义务关系的实现而制定的诉讼程序的法律”[2]。在各单行法中所做的程序规定，大部分也并非控制和制约行政机关的权力，而是要限制公民的权利、自由。因此，非常有必要通过制定专门的程序法典为行政部门的决策活动设定所应遵守的最低程序义务。虽然政府的决策权力受到约束，但是规范化的决策程序过程却可极大提升行政效率。这主要表现为利害相关人对行政决定的认同并主动配合履行上，即让利害相关人的“不满、委屈”在决策过程中充分表达、发泄，而不是在决定作出之后，从而促使行政决定获得及时执行。在现代行政国，效率对于政府而言，也是非常重要的。整个社会需要政府高效地提供服务。

其二，决策程序规范化、统一化可保护相对人的合法权益。自进入21世纪以来，行政权日益扩张，公民的基本权利也受到威胁，随着公民权利保护意识的逐渐提高，公民不再是政府权力任意支配的客体，被动地等待政府行为的结果，而是要求主动参与到政府的决策过程之中。尽管相对人参与行政决策也要遵守法定程序，但主要是权利性程序，即通过参与程序，监督行政机关依法行政、决策，从而实现保护自己合法权益的目的。在过

[1] 杨尚东：《决策程序规范是建设法治政府的关键》，载《民主与法制时报》2019年版。

[2]《法学字典》，上海辞书出版社1984年版，第914页。

去的立法过程中，只注意规定利害关系人的法律实体权利，但忽视法律程序的保障作用，如此产生的后果就是行政机关往往以国家利益或公共利益优先为由剥夺公民实体法上的权利。[1]

事实上，从保护公民个人权利的最佳方式选择来看，事先保护显然优越于事后救济，预防性参与显然优越于追惩性问责。通过行政程序让公民参与到行政决策的过程中，客观上营造一个可与行政决策部门平等对话、沟通的良好环境，尽最大努力保护公民的合法权益不受侵害。因此，完善、统一利害相关人参与行政决策过程的程序是非常必要的。

其三，适应核电决策过程的特点，更精准地规范决策过程。虽然目前我国并没有一部统一的程序法典，仅国务院于 2004 年发布的《全面推进依法行政实施纲要》中对程序作了较为具体的规定，[2] 但一方面由于该纲要更多是提出奋斗目标，无强制性；另一方面也并没有充分考虑核电等高科技事项决策的特殊性。因此，就目前与核电发展相关的决策而言，程序方面的规定较为散乱，行政部门的裁量空间较大。

在设置核电决策过程的程序时，除了遵循一般权力运行控制的规律以外，还应充分考虑其特殊性。首先，必须足够重视专家的作用。核电技术知识含量高，没有经过专业训练的普通人是很难认识、掌握并控制其风险点的，因此，专家在整个决策过程中不应是“可有可无”的角色，应通过具体的程序让其独立、实质享有部分决定权，比如一些关键的技术环节，没有专家的签字同意，整个工程就不能进入下一个建设环节。其次，充分倾听利害相关人的意见。若要核电持续、健康地发展，应尽力争取获得各方的支持，尤其是核电设施附近居民的支持。因此，在具体设定参与程序

[1] 姜明安主编：《行政法与行政诉讼法》，北京大学出版社、高等教育出版社 2015 年版，第 328 页。

[2] “行政机关实施行政管理，除涉及国家秘密和依法受到保护的商业秘密、个人隐私的外，应当公开，注意听取公民、法人和其他组织的意见；要严格遵循法定程序，依法保障行政管理相对人、利害关系人的知情权、参与权和救济权。行政机关工作人员履行职责，与行政管理相对人存在利害关系时，应当回避。”参见《国务院关于印发全面推进依法行政实施纲要的通知》，载中国政府网，http://www.gov.cn/gongbao/content/2004/content_70309.htm?gs_ws=tsina_636451536152493584，2020 年 5 月 9 日访问。

时，就应加重公众参与的广度和深度，让其在预定的行政程序中表达自己的焦虑和诉求，并在与行政部门的沟通中获得安抚，最终增加行政决定的安定性，“程序的本质特点既不是形式性也不是实质性，而是过程性和交涉性”[1]。

（二）理念清晰、准确：重视正当程序原则的作用

政府决策过程的正当性意涵一直就存在争议，“因为近代行政法试图考虑到各种情况的巨大差异，以及在这些多元性中如何提出正当程序的主张。管理性决定影响到各种私人利益，而且政府采取行动的理由也是依具体情况而千差万别的”[2]。虽然理解上存在差异，但是对一些基本的程序制度还是存在共识的。即行政部门作出影响行政相对人权益的决定，必须遵循最低要求的法律程序，包括事先告知相对人，向相对人说明行为理由，听取相对人的陈述、申辩，事后为相对人提供相应的救济途径等。[3]正当程序原则是要确保行政机关作出决策的方式、过程以及结果都可以为社会普通人所认同和接受。具言之，依据正当程序原则的要求，整个决策过程的程序建构至少包含以下三个部分。

1. 听取意见的程序

听取意见的程序是指决策部门听取利害相关人意见的方式、步骤、时限等，它是一个连续的过程。广泛听取意见是决策民主化的直接表现，关乎最终决策的质量，因此听取意见的程序是行政程序的关键。综观法治先进国的行政程序法规定，听取意见的程序主要有三个。

首先，告知。告知的基本内涵是指决策部门在广泛听取意见之前，将事关决策的相关内容和依据告知利害关系人。告知的目的就是要让利害关

---

[1] 季卫东：《法律程序的意义——对中国法制建设的另一种思考》，载《中国社会科学》1993年第1期。

[2] ［美］欧内斯特·盖尔霍恩、罗纳德·M. 利文：《行政法与行政程序概要》，中国社会科学出版社1996年版，第119页。

[3] ［英］丹宁勋爵：《法律的正当程序》，刘庸安译，法律出版社1999年版，第37页。

系人充分、全面地理解与行政决策相关的内容，保障其及时、有效地表达意见、行使抗辩权。其次，陈述意见的程序。陈述意见是行政决策部门按照法定程序的要求听取利害相关人就与决策相关的事实和法律问题所发表的意见。它也是正当程序的核心。就功能而言，听取意见实质上是将决策所依据的事实是否真实和法律适用是否正确交给当事人审评，从而提升最终决策的质量。最后，对意见反馈的程序。行政部门收集、听取意见以后，应归纳、分析和总结，对公众普遍关心的事实和法律问题应及时、依法予以回应。听取意见是核电决策中公众参与的重要方式，根据《核安全法》第 66 条第 2 款的要求，核设施所在地省、自治区、直辖市人民政府应当就影响公众利益的重大核安全事项举行听证会、论证会、座谈会，或者采取其他形式征求利益相关方的意见，并以适当形式反馈。也就是说，核设施所在地的省级政府首先应当将重大的核安全事项告知利害关系人，继而通过听证会、论证会等程序由利害关系人陈述意见，最后由省级政府进行反馈。

2. 行政回避的程序

行政回避是指行政机关的公职人员在决策过程中，因其与所拟决定的事项存在影响公正的因素，比如个人偏见、招致不公正的事由、偏袒嫌疑以及利害关系等，为确保最终决定和程序进展的公正性，根据法律强制性的规定或当事人的申请，决策部门依法终止有关公职人员的参与决策的职权并由他人代理的一种法律制度。回避制度的法理基础是保障行政权行使的公正性，实际上，行政机关的每一项决定都是由具体、单个的公职人员作出，但每个作出决定的公职人员都生活在一定的社会关系之中，复杂的社会利益关系往往又将他们裹入其中，迫使其不能公正地作出决定，因此，设立回避程序的目的就是保证具体事项的决策人员与所处理的事务没有任何利害关系，能处于一种“超然”的地位，最终公正地作出决定。

一般情形下，回避程序可分为两类：一类是自行回避。行政部门的公职人员认为自己与案件有法律规定的回避情形时，向其上级主动提出要求回避参与、处理本案，是否准许由上级依法审查后再决定。比如，我国台湾地区的“行政程序法”规定，涉及处理亲属相关事宜时，应回避。[1]另一类是申请回避。这是赋予当事人的一项权利，若当事人发现行政决策人员依法应当回避而未回避的时候，可在行政程序结束之前依法向其上级提出要求相关工作人员回避决定此案的请求，是否准许由有权限的行政机关决定。

3. 说明理由的制度

行政决定说明理由是指决策部门在作出对当事人的权益产生影响，尤其是不利的影响时，必须向相对人说明其作出该决定的事实和法律依据，以及权限范围内综合考量的其他因素，诸如政策、公益以及当地风俗等。一般而言，说明理由的制度具有三个方面的特点[2]：其一，依附性。说明理由必然依附于已经作出的行政决定而存在，若行政部门不作出任何决定，也就无说明理由的并且。另外，是否说明理由并不影响行政行为的成立，但是会影响其效力。其二，说理性。行政机关对其所作出的决定进行阐释、说明是尊重相对人所享有的合法权益的具体表现，现代行政的一个最重要的特点就是要摒弃“高权思维”，强调以理服人，通过充分、明确的事实和法律依据，获得相对人更多的认同和支持，从而提高其对行政决定的可接受程度。其三，强制性。行政部门在作出相关决定的时候，必须同时公布作出该决定的依据。这是一种强制性的要求，若无理由说明，一旦当事人启动司法救济程序，对其合法性或合理性提出挑战，则行政部门很可能因此程序违法而承担否定性的法律后果。

事实上，就说明理由的内容而言，行政部门需要从合法性和合理性两个层面予以阐释。具言之，合法性理由用于说明行政决定的法律依据，即决定本身是否与整个法律体系相一致。而合理性理由则是对行政决策部门提出了更高的要求，在满足合法的基础之上，还必须是最恰当、合理的抉

[1] 我国台湾地区“行政程序法”把下列人员列为亲属：其配偶、前配偶、四亲等内之血亲或三亲等内之姻亲。

[2] 章剑生：《论行政行为说明理由》，载《法学研究》1998年第3期。

择。核电决策中说明理由是必不可少的程序之一，无论是核电厂的选址，还是核电项目的核准或审批，核电决策部门都应当作出科学合理的解释说明，来获取相对人和公众的理解和认可。

（三）科学性增强：应设置加大专家决策权的程序

是否修建核电站、在哪里修建核电站以及修建的规模到底有多大等问题都绝非仅仅是科学性问题，而是综合考量的结果。但是无论行政部门最终作出哪种决定，最重要的决定性因素还是核电站运行的安全性。简言之，安全是所有影响核电发展决策的因素中最关键的，“不能只要求 90% 的安全，而必须保证100%的安全”[1]。若要将核电运行的风险降至最低，就必须在决策过程中增加专家的话语权分量，只有专家支持或认同的行政决定才具有实践的正当性基础。但需强调的是，由于核电建设能带来巨大的经济效益，因而各种势力（或因素）都会拼尽全力去影响最终的决定结果。因此，增加专家决策权的前提是专家能够独立、权威地作出科学判断。为实现此目的，从专家参与整个决策过程的角度思考，应考虑增设以下两个方面的程序。

1. 同行互相监督、评审的程序

专家之所以重要，是因为他们掌握着复杂的专业知识，能为最终的决定提供理性的依据。但专家并不等同于科学，科学本身是客观存在的，不随人意志的改变而改变，但专家却是可以受到外界影响的，即使是行业权威，也存在因利益的诱惑而改变自己观点的可能性。因此，有必要在决策过程中增加同行互相监督、评审的程序，以确保专业依据的权威性和正确性。具言之，这一程序在执行中又可细分为三个阶段。

其一，建立评审专家库。为了增加专家被俘获的难度，应建立一个具有一定数量的专家库，每次的专业评审都从专家库中随机抽选，并不事前指定。目前我国核电站建设的评审工作主要是由两院院士组织完成，虽没

---

[1] 木弓：《冲刺一百米，明年建成发电》，载《中国核工业报》1989 年 2 月 25 日，第 1 版。

有直接证据证明这些专家在参与决策过程中有不端行为，但事实上专家的结论频频受到质疑。[1] 扩大评审专家的遴选范围也是对院士们的保护，也有助于更好汲取专家群体的智慧。

其二，完善、创新评审制度。知识同样需要竞争，经过不断质疑、诘问，评审结果才会愈加真实、可靠，尤其是像核电这样的高科技，知识上的争议性客观上更为突出。但囿于中国知识界按资排辈、相互礼让的传统，让专家们直接面对面评议，恐难以实现预期的效果。因此应借鉴国外好的经验，在程序的具体设计中，考虑采用匿名的专家评审制度，消除评审专家的顾虑，只就专业评价本身的真实性和准确性展开讨论，而不牵涉其他。

其三，建立专家信用记录制度。事实上，能进入国家级的专业评审库，对每一位专家而言都是一种荣誉，是官方对其专业知识能力的一种认可，基于此，公众也是对其倍加信赖。但是为确保科学评审的权威性和纯洁性，这种荣誉不应是终身制，是需要定期接受有关部门考核的。一旦发现专家在评审过程中有不端行为，应将其纳入黑名单之中，剥夺其参审资格，若情节严重，则终身不得再参加类似的评审活动。

2. 专家参与、分享决策权的程序

通过设置同行相互评审、监督的程序，保障科学知识的真实性和准确性后，就应重点考虑专家在行政决策过程中的角色定位问题。在 2019 年颁行的《重大行政决策程序暂行条例》第 19 条第 1 款规定，“对专业性、技术性较强的决策事项，决策承办单位应当组织专家、专业机构论证其必要性、可行性、科学性等，并提供必要保障”，然而具体实践中，专家的作用却往往沦为形式，政府并没有认真对待其提出的意见，所谓的专业论证并不具有实质性意涵，通常也只是为政府已作出的决策做合理性论证而已。但对于类似核电这样专业性、技术性很强的决策事项，必须高度重视专家的作用，从程序上，增强其影响最终决策结果的能力。

---

[1] 李韵：《何祚庥：谨防核电“大跃进”》，载《中国经济和信息化》2012 年第 10 期。

首先，事前参与程序的改造。在开始设定决策事项的议程时，专家就应该参与其中，并分享部分的决策权。以核电建设为例，是否应当在内陆建设核电站本是一个战略性问题，或许决策层更关注的是国家整体安全问题。但因核电技术的高度专业性和敏感性，还是应当从技术方面多听取专家的意见。尽管中国国土面积辽阔，内陆可供选址的适合建厂的地址也不少，但是专家提前介入可增强相关决策的合理性。例如，1990 年辽宁核电选址专家咨询会上专家对预选的两个地址提出了改进意见，为选定最合适的地址打下基础。[1] 当然，在战略决策阶段，最终的结果更多的时候是基于政治因素作出的，而专家的角色应定位于“参谋、助手”，不宜过多、过深参与。

其次，事中参与程序的改造。战略决定一旦作出，就涉及具体执行的问题，在此阶段，专家的作用应当予以凸显，程序设计中，也应给予专家更多参与决策的机会。仍以核电建设为例，发展方向确立以后，应考虑如何具体建设的问题。从核电厂的选址开始，至建设完成并运营，为确保核电站的绝对安全，应当在每一个关键环节，设置相应的专家签字确认程序，即技术上必须有专家来把关，没有专家同意的建设方案不应具有合法性。比如，核电厂建设的具体选址，安全性应是首要考量因素。因此在这一过程中，专家的意见应当发挥重要作用。

最后，事后参与程序的改造。核电站建成以后，就进入日常的运营阶段，但这并不意味着专家工作的结束。主管日常运营的核安全监管部门和核电运营商都应定期与专家沟通，听取其意见，同时就可能存在的安全隐患征询其处理建议。此外，还应设置专门的专家监督程序，即定期或不定期地组织专家检查核电厂的运营情况，并对其进行全面的安全评估。若发现核电厂的运营存在重大安全风险，可责令其暂时停业整改，以消除风险。

---

[1] 克石:《辽宁核电站选址专家咨询会在沈阳召开》，载《东北地震研究》1990 年第 3 期。

（四）民主性增强：应完善公众参与决策的程序

20世纪中后期以来，尤其是20世纪70年代世界范围内的“公共行政改革”运动以来，“公众参与已经成为现代公共行政发展的世界性趋势”。[1]近年来，“公众参与”也已渐渐成为中国公共生活领域一个重要的关键词。在这个关键词背后，我们感受到的是政府和民众对沟通、合意等基本理念的普遍认同，“随着社会转型所带来的社会结构变迁、权利时代公众主体意识的觉醒、现代社会对公共生活的‘公共性’呼求，这些都从自上而下和自下而上两个方面推动了公众参与的兴起”[2]。但受核电发展客观风险与主观风险的影响，公众期望参与核电有关决策的意愿非常强烈。结合核电本身的特点，关于公众参与决策的程序，特提出以下三点具体的完善建议。

第一，参与的方式或途径应多样化。核电决策过程中的公众参与应当充分利用现代高度发达的网络技术和设备，在依循、保留传统参与方式的前提下，发挥、拓展网络空间信息传输技术的功能，为不同年龄阶段、不同行业的参与对象提供便利的、个性化的参与途径。如此一来，可供选择的参与方式必然会得到极大拓展和丰富，具体包括：公听会、面对面交谈、电视、电话、互联网以及针对性访谈等。但需提醒的是，在设计具体参与手段时，还应考虑参与者的实际状况，以求能最全面地收集各方意见，避免偏向性。比如，2013年，有关部门拟在广东江门鹤山建立核燃料产业园，虽在筹备期间也举行了公众听证会，但是听证代表基本上是得到丰厚补偿的拆迁农户，对建设产业园反对的呼声比较小，但是紧邻产业园的四百多万江门市常住居民的意见在听证会上完全没有得到反映。尽管得知此消息的江门市民在网上发表了强烈的反对意见，但是听证会的十多位代表同意了此产业园建设，只是提出了一些细小的建议，最终的结果与江门广大市民的意见完全相矛盾，以致这些市民走上街头，通过采取极端的方

[1] 江必新、江春燕：《公众参与对行政法和行政法学的挑战》，载《中国法学》2005年第6期。

[2] 王锡锌主编：《行政过程中公众参与的制度实践》，中国法制出版社2008年版，第1页。

式表达自己的诉求，迫使政府取消项目计划。[1]

第二，参与的能力应得到有效保障。所谓公众参与能力是指公众在表达意见过程中，制度上应保障其能顺畅反映内心真实想法，并非指因个体差异所造成的参与能力的高低之分。为实现此目的，必须满足三个前提性条件：一是言论应自由。参与人的言论只要不危及公共安全和社会稳定，就应该允许其充分表达意见，言论自由方能解除公民的顾虑，直言不讳，为自己争取最大利益。二是政府信息应最大限度公开。参与人只有充分掌握相关信息，才能正确地衡量利弊关系，有的放矢，从质上提升参与的效能。三是参与化的机制应程序化。参与机制程序化能确保公众在公正、公平的过程中同政府进行最正式、有效的沟通、协商，最大限度地减少非正常因素的干扰。

第三，参与的作用应予以最大化的体现。公众参与的目的是让政府最终作出的决策能得到社会的普遍认可，因此在决策过程中应不断与民众沟通，对其所提出的建议应及时回复，采纳或不采纳都需要给个说法。当然，具体的回复方式因参与对象是否特定而有所区分：若是参与的对象比较特定，人数较少，那么回复就应采取单独、直接的方式进行；若是参与的对象不特定，人数众多，那么就应允许行政机关对意见做统一性回复，避免行政效率的大幅度降低。总之，不管采取哪种方式，决策中必须实质性回应公众的意见，否则民众将加重对官方的抵触、反对情绪，使其对以后类似的参与活动失去兴趣。

（五）决策监督的完善：发挥问责的制度功能

习近平总书记多次强调："一分部署，九分落实"[2]，即计划安排作出以后，执行就是关键。实际上，依法行政的道理也是如此，当法律制定以后，

---

[1]《2013 年热点事件盘点，中国核电站在新的十字路》，载人民网，http://yuqing.people.com.cn/n/2013/1231/c354318-23987758.html，2020 年 5 月 21 日访问。

[2]《习近平治国理政关键词：一分部署，九分落实》，载人民网，http://theory.people.com.cn/n1/2017/0622/c40531-29354846.html，2020 年 5 月 22 日访问。

政府能否依法执行就是关键。全面推进决策过程的规范化是对行政部门提出新的更高要求。现代法治理念强调的是权责一致，有权力就应担负相应的责任。针对目前政府决策过程中责任不明确、不充分的问题，应通过各种途径加强和完善决策责任的规定，这有利于督促行政部门及其公职人员严格按照法定权限和程序行使职权，依法作出行政决策，防止不当行政、违法行政。

监督的重点可以放置在两个方面：一方面任何涉及核电的决策必须做到科学依据充分、论证翔实。若没有充分科学依据就擅自作出决定，必须追究负责人的责任。毕竟核电建设与其他工程建设有很大不同，稍有疏忽就可能带来毁灭性的灾难。另一方面涉及核电的决策必须征求公众的意见，对于普遍困惑的问题应给予正面回应，在未获得大多数人支持之前，项目不应匆忙上马，对于违反这一程序性要求的政府工作人员，必须追究其责任。

五、本章小结

我们客观地做一评判，若从决策过程的科学性与民主性两个维度进行观察，核电的建设过程的确存在瑕疵，民众的部分诉求也并非完全没有道理。虽不可否认，国家制定的“发展核电”战略初衷肯定是好的，即在洞悉到能源供给的紧张关系以及传统能源对于环境的巨大污染后，及时将“核电”列为优先发展的对象并积极采取相应的行动，其旨在保障国家能获得持续、安全的能源供给，解决经济发展的后顾之忧。

任何新技术的广泛运用都存在一定的风险，发展核电能源的初衷和积极作为不能遮蔽核电决策制定过程中的程序缺失，缺乏规范性已日益凸显，即在科学性和民主性方面也存在较明显的缺陷。具言之，一方面，就科学性而言，政府在规则制定过程中并没有向公众展示已进行了规则制定所需的信息收集和分析，且具体内容的拟定、选取过程也已进行了逻辑严密的分析和论证。同时，决策过程中权威技术专家的话语权不足，这都不可避免造成公众对规定的科学性和安全性的怀疑，甚至不惜以一种极端的方式表达自己的不满情绪，从而为有关核电建设决定的有效执行增加了成本。另一方面，从民主参与性层面来看，由于核电的建设过程涉及的利益广泛且重大，这是每个普通老百姓都念兹在兹的事情。政府本应在规则制定过程中为各方提供一定的程序和机制，使各方能充分表达自己的利益主张，通过争论寻找妥协的可行性方案。但事实上公众参与的途径和参与的有效性都严重不足，利益诉求并没有得到充分表达的机会，这会直接导致所制定的规则没有完全体现利益攸关方的意见和关切，最终致使决定的执行缺乏民意支持。

实际上，决策的科学性和民主性问题是可以通过合理设定程序予以圆满解决的。传统上，我们判定一项行政决策是否合法，主要是从形式上判断，即是否有上位法依据。遗憾的是，囿于高科技的复杂性和专业性，立法机关的立法能力受到很大的限制，无力提供充足且详细的规则予以遵循，传统的这种单向维度的立法供给模式已经不能满足现代行政的需要。基于回应广泛存在的行政裁量和利益的多元化的目的，法学界应从程序上去规范决策的过程，以弥补实体性规则不足的缺陷，在程序具体的设置过程中，正当程序原则理应成为各级政府行使公权力的基本原则。它的主要意涵包括行政机关作出影响行政相对人相对人权益的行政行为，必须事先告知相对人，向相对人说明行为的根据、理由，听取相对人的陈述、申辩，事后为相对人提供相应的救济途径等。

第六章

挑战与应对：司法审查制度的完善

一、问题的引出：行政诉讼制度存在的问题

陈端洪教授曾言："行政诉讼制度是现代民主制度的一环……它可以排除百姓的怨气与苦楚，消除行政系统的病毒。经由两种人格在法庭上的对话，矛盾得以化解，维持了政治机体的健康，使行政系统更有效地运转，使百姓安居乐业，社会太平。"[1]尽管中国已经建立起比较完善的行政诉讼制度（1989年正式颁布《行政诉讼法》），但是让人倍感困惑的是，许多政府与公民之间纠纷，尤其是涉及核电建设的纠纷，并不是在现存法律框架之内解决的。到目前为止，我们是查找不到法院成功处置类似纠纷的案例的，相反，公众往往采取一种非制度安排的方式寻求纠纷的解决。

不过需要承认的是，公众直接施压于政府，同样也能达到促使政府更加认真地对待公民权利的目的，但是此举所造成的负面影响也不容忽视，

[1] 陈端洪：《中国行政法》，法律出版社1998年版，第126页。

即忽视法院作用的纠纷解决模式是无法确保政府行为能接受中立、公正的审查。在此，我们应该不断地追问，因政府行为导致的核电纠纷到底有何不同，行政诉讼制度存在的问题是什么，问题的症结究竟在哪里？一般而言，对于此类问题的因果分析，我们可以从两个不同的角度切入。

一方面是运用法社会学的知识，客观地描述在此类纠纷发生时，法院、政府、国有核电企业和普通民众四者之间的博弈过程的真实图景，探寻到法院不愿意或不能够受理此类纠纷的原因。不可否认的是，在现有的政治权力分配框架之下，因政府行为引发的核电纠纷是很难通过司法途径解决的，以核电项目的审批行为为例，虽然最终的审批权由国家发改委掌握，但申请的主体却是地方政府和核电企业。[1] 一旦地方法院决定对于此类纠纷予以立案，那么它们直接面对的被审查对象将是所在区域的人民政府，不过目前正在进行司法改革，增设巡回法庭，也是寻求从体制方面增强审判的独立性，至于效果如何，还需观察[2]。

另一方面则是从法教义学的角度，即仅仅以法官的角色，寻求从现行的法律条文包括司法解释中，为案件的裁决提供理论上可行、规范上可欲、实证上充分的说明。[3] 然而沿着这一思路，当前我们遇见的最大困难就是立法上的不完善，甚至连最基本的《原子能法》也没有制定。可以想见，如果法院一旦决定受理此类案件，只能参照核电监管部门自己制定的部门规章和大量的规范性文件，因此这也成为法院不愿受理此类纠纷的一个重要原因。面对这两种不同的研究径路，我们的研究将重点聚焦于第二个角度，即从法律体系的内部着眼，思考如何构建与规制核电风险行为相适应的司法审查体系。不过在展开具体论述之前，需要提前交代清楚以下几点。

---

[1] 参见《核电站建设项目前期工作审批程序的规定（试行）》。

[2]《解读四中全会报告：首提最高法院设立巡回法庭》，载新华网，http://www.js.xinhuanet.com/2014-10/24/c_1112967127_2.htm，2019 年 12 月 24 日访问。

[3]［德］Ralf Poscher：《裁判理论的普遍谬误：为法教义学辩护》，隋愿译，载《清华法学》2012 年第 4 期。

（一）审查的目的：不局限于“个人权利”的保护

传统行政法的建构是以保护公民“个人权利”为核心，立法机关的主要职能是划定行政活动的外部边界，而司法机关的主要任务则是保障公民权利不被强势的行政机关所侵犯。著名行政法学者施瓦茨曾说过：“行政法是控制政府活动的法律部分。它规定行政机关可以行使的权力，确定这些权力行使的原则，对受到行政行为损害者给予法律补偿。”[1] 在这一法律体系之中，法官判断政府行为的合法性的标准只能是两条：其一，是否符合法律的规定；其二，是否侵犯公民的合法权益。当然，在经济生活比较简单的社会里，由保护个人权利（主要针对人身自由权和财产权）所衍生出来的一整套法律规则是没有问题的。

但是随着时代的飞跃发展，尤其是风险社会的来临，社会关系的复杂程度已远远超出我们的预期，致使行政权力日益突破政治架构的限制，深入我们日常生活的各个角落。[2] 如果还坚持“个人权利至上”的司法审查制度，势必阻碍行政部门正常地履行其公共职能，最终影响的是共同体的整体利益。概言之，在“政府—个人（或权力 / 权利）”之间二元对峙结构中，司法部门不能简单地以个人权利是否受到损害为标准去判断政府行为是否合法。仍以核电项目为例，不论决策部门最终决定将核电站建在哪里，拟建核电站附近居民的权益必然会受到影响，除非把核电站建在人迹罕至的地方（考虑到电能的利用效率，核电站与城市的距离是不会太远的）。若司法部门仅因这一缘由就判决停止核电站的建设，那么更大范围内的公众将不能享用清洁能源。由此可见，司法审查的目的不应局限于个人权利的保护。

具体到我国核电领域，司法审查的目的可以归纳为两个：一是确保行政权力能以与实现行政目的相适应的方式行使；二是保障个人权利不受非法侵害。不可否认，这两者之间存在一定的张力，甚至还可能发生冲突。

---

[1] B. Schwartz. Administrative Law.Boston: Little Brown,1976,pp.1-2.

[2] 姜明安:《行政法与行政诉讼法》，北京大学出版社、高等教育出版社 2007 年版，第 5 页。

一旦面临价值抉择时，我们的司法制度就需要提供一个适当的纠纷解决方案。当然最佳的方案肯定是让各方都满意，但事实上，很难做到这一点，毕竟在大力发展核电的国策没有改变之前，司法机关可以裁量的空间实在有限。如此，司法审查的重点就应当放置在行政权力行使的适当性上，换言之，就是审查为实现行政目的，行政机关所采取的行政措施是不是最佳选择[1]。

（二）司法谦抑：不能代替行政官员做出决断

紧承上文，如果将司法审查的重点放置于政府行为的适当性方面，不可避免地会扩大司法审查的范围，行政决策的过程也会随之纳入其中。司法审查可以防止行政权的滥用，提升行政决策的质量，但同时也存在法官用自己的价值偏好替代行政部门作出判断的可能性。而对于事实问题，司法部门不应代替行政官员作出判断，其主要理由如下。

其一，专业性知识严重不足。核电技术本身就具有高度不确定性，其各项技术标准的制定过程并不是简单从“事实”到“法律”的过渡，而是要求在复杂、虚拟的实验环境下，不断地纠正各种数据。例如，核电站若建在内陆，核废水的排放量应限定在何种范围内才不会对当地的生态系统造成负面影响，面对这一类具体的技术标准问题，司法部门是缺乏判断力的，正如美国 David Bazelon 法官所言：“苏格拉底说，智慧在于认识到自己有多少无知。如果这就算智慧的话，那么我还算明智，因为我认识到对于机械力的探究、劣化系数的调整，以及去判定政府在这些事项上所采取的进路是否在统计学上是有效的，自己了解得都很不够。”[2]

其二，司法审查不适合解决多主体的争议纠纷。在核电风险规制领域，一项决策的制定往往涉及多方主体，如地方政府、核电企业、专家、附近

---

[1] 对于这里的“最佳选择”要声明一点，并不是简单从技术角度作出判断，往往技术上的最优选择并不是最好地实现行政目的的方式，还必须综合考虑其他因素，如是否考虑公众的接受。

[2] International Harvester Co. v. Ruckelshaus, 478 F.2d 615 at 650-51 (D.C.Cir.1973)，转引自宋华琳：《制度能力与司法节制——论对技术标准的司法审查》，载《当代法学》2008 年第 1 期。

居民以及环保组织等，就此而言，司法审查不太可能提供一个令各方都满意的实质性方案，以解决他们之间的分歧。著名法学家 Fuller 也曾讲道："法院适合处理双边（bipolar）争端，而对于多中心（polycentric）的争议则不一定合适。"[1]

其三，核电发展中的一些重大决策，司法审查缺乏正当性基础。20 世纪 60 年代，知名法学家 Bickel 提出司法审查"反多数难题"（countermajoritarian difficulty）[2]，即如果司法审查的结果与多数人的意见不一致的时候，其合法性的基础是什么。在中国的司法实践活动中，同样也会遇到类似的理论诘问。例如，在决定是否发展核电的问题上，地方政府都会征求地方人大的意见，并取得其同意[3]。而对于这一类决策，除非存在重大的法律瑕疵，否则法院进行实质性审查是不适当的。

（三）程序中心主义：司法审查的路径依赖

为了处理发展核电所带来的不确定风险，行政机关需要足够的灵活性，即在一定裁量空间内作出其认为适当的决策。但同时让人纠结的地方也在于此：一方面，在作出大力发展核电的决策之后，对于核电的风险规制就必然涉及无专家帮助就无法弄懂的科学技术问题，立法机关不能提供精准的规则去指引监管机构的行为，如此只能赋予行政机关很大的权力裁量空间；另一方面，如果核电监管部门的决策稍有不当，就会酿成后果非常严重的事故，直接影响到公众的身体健康，切尔诺贝利核电事故和福岛核电事故就是反面例子。正因为我们对权利与自由也是非常珍惜的，所以我们始终坚持一个信念，即非常重要事项的决定权（final say）应当置于法律的控制之下。当然在实现这一目标的过程之中，司法审查扮演着至关重要的

---

[1] Lon L.Fuller, The Forms and Limits of Adjudication, 92 Harvard Law Review 353,1978,pp.60-61.

[2] Alexander Bickel. The least Dangerous Branch: The Supreme Court at the Bar of Politics. Yale university press,1962,pp.16-28.

[3] 严定非:《地方人大"反核"，四方旧账烂尾——广西"核战"升级》，载《南方周末》2014 年 7 月 24 日。

作用，毕竟在核电发展相互缠绕的利益关系网中，司法机关与各方并无直接的利害关系，具有作出公正判决的外部条件。

如此，接下来需要思考的一个重要问题则是，法官又如何去裁判因政府监管核电所引发的纠纷？正如上文所言，这里是没有精准的规则可以依循，并且法官也欠缺专业知识，唯一可行的办法就是完善行政决策程序。当然法官眼中的程序和行政官员眼中的程序还是存在一定差别的，对于行政官员而言，用最有效的方式实现行政目的最为重要，程序制度在某种意义上被视为实现目的的一种手段，它追求的是从技术角度观察最科学的方式。

当然我们可以通过立法的形式注入其他的价值去规范行政决策行为，但是以解决社会问题为导向的行政活动，会让行政机关在决策过程中不自觉地忽视其他应考虑的价值。而司法审查的作用也在于此，通过个案的裁决促使行政决策过程依照法定的程序行使。不过在设计有关核电决策的程序时，一定要考虑核电技术本身的特征：首先，它的确是具有高度专业化、技术复杂化的特征，必须充分尊重专家的理性判断，法定程序的价值也正是在于确保整个决策过程是建立在科学理性之上；其次，为消除民众对于核电恐惧的心理，在行政决策过程中一定要设置公众参与的环节，“传统的决策机制由于缺乏双向、互动式科技与社会的沟通，忽视社会多元领域的价值判断与社会理性的反思，常使科技风险规制蒙上黑箱操作之弊”[1]。设置参与程序的目的是搭建一个可以平等对话的平台，让各方充分地表达自己的诉求。

二、理想中的模型：司法审查制度的具体建构

在厘定清楚司法审查的功能定位和路径依赖等前提性条件后，接下来我们需要讨论的重点则是法院应当审查的内容以及如何审查的问题。正如

[1] Beck,U. Risk Society,Towards a New Modernity. London: Sage Publicatiions, 1992.

上文所言，对于核电领域的司法审查，我们需要突破建立在个人权利基础之上的判断政府行为是否具有合法性的规则体系。具体言之，司法审查的重点应放置在三个方面：其一，核电监管行为本身是否具有充分的科学理性；这也是整个审查过程中最为紧要的一个环节，毕竟有关规制核电风险的政府行为的知识来源只能是技术专家。其二，公众是否充分参与核电监管行为的决定过程，且他们的意愿是否得到充分的倾听和回应，正如哈贝马斯所言："风险社会中的合法性法律应当产生于权利平等之公民的商谈性意见形成和意志形成基础之上。"[1] 其三，因核电建设造成的损害，是否及时地给予了合理的补偿。在具体分析这三个方面如何展开审查活动时，我们主要借鉴域外的经验。

（一）对于科学事实问题的判断：高度尊重抑或一般尊重?

基于近代法治理论和民主理论的影响，法院依据立法机关制定的“法律”裁判各类社会纠纷已经成为“不受质疑”的法学公理。但是，随着“风险社会”的兴起，大量重塑社会秩序的技术标准，直接出自监管机构而不是立法机关之手，已是不证自明、不能改变的事实。

如此，一个棘手的问题随之产生，即在既有的法治框架内，监管机构的角色本是实施法律者而不是立法者，其针对科学事实问题而制定的技术标准，对于法院来讲，是否具有约束效力呢？对于这一问题的回答，恐怕并不是在“有”或“没有”之间做一个简单的抉择，再次扪心追问行政诉讼的意义，它应是法院对政府行为进行合法性审查的一个过程，而技术标准既可能是监管机构作出引发纠纷的行为的依据，同时，其本身的合法性也会被诉讼当事人所质疑。

那么，法院究竟应该如何对待这些技术性标准呢？毋庸讳言，法院已经处于一种很难取舍的“两难”境地：一方面，对于这类涉及科学事实问

[1] [德]哈贝马斯:《在事实与规范之间：关于法律和民主法治国的商谈理论》，童世骏译，生活·读书·新知三联书店2003年版，第344页。

题的判断，法院如果进行全面的审查，势必存在一个相关专业知识匮乏的问题，我们不能期望法官也成为技术专家，所以面对复杂的技术问题，法官们往往是无能为力的。正如霍姆斯大法官所言："哪怕不是每一天，但每一年总是有那么几个案子的判决，让我觉得由于自己知识的匮乏，导致感觉自己的判决说理过程有些东拉西扯，是否正确，完全凭借'运气'了"[1]；另一方面，如果法院完全放弃对科学事实问题的审查权力，对于监管机构的判断保持高度尊重的态度，那么司法对行政外在监督的功能将不复存在，社会公益或个人利益都将面临极大的威胁。

究竟该如何处理呢？我们不妨来看看美国的一些相关案例及法官的评判理由。按照美国的司法传统，法院对于法律问题和事实问题的审查强度是不一样的，在法律问题上，法院是具有完全审查权的，而对于事实问题的判断，除非存在专断、反复无常或滥用自由裁量权，或者其他不符合法律的情形，主要保持一种尊重的态度。[2] 例如，在 1975 年卡罗来纳环境研究会诉合众国（Carolina Environmental Study Group V. United States）一案中，因原子能委员会在审核核电站营建许可时，未考虑发生概率极低的严重事故[3]，原告对此做法产生异议，随后向法院提起诉讼，要求原子能委员会在审核核电申请许可时必须考察此类事故是否得到有效地防范，法院审理后，认为原子能委员会提供的事实因素和说明是合理的，所以驳回了原告的诉讼请求[4]。

如果这一科学纠纷就此了结，那么本案件在研究方面并无过多价值。但是在该判决生效后的第四年，美国就发生了史上最严重的核电事故，

---

[1] Abramsv.United States, 250 U.S. 616, 630（I9I9）（Holmes, J., dissenting）.

[2] 韩春晖：《美国行政诉讼的证明标准及其适用——兼论对我国之启示》，载《法商研究》2011 年第 5 期。

[3] 这里有些背景知识需要介绍：在 20 世纪 70 年代，美国原子能委员会将可能发生的核电事故归为九类，第一类是发生概率极高但损害极小的事故，第九类则是发生概率虽极低但损害巨大的事故。委员会在审核是否准许颁发核电营建的许可证时，需要依据这一技术等级规定，考察核电企业是否对这些可能发生的事故做出了较为周详的应对法案。不过，委员会考虑到这第九类事故发生的概率实在是太低了，所以并没有要求核电企业对之也准备预防方案。See Arthur H.Purcell. "Lessons of the Three Mile Island Nuclear Accident". Environmental Conversation10,1983,p.155.

[4] 510 F. 2d 796（D. C. Cir. 1975）.

即“宾州三哩岛核电事故”（The Three Mile Island Accident），印证了原子能管理委员会的事故分类标准是有瑕疵的。并且事后经过原子能委员会专家的仔细鉴定，该事故被归类为第九类事故。作为补救措施，美国原子能管理委员会随后部分修正了在申请核电营建许可时对于预防核电事故的相关技术要求，详言之，第九类事故的预防也将纳入审查的范围，但是对于已颁发的许可如无特殊情况，则可以免于审查。[1] 而正是这一规定的例外又引起了争议，在 San Luis Obispo Mothers for Peace V. NRC 中，一环保组织就对原子能委员会允许已获得许可但还未开工建设的 Diablo canyon 核电站无须补办关于预防第九类事故的应对方案的决定产生疑问，要求法院推翻这一判定。但是哥伦比亚特区联邦巡回上诉法院经过审理后，还是维护了原子能委员会的决定，其主要判决理由是对于是否增加对第九类事故预防措施的进行审查的事项仍属于原子能委员会裁量的范围，只要其提供的事实因素和说明是合理的，就应当被认定为是合法的。[2]

事实上，通过这两个案例，我们可以发现在科学事实的判定方面，法院是非常谨慎的，不愿意卷入科学问题的争论之中，对于行政机关的判断持有一种高度尊重的态度，哪怕该决定在科学性方面的确存在一些瑕疵。不过对于一些重大技术标准的制定，美国法院也是可以通过程序方面的法律，适当地予以审查，但仍表现得很谨慎，通常仅局限于“形式上”。而在这一方面，最为典型的案例莫过于 Vermont Yankee Nuclear Power Corp. V. Natural Resources Defense Council 一案，也是在 20 世纪 70 年代初期，经过原子能管理委员会的审核，一家核电企业获准在 Vermont 地区修建核电站，但此举因没能妥善处理核废料问题而遭到民间环保组织（自然资源保护委员会 NRDC）的强烈反对，为解决这一环境争议，原子能委员会通过“通告——评论的制规程序”（notice and comment）制定统一的此类环境技术

[1] 510 F. 2d 796（D. C. Cir. 1975）.

[2] 751 F. 2d 1287. 1301（D. C. Cir. 1984）. vacated in part 760 F. 2d 1320（D. C. Cir. 1985）（en banc）.

标准，以衡量核电建设是否会对环境造成负面影响。

尽管依据程序法（APA）关于“通告—评论程序”的规定，每一个参与者都会被给予机会阐述自己的观点，但制定机关是否会采纳这些意见，尤其是相反意见，则赋予了极大的自由裁量空间。正是因为原子能委员会在这一程序中未能充分地回答环保组织的质疑，所以才被起诉到了法院。在哥伦比亚地区巡回法院的判决中，环保组织的观点得到了支持，法官们认为原子能委员会以这种统一制定技术标准的形式来解决 Vermont 地区是否适合建造核电站的争议是存在重大瑕疵的：一方面并没有充分考虑 Vermont 地区环境的特殊性；另一方面制定技术标准过程中所采用的程序，由于排除相互质证等环节，并不能够得到让人信服的科学结论。正如主审该案的大法官 Bazelon 所言：“对于核废料处理等关键问题而言，原子能管理委员会所采纳的制规程序是完全失败的，它并不能为是否颁发核电建设许可证的决定提供充分的科学理据。”[1] 不过这一判决做出以后，正可谓一石激起千层浪，引起多方争议，而主要争议点集中在两个方面：其一，法院是否侵犯了立法机关的权力；其二，法院全面审查行政机关关于事实问题的决定，是否适当。[2] 正是由于担心法院不能妥善处理科学事实问题，最高法院最终推翻了上诉法院在此案上的判决，首席大法官 Rehnquist 在判决书中如此写道：“法院不应该在法律之外为行政机关设置程序，并以此达到阻碍发展核电的目的……事实上，是否应该发展核电应该是立法机关考虑的事情，而对于此类政策问题，联邦法院最好不要卷入其中。”[3]

由此不难发现，尽管有法官尝试将科学问题纳入司法审查的范围[4]，但

---

[1] 547.F.2d 633（D.C.Cir.1976）.

[2] Richard B.Stewart, Vermont Yankee and the Evolution of Administrative Procedure, 91Harvard. l.Rev.1801,pp.1805-1822（1978）.

[3] 98.S.Ct.1197（1978）.

[4] 在这一方面 Leventhal 法官算是一个典型代表，他明确表示对于事实问题的审查，法官不能放弃，如果法官在具体案件中遇到此类事实争议，就应该要求法官们进行必要的专业知识学习。See Richard B.Stewart, Vermont Yankee and the Evolution of Administrative Procedure, 91Harvard. l.Rev.1801,pp.1805-1822（1978）.

是美国最高法院在此问题上，还是坚持传统的观念，只要不存在明显滥用自由裁量权的行为，对行政机关的判断都持一种高度尊重的态度。

当然，尊重并不意味着放纵，行政机关在科学问题方面的判断获得尊重是有前提性条件的，换言之，它的合法性基础是它的科学性经得起检验。在此我们也不得不承认，对于科学事实问题的判断，法院所能起到的监督功能是有限的，目前看来最有效的方式是完善同行评审制度，不过这里也存在一个制度衔接的问题，即在司法审查过程中，如何看待同行评审的结果？依照美国学界主流的观点，同行评审的结果只是政府作出相关决定的书面材料的一部分，法官们不应给予其特殊的地位。[1]具言之，如果法院依据同行评审结果来评价行政机关最终所作出决定的科学性，那么这也意味着在科学事实问题方面，法官们已然做出了独立的判断，而这是与美国的司法传统相违背的。当然我们也无意否认在司法审查过程中，同行评审制度就无足轻重。设置同行评审制度的目的是促使行政决策机关更为科学地、审慎地作出最终决定。而对于同行评审的异议，行政决策机关是需要给出说明理由的，不过只要理由具有一定的合理性，司法机关就应当尊重行政机关的判断，而不宜过度审查。实际上，通过司法机关外在的监督作用，同行评审制度的既定功能已然实现。[2]

（二）公众参与权：司法审查制度建构的支点

尽管在科学事实的判定方面，法院能起到的作用实在是非常有限。但是在建构整个司法审查制度的时候，我们仍一直想寻找一个核心的支点，尽最大可能发挥法院外在的监督作用：一方面促使行政机关所作出的涉及科学事实的决定具有正确性，防止行政机关借科学之名为自己的不正当行为寻求合法性基础；另一方面就是确保公民的合法权益不受侵犯，即使需

---

[1] Lars Noah, Scientific Republicanism: Expert Peer Review and the Quest for Regulatory Deliberation, 49Emory Law Journal 1033,p1081（2000）.

[2] 洪延青:《藏匿于科学之后？规制、科学和同行评审间关系之初探》，载《中外法学》2012 年第 3 期。

要牺牲，也得具有充足的正当性。

在传统的司法审查框架之下，法院通常可以依凭一套被理解为有着效力等级的、金字塔式的规范体系。用专业的法律话语描述，在这个规范体系中由上到下，存在宪法、法律、法规、规章以及规范性文件。按照此体系，法院对行政权力合法性判断就是一个非常简单的技术性动作，即以相应的法律规范为标准，衡量行政权的行使是否与该标准一致。[1] 但具体到核电监管领域，这一情况已经发生巨大的改变，过去立法机关主导制定规则的模式现在则转变为专家主导制定规则的模式。当然在此，我们无意否认在高科技领域，如核电、航空以及化工等行业中，专家的主导作用，只不过同时也需要承认人类社会的复杂性，毕竟科学家建构起来的风险知识框架并不一定能得到民众的认同，客观风险和主观认知之间是存在一定距离的，何况也还存在专家滥用知识权力的情形，所以在此过程之中，行政机关和公众发生纠纷也就在所难免。而面对这一专家知识与民众认知之间的对峙结构，法院究竟该如何去判断其中的是非曲直呢？

正如前文所言，对于科学事实方面的问题，法院由于缺乏专业知识，很大程度上只能寄希望于专家体系内部的自我监督机制的完善，但同时值得注意的是，现在行政机关作出一项决定的合法性基础并不仅仅是科学性，毕竟该项决定是否能顺利实施，还需要得到大家的普遍认同，所以现代的决策机制越来越强调双向的和互动的沟通。通过安排合理的程序监督体系，法院完全有能力把公众参与的理念实实在在地嵌入行政决策的过程之中。[2] 不过这里仍有一点需要澄清，在本书的理论框架中，公众参与权并不直接等同于公众决策权，对于类似于核电等高科技领域内的相关决定，我们还

[1] 杨尚东：《行政决策合法性追问的个案解读——以高速公路节假日免费的行政决策为分析样本》，载《政治与法律》2013 年第 7 期。

[2] “贝克对于风险课题的社会性认识，使公民的角色在风险决策中的作用逐渐受到重视。公民不仅应有参与之机会，更应认识到其参与乃是责任和义务。通过政府信息公开和公众参与等法律制度的引入，使核电选址决策为当地居民和各界知晓和介入。”布鲁诺・康姆：《环保学家谈核电》，罗健康译，北京原子能出版社 2006 年版，第 124 页。

是应该相信专家，只不过在决策过程之中，民众的意见应当得到及时地回应。概言之，在做出行政决策的过程中，法院必须督促行政机关高度尊重公众的意志。为达到此目的，法院可以从以下两个方面入手。

第一，完善涉及要求核电监管机构公开信息的诉讼救济制度，同时法院也应当坚持“公开为原则，不公开为例外”的原则，确保公众知情权的实现。“阳光是最好的防腐剂”，防止专家弄虚作假的最好方式就是让他们的一切活动都公开、透明，尽管对于核电信息公开的重要性，很多国家已有较为充分的认识，并制定了专门的法律予以规范，如美国在 1954 年制定的《原子能法》中就含有要求信息公开的条款、法国在 2006 年也颁布了要求核电信息公开的法律（即《核透明与安全法》），但是这些“纸上”的法律能否得到有效的执行，很大程度取决于法院的表现。当然，我们也需要承认的是，核电信息中的确有一部分涉及国家秘密和商业秘密，不宜公开。不过对于这些不宜公开的信息，也应当允许司法部门进行审查。并且审查结束后，法院可以要求监管部门隐去涉密信息，向公众公开其他的信息。

第二，在最终决策没有做出之前，应设置一个决策机关和民众可以推心置腹交流的平台，在这一交流过程中，民众可以将自己的忧虑直言不讳地告诉相关决策部门，而行政机关也有机会对自己的决定做出合理性的说明，最终找到双方都能接受的一个平衡点。而法院在此环节中的功能定位就是确保公众参与的有效性。详言之，对于公众提出的合理意见，行政机关无正当理由不予回应，甚至拒绝，那么法院就应当为其提供救济渠道，当然这需要我们设立确保合理建议能够得到吸收的法律制度，如说明理由制度和案卷排他性制度。[1] 另外，对于原告的资格要求，法院也应降低门槛要求，以此“倒逼”决策机关设置更大范围的交流空间，听取更多民众

[1] 江必新、李春燕：《公众参与趋势对行政法和行政法学的挑战》，载《中国法学》2005 年第 6 期。另外对于说明理由制度和案卷排他性制度的详细介绍，可以分别参见章剑生：《论行政行为说明理由制度》，载《中国法学》1998 年第 3 期；王名扬：《美国行政法》（上），中国法制出版社 1995 年版，第 492—495 页。

的意见。如美国从 20 世纪 80 年代起，就开始降低原告诉讼资格的条件，希望更多的民众有机会就政府行为提出司法审查的请求，并保护他们的权利免受武断的、不公正的政府行为的侵害。[1]

（三）利益补偿：司法审查的重点

在核电建设的过程中，法院判断政府行为的合法性的标准主要是两个：其一，是否具有科学性，不过囿于专业知识方面的限制，不会轻易地做出独立判断，主要还是依据行政机关提供的书面证据，判断其是否具备合理性；其二，公众的参与权是否得到充分的保障，换言之，决策机关在作出最终决定前，是否为其提供了一个可以充分表达意见的机会，并且这些意见也会得到及时的正面回应。如果这两点都已具备，那么法院就应该支持政府的决定，即使仍会有少数人反对。在此需要强调的是，一旦政府作出修建核电站的决定，必然会有部分民众的合法权益受到损害，政府有责任给予他们公平的补偿。至于是否公平，则需要引入“第三方力量（主要是法院）”予以评判。而法院在处理这类案件时，有下列几点需要特别注意：

第一，在司法解释的过程中，对“利益”尽量地做扩大解释，最大限度地保护公民的合法权益。按照传统的司法解释框架，对于公民利益的补偿范围仅限于直接的物质损失，而对于情感方面所遭受的伤害的补偿，则非常谨慎。然而在核电建设项目上，这一解释框架应当得到修正，甚至是根本性的修正。一方面，尽管核电附近的房屋没有遭受物理性破坏，或许核电厂还会出资帮助社区改善基础设施，如修路、绿化环境等，但事实上，这些房屋因距离核电站较近，需要承担一定的安全风险，所以它们的市场价格呈现降低趋势也是在所难免。当然，对于这一部分损失，在具体补偿的时候理应考虑在内。另一方面，因为新建核电站致使附近居民在情感上所受到的伤害，也应给予合理的补偿。虽然从科学角度而言，核电是非常

[1] Ogden, Gregory L, Analysis of Three Current Trends in Administrative law: Reducing Administrative Delay, Expanding public participation, and Increasing Agency Accountability, 7Pepp.L.Rev1033. p.1072（1980）.

安全的，但是对于民众而言，“邻避情结”总是挥之不去，因此，在物质方面给予一定的补偿也是可以理解的。

第二，在原告起诉的资格方面，尽量降低条件，使更多公民有机会向法院提出自己的利益诉求。目前，在具体的补偿案件中，往往需要原告证明自己的损害和核电技术的应用之间存在着一定的因果关系，而这对于原告而言，的确是存在一定的难度，一方面有些损害短期之内不宜发现，如核辐射是否对人体的健康造成伤害；另一方面核电技术属于高科技，知识结构十分复杂，仅凭单个或少数公民的力量，很难收集到对己有利且较为充分的证据。因此，在起诉的环节，法律应该规定原告只需要证明自己存在利益受到损害的事实即可，是否与核电站的建设存在因果关系则应交由被告去证明。

三、回应中国问题：完善现行司法制度的建议

还是将我们观察的视角拉回到本章一开始就提出的问题上，即面对类似于因发展核电所产生的纠纷，中国应当构建怎样的司法审查制度才是适当的？也正如本书一再强调的一个时代背景，中国准备大规模发展核电的计划是不会更改的，不难想见，在实施这一计划的过程中，公权力与公民权利之间时常发生纠纷也就在所难免。

所以，当下最为紧要的是，重新建构或完善我们的司法审查制度，使之有能力应付此类纠纷，并做出公平的裁决。就目前的情况而言，因发展核电所产生的纠纷已经不是什么稀罕事了，并呈持续扩大的趋势。不过，在选择处理此类纠纷的方式上，并没有建立一个适当的法律框架来解决这一冲突。同时，令人忧虑的是，在这一利益博弈过程中，往往是不会产生赢家的，无论哪一方胜出，付出的成本都非常高昂。

此时，我们不可避免地会思考另一个问题，我们的司法制度如何更好起到“定分止争”的作用？从现行的行政诉讼制度着眼，探究它是否有能力处理这类纠纷，换言之，在假定司法机关已然处在一种相对独立于各方利益纠葛的地位的时候，它是否可以理性地、公平地判决因发展核电所引

发的纠纷，而这也是接下来我们讨论的重点。

（一）固本清源：抓紧制定、完善与“核”相关的法律

对于法官而言，其最根本的职责是忠实地执行法律，实现立法者创制法律的意图。在此可打一个不恰当的比喻，成文法律对于法官的重要性犹如圣经对于传教士一般，换言之，不论法官对于行政机关的活动做出何种判定，其立足点还是基于法律的规定。尽管在面对诸如核电、转基因、化工项目等高科技时，立法机关的确无法提供精准的规则体系，但基本的安全原则、政府监管体制、部门分工、信息公开和公众参与等内容还是可以规定的。法官也可在此原则指导之下去判断政府监管行为的合法性，但现在颇为尴尬的是，直到 2017 年 9 月，我们才颁布了第一部《核安全法》，而《原子能法》仍未出台。在很长一段时间内，法官们处于无“经”可考的境地，拒绝受理此类纠纷也就情有可原。

同时举目环望，拥有核电站却没有与之相配套的法律制度的国家是少之又少。很多国家在其核电站还没有大规模兴建之时就已然颁布了《核安全法》，如美国早在 1945 年就制定了类似的法律，因此他们的法官可以依凭法律的原则规定从容地处理涉“核”的纠纷。不过公允地说，中国的立法机关从 20 世纪 80 年代初开始就一直在为制定《原子能法》与《核安全法》做各项准备，直到 2017 年，《核安全法》才正式颁布。[1] 就中国目前的情形而言，规范核电技术的法律体系是存在严重缺陷的，制定、完善与“核”相关的法律已经刻不容缓，至于应从何处入手建构中国的核电法律制度，国内学界已有深入研究，在此不再赘述。[2]

唯一值得强调的是，“预防原则”应当被纳入其中。关于“预防原则”

---

[1] 高原：《原子能法背后的利益博弈》，载《法治周末》2011 年 4 月 20 日。

[2] 汪劲：《论“核安全法”与“原子能法”的关系》，载《科技与法律》2014 年第 2 期；濮继龙等：《对我国原子能领域立法的一些思考》，载《核安全》2006 年第 3 期；赵威：《原子能立法研究》，载《法学杂志》2011 年第 10 期；凌杰：《科技革命对于法律的影响》，载《法学研究》1984 年第 3 期；等等。

的具体意涵，目前还存在很大争议。[1] 但广为知晓的 1990 年联合国欧洲经济会议宣言中对其所做的描述，“为了确保可持续发展，政策应当以预防风险为基础……如果存在后果严重的或者不可逆转的损害威胁，欠缺充分的科学不确定性不得作为延迟采取防止环境恶化措施的理由”。若仅从司法裁判的角度考虑，这一原则非常有价值，毕竟核电技术的应用具有高风险的特点，一旦发生事故，其后果往往是不可想象的。但是在司法实践中，基于科学事实的复杂性，法官在处理这类纠纷时是慎之又慎，只愿意按照既定的法律程序进行形式审查，而这肯定会为行政裁量留下巨大的空间。如何将司法审查制度放入其中，避免滥权行为的出现便成为立法者需要认真处理的问题。

坦率地讲，“预防原则”就是一个极佳的载体。换言之，既然有些科学事实问题无法弄明白，司法审查的重点就不应放置于此，而更应考虑对于有可能发生的最坏情形，行政机关一方面是否已采取有效的措施降低发生的概率，另一方面一旦不幸真的发生，是否有足够的能力予以应对。譬如，我们准备在内陆大规模地建立核电站，虽然其安全性的问题已经引起广泛的关注，却也成为一个扯不清的话题了，[2] 当然，对于科学事实的判断，司法机关还是应当尊重专业监管部门的决定，而依据“预防原则”的要求，法官们更应考虑的是行政部门是否有能力应对可能发生的最坏的情形。

---

[1] “一般认为，风险预防原则最早产生于 20 世纪 60 年代的德国，即‘Vorsorgeprinzp’，并在 1984 年北海公约第一次部长级会议上被正式引入国际条约中。此后，风险预防原则得以迅速发展，成为环境立法与实践中的热门词汇，并逐渐由区域海洋环境保护领域发展到环境保护一般性领域。风险预防原则就是要解决对于科学上的不确定性的危害，应当采取何种干预手段的问题。目前对于预防原则的内容，学界并没有一个统一的认识，根据有的学者的总结，大致包含以下几层含义：1. 应当避免损害；2. 科学研究对于认识相关威胁具有重要作用；3. 即使对于损害和原因缺乏因果关系的结论性证明，也应及时采取预防危害的行动；4. 所采取的行动应该能有效的预防危害。”参见杨尚东：《转基因水稻风险评估的法律规制》，载《绿叶》2013 年第 12 期。

[2] 内陆建核电厂与沿海建厂相比，无论是从技术的角度而言，还是从涉及的公众利益的范围程度去看，都是更复杂，争议更大。参见赵永新等：《三问中国核电》，载《人民日报》2011 年 4 月 11 日，第 20 版。

不过，还需强调的是，司法机关对于行政机关决定的尊重存在前提性条件，即整个决策做出的过程存在一套较为完善的自我规制机制，并不是一时“拍脑袋”做出的。然而，这也正是当前让中国法官们最头疼的问题，在整个决策机制尚存在诸多缺陷的情况下，究竟应该怎样去判断行政机关基于科学事实所作出决定的合法性。例如，在发展核电的过程之中，核电监管机构会制定大量的技术标准，如核电厂厂址选择安全规定（国家核安全局发布）、核电厂运行安全规定（国家核安全局发布）等，尽管这些决定影响重大，但是它们在法律性质方面却处在一个灰色地带，既不是行政法规，也不是部门规章，我们暂且只能将其归入规范性文件之列。然而，对于规范性文件的制定程序，目前我们并没有制定专门的法律予以规范，而这也是司法机关无法进行有效审查的一个制度硬伤。

尽管依据现行《行政诉讼法》，对于规范性文件我们可以进行“间接”审查[1]，但实践中，对于此类涉及技术性标准的规范性文件，我们的法官都是持有一种“高度尊重”的态度，毕竟缺乏有效的审查手段是必须予以直视的现实问题。正如前文所言，既然短期内我们无法提高法官们的技术认知能力，那么，建构或完善适当的程序体系就是一个很好的选择。但是，目前我们还没有制定一部统一的行政程序法典，而对于各项行政活动程序的要求也只是散见于各种不同的法典之中，且不完善、漏洞很大。例如，《放射性污染防治法》第18条规定：“核设施选址，应当进行科学论证，并按照国家有关规定办理审批手续……”但是对于何为“科学论证”“有关规定”却语焉不详，从而把大量程序方面的设定权赋予给了核电监管机关，让“运动员”同时又担任“裁判员”，无疑为人为增大风险提供了机

[1] “但是，人民法院经审查认为被诉具体行政行为依据的具体应用解释和其他规范性文件合法、有效并合理、适当的，在认定被诉具体行政行为合法性时应承认其效力；人民法院可以在裁判理由中对具体应用解释和其他规范性文件是否合法、有效、合理或适当进行评述。”摘自最高人民法院《关于审理行政案件适用法律规范问题的座谈会纪要》。

会。[1] 所以，从法院司法审查的角度来看，立法机关应尽快制定一部《行政程序法》是解决这一问题的最佳方式，正如昂格尔所言：“权利不是社会的一套特殊安排而是一系列解决冲突的程序。”[2] 而对于这部法律需要再次强调的是，公众参与权应成为整个程序体系构建的一个核心支点，换言之，司法机关在判断行政决定的合法性时，公众的可接受性已然成为一个重要的考量因素。

（二）行政诉讼制度的变革：适应核电风险规制的需要

通俗地讲，行政诉讼制度就是“民告官”。一旦进入诉讼环节，两个在实际生活中本不平等的主体将会获得“平等”的法律地位，他们之间的纠纷也有机会接受法官公正的裁决。简言之，设置行政诉讼制度的目的是搭建一个对话、解决问题的平台，而这一点对于中国尤为重要。

为实现此目的，立法者需要构建一整套精细的规则体系，而这在中国又主要具体化为《行政诉讼法》[3]。当我们仔细地阅读着这部法律的每一个具体规定的时候，总会不由自主地思考同一个问题，即面对核电风险的新挑战，这样的法律规定是否可以实现立法者的目的？但必须承认的是，目前的这部《行政诉讼法》的确存在一些较为突出的问题，如果不能及时地、妥善地予以解决，那么在解决涉及核电纠纷的时候就很难实现立法者设置行政诉讼制度的初衷。详言之，这些亟待完善的法律条文主要有以下几处。

第一，扩大受案范围，有必要将行政法规、规章之外的行政规范性文件纳入司法审查的范围。毋庸讳言，大量的核电决策行为做出的依据就是监管部门制定的技术标准，而这些技术标准往往是以行政规范性文件的形式存在，但这些规范性文件本身违法已成为行政违法的重要形态，因此，

---

[1] 龚向前：《核电厂选址之程序正当性——基于风险社会视角》，载《中国地质大学学报（社会科学版）》2011 年第 3 期。

[2] ［美］昂格尔：《现代社会中的法律》，吴玉章等译，中国政法大学出版社 1994 年版，第 76 页。

[3] 在此需要言明的是，中国现行的《行政诉讼法》制定于 1989 年，并于 2014 年和 2017 年得到比较全面的修改，所以我们谈论的基础也是 2017 年修改后的版本。

加强对行政规范性文件的司法监督势在必行。至于采取哪种具体的审查方式，直接诉讼抑或附带审查？从整个法律体系的融通性方面而言，采取附带审查机制也许更为恰当，毕竟《行政复议法》中已经规定对部分行政规范性文件可进行附带审查。[1] 当然，对于一些一经发布就会侵害个人或组织合法权益的规范性文件，可允许直接提起诉讼。

第二，应考虑完善行政公益诉讼制度。政府机关在作出相关核电决策行为时，极容易对国家利益或社会公共利益造成损害，但往往因无人向法院起诉挑战其合法性，从而逃避司法的审查，进而使得受到损失的国家利益或社会公共利益不能得到及时的保护或修复。[2] 目前我国已经针对这一问题建立了行政公益诉讼制度，根据《行政诉讼法》第 25 条第 4 款的规定，人民检察院是当前唯一能提起行政公益诉讼的主体。因而由此产生另一个问题，如果人民检察院不提起行政公益诉讼，是否可以考虑由社会组织提起行政公益诉讼？我们在此的建议是可以考虑一定范围内的社会组织提起行政公益诉讼，如旨在保护公共利益的公益组织，而不宜扩大到所有的组织和个人。[3]

第三，在举证责任方面，应明确被告（政府机关）为被诉政府行为的合法性承担举证责任。尽管现行的行政诉讼法也规定由被告对作出的具体行政行为负有举证责任[4]，但过于原则和笼统。特别是在类似核电的高科技领域，法院或原告都是缺乏专业知识的，如果仅仅让被告承担为自己行为

---

[1]《行政复议法》第 7 条第 1 款规定："公民、法人或者其他组织认为行政机关的具体行政行为所依据的下列规定不合法，在对具体行政行为申请行政复议时，可以一并向行政复议机关提出对该规定的审查申请：（一）国务院部门的规定；（二）县级以上地方各级人民政府及其工作部门的规定；（三）乡、镇人民政府的规定。"

[2] 这里需要进一步言明的是，"无人起诉"的情况又可具体分为两种情形：其一，特定的利害关系人不敢或不愿提起行政诉讼，很大程度上归因于收集证据过于困难；其二，无特定的利害关系人，譬如核废料处理厂建在戈壁荒漠之中，很难确定具体的利益关系人。

[3] 杨尚东、朱秀芸：《环境信息公开与行政公益诉讼——由"启东事件"引发的思考》，载《绿叶》2012 年第 9 期。

[4]《行政诉讼法》第 34 条第 1 款规定："被告对作出的行政行为负有举证责任，应该提供作出该行政行为的证据和所依据的规范性文件。"

举证的责任，很有可能敷衍了事，所以在举证责任方面，应该对行政机关提出更高的要求。

第四，完善利益补偿诉讼制度。如果将中国因发展核电而引起的大量纠纷的原因主要归咎于利益分配的不公，尤其是公众的利益没有得到公正的保护，那么建立或完善由司法机关主导的补偿机制就是解决这一问题的一个好办法。但是在司法制度的大的框架之内，我们对于补偿问题并没有给予足够的重视。尽管我们的实定法（包括宪法）中也规定了即使政府的公权力行为是合法的，但只要对公民的合法权益造成损害，也要承担适当的补偿责任。[1] 然而，长期以来，对于补偿是否适当的标准的决定权却掌握在行政机关的手中，法院的作用并不明显。究其原因，最为重要的一点恐怕是中国的行政诉讼法中并没有明确规定补偿请求权，即公民、法人或者其他组织认为行政机关及其工作人员的合法行政行为侵犯其权益造成损害的，有权依法提起行政补偿诉讼。[2]

四、监督主体的再思考：立法机关是否更适合？

毋庸讳言，本章节关心的一个核心议题是如何完善外部的监督制度，实现有效监督核电监管机构，避免权力的滥用的目的？但必须承认的是，我们并没有脱离传统思维模式的束缚，即“立法机关—行政机关—司法机关”的单向解决问题模式，换言之，我们还是不假思索地将监督的重任赋予司法机关，寄希望于司法机关能通过具体案件的公正裁决去监督政府的行为。

为此，我们将全部的心智用于思考如何构建精妙的司法审查制度。当

[1]《宪法》第 10 条第 2 款规定：“国家为了公共利益的需要，可以依照法律规定对土地实行征收或者征用并给予补偿。”第 13 条第 3 款规定：“国家为了公共利益的需要，可以依照法律规定对公民的私有财产实行征收或者征用并给予补偿。”

[2] 2017 年修正的《行政诉讼法》对此并没有做出任何修改，沿用了之前的规定，只是涉及侵权赔偿责任，并无行政补偿方面的任何规定。

然，在此我们并不是想完全否认这一思路的正确性，只是随着思考的不断深入，产生了一些在司法监督框架之下不能解决的问题。

其一，正当性不足。在核电领域，法官对于专业知识的掌握远逊于行政部门。一旦法院无能力证明自己的判断更适当的时候，又怎能要求行政机关的服从？

其二，判决的滞后性。一般而言，对于核电监管部门与民众之间的纠纷，法院会选择在政府行为产生实质损害之后再受理、判决。但正如我们一再强调那样，有些核电风险若不能采取及时有效的控制措施，一旦发生核电事故，它对附近居民所造成的伤害将是巨大的，即使法院事后判决给予适当的物质赔偿，也很可能无法完全弥补。

其三，司法审查的结果很可能无法兼顾各方合理的利益诉求。不管承认与否，与发展核电相关的决策过程都已经高度政治化，各方力量博弈其中。而对于此类政府行为，司法机关很难依据一种客观的标准去衡量它们的对与错，恐怕更多的时候，是要去寻求一种各方都能接受的利益分配方案。以核电选址为例，到底什么地方适合建立核电站并不是完全基于技术方面的考量，还需要兼及考虑一些其他重要因素，如区域既有的风俗文化、地方的经济发展水平以及民众对于核电的可接受性等。很显然，由司法机关单独处理这些问题是不适当的。

既然由司法机关独立承担监督核电监管部门的职责有诸多不妥之处，那么我们又回到了问题的原点，即在规制核电风险的过程中，行政机关的职能必然大大增加，侵害公民权利的概率也随之升高，如何确保行政权沿着正确的轨道行使，就成为行政法学研究的重点。除了强化核电监督管理部门的自我规制机制的设置，从内部完善行政决策做出的程序之外，我们从外部何处着眼才能建立起行之有效的监督体系呢？经过一番深思熟虑，立法机关或许比司法机关更适合担此重任[1]。理由如下。

---

[1] 在此需要言明的是，在外部的监督体系的构建过程中，立法机关与司法机关的关系并不是非此即彼，两者可以共存，只是发挥作用的空间不同而已。

其一，监督具有正当性。因为立法代表是通过民主选举程序产生的，获得人民的授权作出重大事项的决定，因此立法机关的决定是具有正当性和合法性的，由立法代表来行使监督权是恰当的。依据我国宪法的相关规定，一切行政机关都是由人大产生，对它负责，受它监督[1]，可见人大应是监督行政机关是否合法、合理履职最适当的主体。

其二，立法机关行使监督权可以较好地照顾各方的利益。因为立法机关的代表本身就是由不同的利益主体推选出来的，他们的意见能最准确地反映社会各阶层的呼声。在具体决定作出之前，各方利益代表均有机会充分地表达自己的观点，在相互碰撞与争执中，寻求最佳的决策方案。只有获得民意代表同意的方案，作出的行政决定才会为社会各阶层所接受，得以顺利执行。

其三，立法机关监督行政机关的行为，可以不受时机的限制。正如上文所言，司法机关因受“成熟原则”和“不告不理原则”的限制，只能在行政行为造成实质损害后，有人起诉的情形下，方可受理案件，并进行裁决。而立法机关的调查行为则没有这诸多限制，如此便可以更及时地发现、纠正政府的错误行为。当然，在此也需言明的是，由立法机关充任监督者的角色也存在一些隐忧，主要表现为以下两点：一方面，立法机关的决定很大程度上是利益博弈的结果，而在利益博弈的过程中就有可能损害弱势群体的利益；另一方面，立法机关的决定虽有一定民意作为基础，但并不代表也具有科学理性。尤其是作出与高科技相关的决定时，代表们缺乏必要知识的弱点就暴露无遗。因此，尽管我们已经意识到在外部监督体系的构建过程中，立法机关可以担任更为重要的角色，但落实到具体职责的时候，还需要仔细思量。

---

[1]《宪法》第3条第3款规定：“国家行政机关、监察机关、审批机关、检察机关都由人民代表大会产生，对它负责，受它监督。”

五、本章小结

本章讨论的主要问题是从法教义学的角度探讨在涉及核电纠纷的案件中，法院究竟应当扮演怎样的角色，其功能到底如何设定？坦率地讲，囿于技术的高度专业性和争议本身所设计涉及利益的复杂性，传统的司法体系框架已经不能为案件的裁决提供理论上可行、规范上可欲、实证上充分的说明，改革势在必行。

但是在重新建构新的司法体系框架过程中，必须坚持三个基本原则：一是审查的目的不应一味持有个人权利至上的观念。其理由也很简单，毕竟社会公益更为重要，如果发展核电能让更大范围内的民众享受到清洁能源，在给予了合理性的补偿情形下，适当的、局部的牺牲也是值得的。二是司法机关应当保持适当的谦抑，不能代替行政官员做出决断，行政部门还是应享有一定的裁量空间。当然，这主要是指涉及科学事实方面的事项。三是决策程序应当尽快完善。事实上，以程序建构为抓手，重塑新的司法审查制度框架，可以很好地弥补法官们专业知识不足的缺陷。

遵循这三个原则，我们再思考如何具体建构理想中的司法审查制度：首先，本书需要解决的关键问题是对于行政机关就科学事实问题作出的判断，法院究竟应当持何种态度，高度尊重抑或一般尊重？显然，对于这一问题我们不可能以一种“拦腰截断”的方式进行处理，为实现合法性和合理性的审查目的，需要建构一系列精巧的制度。其次，因为在科学事实的判定方面，法院能起到的作用实在是非常有限。所以在建构整个司法审查制度的时候，我们应将公众参与权的程序设置作为核心支点，尽最大可能发挥法院外在的监督作用。最后，重点强调的是，一旦政府作出修建核电站的决定，必然会有部分民众的合法权益受到损害，政府有责任给予他们公平的补偿。至于是否公平，则需要引入“第三方力量（主要是法院）”予以评判。在此基础之上，我们再将观察的目光拉回到中国的司法体制改革的路径选择方面，即在符合中国政治体制结构的前提下，思考如何具体建构能解决因发展高科技而引发纠纷的司法裁判制度，如核电、化工工程和转基因食品等。

为此，拟建议从以下两个方面寻求解决的办法：一方面固本清源，抓紧制定《原子能法》和《行政程序法》，从制度上完善、规范决策的过程，同时也为法官判案提供充分的依据。目前，国家法律层面仍需完善，专门的立法仅《核安全法》一部，根本不能支撑起核电的法律体系框架。另一方面行政诉讼制度本身也需要变革，逐步建立适应裁判核电争议的司法制度，比如扩大受案范围、改变证据提供的规则、引入专家证人和考虑设置公益诉讼制度等。

第七章

结语：建构适当地规制核电风险的法律体系

文到尾声，不断地整理自己的思绪，本书所需要解决的问题在脑海中也越发的清晰。正如开篇所述那样，我们处理的问题有一个大的时代背景，即中国已经下定决心大力发展核电，“……核科学家们正摩拳擦掌，时刻准备着响应国家的号召，为我国核电跨越式发展并走向世界而努力”[1]。但同时发展核电所具有的高风险性又促使民众对核电发展充满疑虑，公权力与个人权利之间直接对峙的情形也时有发生。面对这一情形，我们必须承认现有的行政法律体系是无法妥善地处理这一系列矛盾的。详言之，一方面，行政法律体系的创设者过于关注“行政行为—司法审查”的过程，而忽略了大量无法归入行政行为范畴之内的行政决策，也正因为这一点，行政机关裁量的空间逐渐增大，侵害公民权利的概率也随之升高；另一方面，现行的行政法律体系运

[1] 肖国青:《核电的春天又来了》，载人民网，http://scitech.people.com.cn/n/2014/0331/c1007-24779303.html，2015 年 2 月 21 日访问。

行方式较为封闭，开放性不足。现代行政的一个重要特征就是由于立法机关已经无法全面地提供较为精准的规则，导致政府行为普遍存在民主正当性的问题。

为弥补民主正当性方面的不足，在决策过程之中引入各种形式的参与式行政也就势在必行。不过在此需要澄清的是，在涉及高科技风险决策的事项上，如核电、PX化工项目以及转基因食品等，我们并不赞成将最终决策权赋予公众，毕竟他们缺乏必要的专业知识，从整体利益而言，他们不可能做出最明智的选择，正如Giovanni Sartori所言："多数的权利并不等于多数'正确'。"[1]既然现行的法律体系不能够为利益冲突各方提供一个适当地解决矛盾的办法，那么重新建构法律体系也就顺理成章。当然，本书的理论抱负绝不是仅仅停留于解决核电风险决策争议这一单一的事件上，而是想借此建构出一个能解决所有涉及高科技风险决策争议的法律体系，毕竟我们已经进入一个高新技术层出不穷的时代。

毋庸讳言，在具体思考如何构建适应核电风险决策特征的法律体系的时候，本文遭遇的最大困难就是究竟从何处入手才能一剑封喉，并抓住争议背后最为实质的东西。换言之，我们是不是可以提炼出一两个核心概念来解释这一争议，并以此为依托，构建新的法律体系。但同时，与此如影随形的还有另外一个问题，行政法的价值到底是什么？或许有人会言，设置一系列行政法条的目的就是解决争议，让法院成为最终裁决者，法律条文为判断依据，基于保护公民个人权利的目的，合法地解决纠纷。

但是在核电风险领域，这一解释是存在问题的，具体表现在以下几个方面：其一，法律条文本身的正当性不足，大量的法律条文是由行政机关制定，甚至是由核电企业牵头草拟；其二，法官本身的认知水平是有限的，

[1] [美]乔万尼·萨托利：《民主新论》，冯克利、阎克文译，世纪出版集团（上海出版社）2008年版，第158页。

他们不是核电专家，他们对于技术方面的问题是缺乏判断力的；其三，这也是最为紧要的，如果一味地为了保护公民个人权利，而放弃推广使用高新技术的机遇，则有可能阻碍社会进步的步伐，从而损害整体的利益。何况，一旦由更高的民意代表机关作出发展核电的决定，如果司法机关还进行审查，则必然存在正当性不足的问题。

所以本书需要强调的是，行政法学的研究范式需要进行转换，放弃“行政行为—司法审查”模式（或“法院中心主义”模式），将我们观察的视角深入行政决策的过程之中，以求得对政府行为做出更为系统性、更为科学性的解释。简言之，行政法的终极价值应当体现为能为政府的行为提供一个合法性的解释框架。既然如此，我们思考的重点则应放置在如何理解“合法性”这一概念上面，即如何为涉及核电风险决策相关的政府行为提供一个合法性的解释框架。当然，这里的规范性思维也是存在一个价值选择的。首先，判断政府做出的行为是否具有合法性最为关键的因素是看其是否具有科学性，不可否认，对于风险评估方面的事项，专家应当具有更多的发言权，毕竟他们具有相应的科学知识，切不可陷入科学虚无主义的错误认识之中。而对于行政法学者而言，我们最为紧要的工作是从制度设计的层面着手，考虑怎样的制度安排可以确保核电专家所作出的判断是值得信赖的。

不过这里值得注意的是，我们所设计出来的风险评估机构或程序一定要符合国家的法制结构，断不可违反该国最为根本的制度法则。其次，核电风险决策的合法性不可以直接等同于科学性，毕竟社会是复杂且多元的，民众眼中的风险远比专家认识的风险复杂许多，我们在构建合法性框架的时候，也必然需要考虑可接受性的问题。换言之，在保障风险评估可靠性的前提之下，行政机关所作出的决定还必须得到民众的广泛支持。那么，政府的决定如何才能让民众接受，这个沟通交流的平台应当怎样搭建？在此之前的理论模型中，我们都将民众假设成“理性的人”，即纯粹从利益的角度来分析他们的行为动机，并认为只要政府的决策行为过程足够透明，民众的利益得到充分的补偿，他们就肯定会接受政府的科学决定。但是我们逐渐意识到现实远比假设复杂，影响人行为的因素也是多元的，既有理性的因素，也有非理性的因素。尤其值得一提的是区域的文化环境，不同的文化背景之下，普通民众对于高新技术的接受能力或专家的信任度都是不一样的，然而文化又是世代养成的，绝非一朝一夕可以改变。因此，政府的交流方式（含决策方式）也应当最大限度地契合当地的风俗习惯，以利于民众接受政府的决定。

最后，本书思考的重点就是如何构建一个公正的、外部的审查制度。尽管在风险决策过程之中，基于专业知识方面的考虑，我们一直强调通过精妙的程序安排，让行政部门能够做好自我监督的工作。但是将决策权和监督权同时授予一个部门，总是让人担心权力会发生异化，所以外部监督制度的存在也是必要的。在具体建构这一外部体系的过程之中，我们将监督的职责又主要放置在司法机关身上。为此，我们的关注点又主要集中在两个方面：一方面，划定司法审查的范围。详言之，我们必须明确在涉及核电风险决策的纠纷之中，司法机关到底审查什么，依据什么去审查？对此，本书坚持的立场可归纳为两点：其一，对于纯技术方面的抉择，司法机关应当保持一种高度尊重的态度，不轻易受理此类纠纷；其二，坚持程序中心主义原则，对此类纠纷尽量避免进行实质意义上的判断，审查的重点在于决策的过程是否遵循了既定的法律程序。另一方面，打造适当的行政诉讼制度。不言自明，行政诉讼制度就是“民告官”。一旦进入诉讼环节，两个在实际生活中本“不平等”的主体将会获得“平等”的法律地位，他们之间的纠纷也有机会接受法官公正的裁决。简言之，这是在“官—民”之间搭建了一个对话、解决问题的平台。但若想实现设置该制度的初衷，则需要一系列与之相匹配的诉讼技术制度作为其支持，如受案范围、原告资格以及证据举证规则等。

坦率地说，在思谋、搭建整个合法性解释框架的过程中，始终伴随着一种焦虑：一方面担心如果对于高新技术的适用设置过高的法律门槛，是否会阻碍技术和经济的发展；另一方面也害怕过度放纵技术的发展，也有可能促成风险变成真正不可逆转之巨大危害。[1] 所以，理想中的合法性解释框架是应当能够妥善处理这二者之间的张力的，即不但可以让高新技术得到安全的、及时的应用，而且可以较好地保障个人的权利。

基于此目的，本书初步建构了一个规制核电风险的法律框架，需要处理的核心概念也可归纳为合法性、科学性、可接受性以及可审查性。但也必须承认的是，囿于核电专业知识不足，这个法律框架是否能较好地处理实际情况，是有待实践检验的。不过，我们可以肯定的是，随着高新技术的广泛应用，我们传统的行政法律框架已不能从容地应付由此而产生的冲突，范式调换势在必行。同时，这也为我们以后的研究指明了方向，主要的着力点可归纳为以下几个方面。

其一，充分了解在实践中，政府机关是如何做出涉及核电的决策的，包括具体的机构设置、内部程序安排和对外风险交流机制等。不可否认，对于这一点的研究，行政法学者是非常欠缺的。依据传统的行政法学研究范式，组织机构、行政决策过程的研究均不在其研究范畴之内。如果在研究中涉及此方面的知识，也仅仅照搬行政管理学 / 行政组织学学者的研究成果。如此一来，行政法学者只能机械地依据法律条文去审查政府的一小部分行为的合法律性，而大量的政府行为却"无法"监督。既然我们已经发现"行政行为—司法审查"模式的局限性，就应当将行政法学的研究视角延伸到行政决策的过程之中去，将行政组织结构和决策过程纳入研究范畴之中。

其二，注重对于公众是否能接受核电风险的实证研究，法律的适用过程已经不是一个单向的、封闭的过程，何况法律本身还存在民主正当性的问题，让公众以各种方式参与到行政决策的过程之中已经是不可阻挡的潮流[2]，当然，影响公众是否能接受核电风险的因素有很

---

[1] 沈岿主编:《风险规制与行政法》，法律出版社 2012 年版，第 2 页。

[2] 对于这一点，我们的宪法也是予以认可的。《宪法》第 2 条第 3 款规定:"人民依照法律规定，通过各种途径和形式，管理国家事务，管理经济和文化事业，管理社会事务。"

多，必须对之进行更为细化地研究，而这一方面也恰恰是我们研究的薄弱环节。

其三，对于司法审查制度体系的研究，而这也是传统行政法学研究的主战场。缘何这一方面仍需加强研究呢？我们应当清醒地意识到，因发展高新技术引发的纠纷与传统的行政纠纷还是存在很多不一致的地方，比如传统的行政纠纷一般是由政府行为违法引起的，而对于普通的行政行为是否合法，民众依据相关法律、法规是比较容易判断的，但是对于涉及高新技术的行政决定，民众是缺乏判断力的，可能知道自己的合法权益受到侵害，但不知具体缘由，因此从保护公民个人权益的角度出发，怎样的诉讼制度安排是最合适的（真正意义上把公民放置在与行政机关平等的平台上），这也是将来我们应当重点研究的地方。

虽然法律制度还很不完善，但我国的核电建设并未因此而发展缓慢，仍在高速前行（参见表 7.1）。事实上，随着在建和正在营运的核电站的数量越来越多，安全风险或隐忧也就越来越大，而这种风险不仅是技术本身带来的，还有来自人们主观建构起来的。正是由于风险认知的复杂化，致使法律制度供给严重不足的问题愈加凸显，而这种状况必须立即着手予以改变。就法学而言，它的主要功能应是为整个核电建设奠定一个坚固的制度框架，即将整个建设过程规范化，安全风险降至最低。为此，整个的制度建构不应仅仅局限于最终的司法救济，而是要深入组织结构、议程设置等决策内部环节，将可能产生的制度风险点都考虑进去。同时，具体建构制度的过程中还应具有发展的眼光，在不同的时代选择最适当的法律制度，任何事物都不是一成不变的，核电技术也是处于不断提高的状态中，相应地，公众对于核电的风险认知也会随之发生变化，因此，制度应保持可随时调试、改进的姿态，以适应技术的发展和公众的心理需求。

表 7.1 中国核电发展阶段与核安全战略[1]

发展阶段	发展规划	规划有关内容	开工核电项目	核安全战略目标
起步阶段	国民经济和社会发展第六个五年计划（1981—1985 年）	建设 30 万千瓦核电站。研制 30 万千瓦核电站	秦山核电厂 1 号电组	按国际核安全标准和监督管理模式建立核安全监管体系，实施独立核安全监管
	国民经济和社会发展第六个五年计划（1985—1990 年）	有重点、有步骤地建设核电站	大亚湾核电厂 1、2 号机组	
适度发展	国民经济和社会发展十年规划和第八个五年计划（1991—1995 年）	实行因地制宜、水火电并举和适当发展核电的方针。五年内重点建设秦山核电二号工程。研制 60 万千瓦核电机组大型成套设备。有计划地新建、扩建和改建一批大中型电站（包括水电、火电和核电）	秦山第二核电厂 1、2、3、4 号机组	把安全放在核电发展的首位，始终贯彻“安全第一，质量第一”的方针
	国民经济和社会发展“九五”计划和 2010 年远景目标（1996—2000 年）	贯彻因地制宜、水火电并举和适当发展核电的方针。大力推进核电技术的和平利用，重点发展核电，配套建设核燃料循环体系。开展低温核供热技术研究开发工作	岭澳核电厂 1、2 号机组，秦山第三核电厂 1、2 号机组，田湾核电厂 1、2 号机组	
	国民经济和社会发展第十个五年计划（2001—2005 年）	适度发展核电。支持发展大型燃气轮机、大型抽水蓄能机组、核电机组等新型高效发电设备	岭澳核电厂 3、4 号机组	

[1]《中国核安全白皮书（2019 年）》，载新华网，https://baijiahao.baidu.com/s?id=1643621374905053012&wfr=spider&for=pc，2020 年 6 月 30 日访问。

续表

发展阶段	发展规划	规划有关内容	开工核电项目	核安全战略目标
积极发展	国民经济和社会发展第十一个五年规划（2005—2010年）	积极发展核电	红沿河核电厂1、2、3、4号机组，宁德核电厂1、2、3、4号机组，福清核电厂1、2、3、4号机组，阳江核电厂1、2、3、4号机组，方家山核电厂1、2号机组，三门核电厂1、2号机组，海阳核电厂1、2号机组，台山核电厂1、2号机组，昌江核电厂1、2号机组，防城港1、2号机组	核安全是国家安全的重要组成部分，只有确保核安全，才能保障核电可持续发展
安全高效发展	国民经济和社会发展第十二个五年规划（2011—2015年）	在确保安全的基础上高效发展核电。重点在东部沿海和中部部分地区发展核电。强化核与辐射监管能力，确保核与辐射安全	高温气冷堆核电站示范工程，田湾核电厂3、4号机组，阳江核电厂5、6号机组，红沿河核电厂5、6号机组，田湾核电厂5、6号机组，福清核电厂5、6号机组，防城港核电厂3、4号机组	坚持理性、协调、并进的中国核安全观，坚定不移增强自身核安全能力，继续致力于加强核安全政府监管能力建设，加大核安全技术研发和人力资源投入力度，坚持培育和发展核安全文化

续表

发展阶段	发展规划	规划有关内容	开工核电项目	核安全战略目标
	国民经济和社会发展第十三个五年规划（2016—2020 年）	以沿海核电带为重点，安全建成自主核电示范工程和项目。加速开发新一代核电设备和小型核动力系统、民用核分析与成像技术。开工建设一批沿海新的核电项目，加快建设田湾核电三期工程。积极开展内陆核电项目前期工作。加快论证并推动大型商用后处理厂建设。核电运行装机容量达到 5800 万千瓦，在建达到 3000 万千瓦以上。推进核设施安全改进和放射性污染防治，强化核与辐射安全监管体系和能力建设		

参考文献

一、著作类

（一）中文

1.《温室效应与环境保护》编写组:《温室效应与环境保护》，世界图书出版公司 2010 年版。

2. 刘峰、舒绍福:《中外行政决策体制比较》，国家行政学院出版社 2008 年版。

3. 徐文惠等:《行政决策学》，中国人民大学出版社 1997 年版。

4. 贺善侃、黄德良主编:《现代行政决策》，上海大学出版社 2001 年版。

5. 宋明哲:《现代风险管理》，中国纺织出版社 2003 年版。

6. 李瑞昌:《风险、知识与公共决策》，天津人民出版社 2006 年版。

7. 唐明良:《环评行政程序的法理与技术——风险社会中决策理性的行政过程》，社会科学文献出版社 2012 年版。

8. 李鹏:《起步到发展——李鹏核电日记》（上、下卷），新华出版社 2005 年版。

9. 郭星渠:《核电站公众关心的 30 个问题》，原子能出版社 1992 年版。

10. 王锡锌:《公众参与和行政过程——一个理念和制度分析的框架》,中国民主法制出版社 2007 年版。

11. 沈岿:《公法变迁与合法性》,法律出版社 2010 年版。

12. 沈岿主编:《风险规制与行政法新发展》,法律出版社 2013 年版。

13. 朱新力等:《行政法基础理论改革的基本图谱:“合法性”与“最佳性”二维结构的展开路径》,法律出版社 2013 年版。

14. 朱旭峰:《政策变迁中的专家参与》,中国人民大学出版社 2012 年版。

15. 龚旭:《科学政策与同行评议:中美科学制度与政策比较研究》,浙江大学出版社 2009 年版。

16. 杨伟东:《行政行为司法审查强度研究——行政审判权纵向范围分析》,中国人民大学出版社 2003 年版。

17. 张国庆主编:《公共行政学》(第三版),北京大学出版社 2007 年版。

18. 卢江林等:《百年梦想:中国三峡工程决策纪实》,长江出版社 2005 年版。

19. 刘刚编译:《风险规制:德国的理论与实践》,法律出版社 2012 年版。

20. 姜明安主编:《行政法与行政诉讼法》(第三版),北京大学出版社、高等教育出版社 2007 年版。

21. 朱旭峰:《中国思想库:政策过程中的影响力研究》,清华大学出版社 2009 年版。

22. 栗燕杰:《行政决策法治化探究》,中国法制出版社 2011 年版。

23. 蔡小雪:《行政审判中的合法性审查》,人民法院出版社 1999 年版。

24. [德] 乌尔里希·贝克:《世界风险社会》,吴英姿、孙淑敏译,南京大学出版社 2004 年版。

25. [德] 乌尔里希·贝克:《风险社会》,何博闻译,译林出版社 2004 年版。

26.［德］哈贝马斯：《作为“意识形态”的技术与科学》，李黎、郭官义译，学林出版社 1999 年版。

27.［美］托马斯·库恩：《科学革命的结构》，金吾伦、胡新和译，北京大学出版社 2003 年版。

28.［英］安东尼·吉登斯等：《现代性：吉登斯访谈录》，尹宏毅译，新华出版社 2000 年版。

29.［德］乌尔里希·贝克：《自由与资本主义》，路国林译，浙江人民出版社 2001 年版。

30.［美］刘易斯：《技术与风险》，杨健等译，中国对外翻译出版公司 1994 年版。

31.［法］莱昂·狄骥：《公法的变迁》，郑戈译，中国法制出版社 2010 年版。

32.［美］理查德·B. 斯图尔特：《美国行政法的重构》，沈岿译，商务印书馆 2002 年版。

33.［美］彼特·休伯：《硬绿：从环境主义者手中拯救环境·保守主义者宣言》，戴星翼、徐立青译，上海译文出版社 2000 年版。

34.［美］桑斯坦：《风险与理性》，师帅译，中国政法大学出版社 2005 年版。

35.［英］卡尔·波普尔：《科学发现的逻辑》，查汝强等译，中国美术学院出版社 2008 年版。

36.［德］哈贝马斯：《在事实与规范之间——关于法律和民主法治国的商谈理论》，童世骏译，生活·读书·新知三联书店 2003 年版。

37.［美］史蒂芬·布雷耶：《打破恶性循环》，宋华琳译，法律出版社 2009 年版。

38.［美］塞拉·本哈比主编：《民主与差异——挑战政治的边界》，黄相怀等译，中央编译出版社 2009 年版。

39.［英］吉登斯：《现代性的后果》，田禾译，译林出版社 2000 年版。

40.［德］马克斯·韦伯：《经济与历史支配的类型》，康乐等译，广西师范大学出版社 2010 年版。

41. [美] 希拉・贾萨诺夫:《第五部门》，陈光译，上海交通大学出版社 2011 年版。

42. [美] 弗兰克・J. 古德诺:《政治与行政》，王元等译，华夏出版社 1987 年版。

43. [英] 谢尔顿・克里姆斯基等:《风险的社会理论学说》，徐元玲等译，北京出版社 2005 年版。

44. [美] 道格拉斯・C. 若斯:《制度、制度变迁与经济绩效》，刘守英译，上海三联出版社 1994 年版。

45. [美] 布鲁诺・康姆:《环保学家谈核电》，罗健康译，北京原子能出版社 2006 年版。

46. [美] 史蒂芬・布雷耶:《规制及其改革》，李洪雷等译，北京大学出版社 2008 年版。

47. [英] 迈克尔・吉本斯:《反思科学：不确定时代的知识与民众》，冷民等译，上海交通大学出版社 2011 年版。

48. [美] 布鲁斯・史密斯:《科学顾问：政策过程中的科学家》，温珂等译，上海交通大学出版社 2010 年版。

49. [英] 马丁・洛克林:《公法与政治理论》，郑戈译，商务印书出版社 2003 年版。

50. 钱穆:《中国历代政治得失》，生活・读书・新知三联书店 2011 年版。

51. 陈春生:《核电利用与法之规制》，月旦出版社 1995 年版。

52. 苏宇:《走向“理由之治”：行政说明理由制度之透视》，中国法制出版社 2019 年版。

53. [德] 施密特:《正当性与合法性》，李秋零译，载刘宗坤等编译:《政治的概念》，上海人民出版社 2004 年版。

54. [美] 贝勒斯:《程序正义》，邓海平译，高等教育出版社 2005 年版。

55. [德] 哈贝马斯:《合法性危机》，刘北成、曹卫东译，上海人民出版社 2000 年版。

56. 章剑生:《行政行为说明理由判解》，武汉大学出版社 2000 年版。

57. 蒋红珍:《论比例原则——政府规制工具选择的司法评价》，法律出版社 2010 年版。

58. 李洪雷:《行政法释义学：行政法学理的更新》，中国人民大学出版社 2014 年版。

59. 章剑生:《现代行政法基本理论》，法制出版社 2008 年版。

60. 马英娟:《政府监管机构研究》，北京大学出版社 2007 年版。

61. 杨寅:《中国行政程序法治化——法理学与法文化的分析》，中国政法大学出版社 2001 年版。

62. 周志忍等:《当代国外行政改革比较研究》，国家行政学院出版社 1999 年版。

63. 应松年:《当代中国行政法》，中国方正出版社 2005 年版。

64. 吴庚:《行政法之理论与实用》，中国人民大学出版社 2005 年版。

65. 周汉华:《现实主义法律运动与中国法制改革》，山东人民出版社 2002 年版。

66. 周佑勇:《行政裁量治理研究：一种功能主义的立场》，法律出版社 2008 年版。

67. 余凌云:《行政自由裁量论》，中国人民公安大学出版社 2013 年版。

68. 朱芒:《功能视角中的行政法》，北京大学出版社 2004 年版。

69. [德] 施密特 · 阿斯曼:《秩序理念下的行政法体系建构》，林明锵等译，北京大学出版社 2012 年版。

70. [美] 亨廷顿:《变革社会中的政治秩序》，李盛平等译，华夏出版社 1989 年版。

71. [美] 弗朗西斯 · 福山:《政治秩序的起源》，毛俊杰译，广西师范大学出版社 2014 年版。

72. 陈家刚选编:《协商民主》，上海三联书店 2004 年版。

73. 俞可平主编:《协商民主译丛》，中央编译出版社 2006 年版。

74. [美] 罗纳德·德沃金:《民主是可能的吗？新型政治辩论的诸原则》，鲁楠、王淇译，北京大学出版社 2014 年版。

75. [瑞士] 马森、[德] 魏因加编:《专业知识的民主化：探求科学咨询的新模式》，姜江等译，上海交通大学出版社 2010 年版。

76. [英] 丹宁勋爵:《法律的正当程序》，刘庸安译，法律出版社 1999 年版。

77. [美] 欧内斯特·盖尔霍恩、罗纳德·M. 利文:《行政法与行政程序概要》，中国社会科学出版社 1996 年版。

78. [英] 哈特:《法律概念》，张文显等译，中国大百科全书出版社 1996 年版。

79. [英] 边沁:《政府片论》，沈叔平译，商务印书馆 1996 年版。

80. [美] 弗里德曼:《法律制度》，李琼英等译，中国政法大学出版社 1994 年版。

81. 赵宏:《法治国下的目的性创设》，法律出版社 2012 年版。

82. [美] 詹姆斯·W. 费斯勒等:《行政过程的政治——公共行政学新论》，陈振明等译，中国人民大学出版社 2002 年版。

83. 汪劲:《环境法治的中国路径：反思与探索》，中国环境科学出版社 2011 年版。

84. 龚旭:《科学政策与同行评议：中美科学制度与政策比较研究》，浙江大学出版社 2009 年版。

85. 米歇尔·渥克:《灰犀牛：如何应对大概率危机》，王丽云译，中信出版社 2017 年版。

86. [美] 爱德华·J. 伊姆温克尔里德 :《科学证据的秘密与审查》，王进喜等译，中国人民大学出版社 2020 年版。

87. 谈火生:《民主审议与政治合法性》，法律出版社 2007 年版。

88. 何海波:《实质法治：寻求行政判决的合法性》，法律出版社 2009 年版。

89. [英] 特伦斯·丹提斯、阿兰·佩兹:《宪制中的行政机关——结构、自治与内部控制》，刘刚等译，高等教育出版社 2006 年版。

90. 王敬波:《政府信息公开：国际视野与中国发展》，法律出版社 2016 年版。

91. 林华:《公众参与法律问题的行政法研究》，中国政法大学出版社 2016 年版。

92. 耿宝建:《行政纠纷解决的路径选择》，法律出版社 2013 年版。

93. 谭宗泽:《行政诉讼结构研究：以相对人权益保障为中心》，法律出版社 2009 年版。

94. 李广宇:《理性诉权观与实质法治主义》，法律出版社 2018 年版。

95. 汪庆华:《政治中的司法：中国行政诉讼的法律社会学考察》，清华大学出版社 2011 年版。

96. 郑春燕:《现代行政中的裁量及其规制》，法律出版社 2015 年版。

97. 房超、陈虹宇:《核电公众接受性研究、反思与对策》，中国原子能出版社 2020 年版。

98. 王旭:《行政法解释学研究：基本原理、实践技术与中国问题》，中国法制出版社 2010 年版。

99. 伏创宇:《核电规制与行政法体系的变革》，北京大学出版社 2017 年版。

100. 俞祺:《行政规则的司法审查强度：基于法律效力的区分》，法律出版社 2018 年版。

101. 江必新、梁凤云、梁清:《国家赔偿法理论与实务》，中国社会科学出版社 2010 年版。

（二）外文

1.Richard J.Pierce,Jr., Administrative Law Treaties, 5ed,2011.

2.Uirch.Beck,In the Risk Society and Beyond: Critical Issues for Social Theory. Sage Publications, 2000.

3.Mary Douglas, Risk and Culture: An Essay on the selection of Technological and Environmental Dangers. University of California Press, 1983.

4.Leon Festinger,A theory of cognitive dissonance. Stanford University Press,1957.

5.Beck, U.Risk Society,Towards a New Modernity.Sage Publication, 1992.

6.Mark B.Brown,Science in Democracy:Expertise,Institution,and Representation.MIT Press,2009.

7.Sheila Jasaoff,The Fifth Branch: Science Adviser as Policymakers. Harvard Univ.Press,1990.

8.Stephen Hilgartner,Science on stage: Expert Advice as public Drama. Stanford University press,2000.

9.Wendy Wagner and Rena Steinzor,Rescuing Science from Politics: Regulation and the Distortion of Scientific Research.Cambridge University Press,2006.

10.James T.O'Reilly,Administrative Rulemaking: Structuring Opposing and Defending Federal Regulations.West,2012.

11.Daryl E.Chubin and Edward J.Hackett,Peerless Science: Peer Review and U.S.Science policy.Suny Press,1990.

12.William R.Anderson,Mastering Administrative law. Carolina Academic Press,2010.

13.Jack M.Beermann,Inside Administrative law: What Matters and Why. Wolters Kluwer,2011.

14.Elizabeth J.Kirk,Assessing the Risks of Nuclear and Chemical Contamination in the former Soviet Union.Kluwer,1996.

15.Jaap C.Hage,Reasoning With Rules: An Essay on Legal Reasoning and Its Underlying Logic,Springer,1997.

16.Steven Brint, In an age of experts: the changing role of professionals in politics and publiclife, Princeton University Press, 1994.

17.Mark B. Brown, Science in Democracy: Expertise, Institutions, and

Representation, MITPress, 2009.

18.Christopher Edley Jr., Administrative Law: Rethinking Judicial Control of Bureaucracy,Yale University Press, 1992.

19.Sheila Jasanoff, The Fifth Branch: Science Advisers as Policymakers, Harvard Univ. Press,1990.

20.James T. O'Reilly, Administrative Rulemaking: Structuring Opposing and Defending Federal Regulations,WEST, 2012.

21.Mark R. Powell, Science at EPA: Information in the Regulatory Process, RFF Press, 1999.

22.A. Alemanno, EU Risk Regulation and Science: The Role of Experts in Decision-Making andJudicial Review, in E. Vos, ed., European Risk Governance: Its Science, its Inclusiveness andits Effectiveness, Mannheim University Press, 2008.

23.Sidney A. Shapiro & Robert L. Glickson, Risk Regulation at Risk: Restoring: A PragmaticApproach, Stanford University Press, 2003.

24.Wendy Wagner and Rena Steinzor, Rescuing Science from Politics: Regulation and the Distortion of Scientific Research, Cambridge University Press, 2006.

25.Peter Cane, Administrative Tribunals and Adjudication, Oxford: Hart Publishing, 2009.

26.Daniel R.DeNicola,Understanding Ignorance: The Surprising Impact of What We Don't Know, Cambridge, MIT Press,2017.

27.Elizabeth Fisher, Risk Regulation and Administrative Constitutionalism, Hart Publishing, 2007.

28.Cass R. Sunstein, Law of Fear, Cambridge University Press, 2005.

29.V. Covello, D. von Winterfeldt & P. Slovic, Risk Communication: Research and Practice, 1988.

30. 阿部泰隆・淡路剛久:《环境法》，有斐閣ブックス，2006 年。

31. 原子力災害策本部 :《原子力安全に関する IAEA 閣僚会议にする日本国政府の报告書—東京電力福島原子力発電所の事故について—》，

2011 年版。

二、论文

（一）中文

1. 罗豪才：《重大行政决策程序应入法》，载《中国社会科学报》2011 年 3 月 3 日，第 2 版。

2. 姜明安：《公众参与与行政法治》，载《中国法学》2004 年第 2 期。

3. 王锡锌、章永乐：《专家、大众与知识的运用——行政规则制定过程的一个分析框架》，载《中国社会科学》2003 年第 3 期。

4. 王锡锌：《我国公共决策专家咨询制度的悖论及其克服》，载《法商研究》2007 年第 2 期。

5. 王锡锌：《依法行政的合法化逻辑及其现实情景》，载《中国法学》2008 年第 5 期。

6. 王锡锌：《行政正当性需求的回归——中国新行政法概念的提出、逻辑与制度框架》，载《清华法学》2009 年第 2 期。

7. 罗豪才：《行政法的核心与理论模式》，载《法学》2002 年第 8 期。

8.《中外法学》编辑部：《中国行政法学发展评价（2010—2011）》，载《中外法学》2013 年第 4 期。

9. 沈岿：《因开放、反思而合法——中国公法变迁的规范性基础》，载《中国社会科学》2004 年第 4 期。

10. 沈岿：《解困行政审批改革的新路径》，载《法学研究》2014 年第 2 期。

11. 沈岿：《风险评估的行政法治问题——以食品安全领域为例》，载《浙江学刊》2011 年第 3 期。

12. 沈岿：《食品安全评估不可陷入科学宗教主义》，载《中国食品报》2012 年 1 月 6 日，第 3 版。

13. 邓向晖等:《核电在低碳发展中的地位与作用分析》，载《中国能源》2012 年第 6 期。

14. 吴宗鑫、吕应运:《中国需要大规模发展核电》，载《清华大学学报（哲学社会科学版）》2001 年第 3 期。

15. 李彤:《为什么要发展核电》，载《南方日报》2011 年 4 月 2 日。

16. 沈玎、季天琴:《中国核电“裸奔”》，载《南方周刊》2011 年 3 月 14 日。

17. 陈俊:《我国核法律制度研究基本问题初探》，载《中国法学》1998 年第 6 期。

18. 杨雪冬:《全球化、风险社会与复合治理》，载《马克思主义与现实》2004 年第 4 期。

19. 戴建华:《作为过程的行政决策——在一种新研究范式下的考察》，载《政法论坛》2012 年第 4 期。

20. 于安:《我国行政法律体系改革的基本问题》，载《国家检察官学院学报》2012 年第 4 期。

21. 傅蔚冈:《对公共风险的政府规制——阐释与评述》，载《环球法律评论》2012 年第 2 期。

22. 刘金平等:《风险认知的结构、因素及其研究方法》，载《心理科学》2006 年第 2 期。

23. 汪劲:《我国核电基本法立法方面空白，应尽快制定原子能法》，载《法制日报》2010 年 8 月 9 日。

24. 王秀强、陈祉浩:《专家称核废料处理能力差安全隐患大》，载《21 世纪经济报道》2011 年 3 月 30 日。

25. 苏竣等:《从精英决策到大众参与：理性视角下的科技决策模式变迁研究》，载《中国行政管理》2014 年第 3 期。

26. 沈湘平:《现代视野中的专家系统》，载《学习与探索》2007 年第 2 期。

27. 王锡锌:《行政决策正当性要素的个案解读》，载《行政法学研究》

2009 年第 1 期。

28. 汝鹏等:《科学家在中国科技决策中的影响力研究——以 863 计划为例》,载《中国软科学》2010 年第 10 期。

29. 李学梅:《法国不放弃核电开发》,载《瞭望》2011 年第 3 期。

30. 肖梦:《法国核电启示录》,载《南方人物周刊》2011 年第 10 期。

31. 余文乐等:《核电站周围人群核焦虑研究》,载《中国辐射卫生》2011 年第 20 卷。

32. 潘锋:《公众态度决定核电兴衰》,载《学习时报》2006 年 9 月 5 日。

33. 蒋劲松:《从科学走向民主——读“在理解与信任之间”》,载《民主与科学》2006 年第 1 期。

34. 时振刚等:《日本核电公众接受性的变化》,载《核科学与工程》2002 年第 22 卷。

35. 陈维春:《法国核电法律制度对中国的启示》,载《中国能源》2007 年第 8 期。

36. 郭菲:《美国如何处理“邻避运动”》,载《决策》2014 年第 5 期。

37. 何祚庥:《我国必须停止核电发展的“大跃进”》,载《中国核科学技术进展报告(第二卷)》2011 年版。

38. 洪延青:《藏匿于科学之后?——规制、科学和同行评审间关系之初探》,载《中外法学》2012 年第 3 期。

39. 杨尚东:《行政决策合法性追问的个案解读——以高速公路节假日免费的行政决策为分析样本》,载《政治与法律》2013 年第 7 期。

40. 宋华琳:《制度能力与司法节制——论对技术标准的司法审查》,载《当代法学》2008 年第 1 期。

41. 成协中:《科学理性导向下的行政正当程序》,载《华东政法大学学报》2013 年第 5 期。

42. 成协中:《美国规制决策中的同行评审》,载《环球法律评论》2014 年第 1 期。

43. 皮纯协、余凌云:《亟待建立的专家论证制度——保证中国行政立法质量的重要措施》，载《中国法学》1995年第6期。

44. 余凌云:《现代行政法上的指南、手册和裁量基准》，载《中国法学》2012年第4期。

45. 朱旭峰、田君:《知识与中国公共政策的议程设置：一个实证研究》，载《中国行政管理》2008年第6期。

46. 金自宁:《风险规制与行政法治》，载《法制与社会发展》2012年第4期。

47. 金自宁:《跨越专业门槛的风险交流与公众参与——透视深圳西部通道环评事件》，载《中外法学》2014年第1期。

48. 高秦伟:《科技政策、行政规制与司法审查》，载《北方法学》2007年第5期。

49. 邱爱民:《科学证据内涵与外延的比较法分析》，载《比较法研究》2010年第5期。

50. 宋华琳:《风险规制与行政法学原理的转型》，载《国家行政学院学报》2007年第4期。

51. 王慜超、李侠:《从“垃圾科学”现象审视开放社会中的科学解释权》，载《中国科技论坛》2011年第1期。

52. 杜文苓:《环评决策中公民参与的省思：以中科三期开发争议为例》，载《公共行政学报》第35期。

53. 苏宇:《深化合法性分析技术：迈向“整体合法性”理念的探索》，载《东方法学》2011年第4期。

54. 翟小波:《为了达成正当决策——民主论脉络内的协商民主论》，载罗豪才等:《软法与协商民主》，北京大学出版社2007年版。

55. 罗豪才、宋功德:《行政法的治理逻辑》，载《中国法学》2011年第2期。

56. 王锡锌:《英美传统行政法“合法性解释模式”的困境与出路——兼论对中国行政法的启示》，载《法商研究》2008年第3期。

57. 宋华琳:《美国行政法上的独立规制机构》，载《清华法学》2010年第 6 期。

58. 宋功德:《风险规制与行政法学原理的转型》，载《国家行政学院学报》2007 年第 4 期。

59. 王静波:《法国独立行政机构及其借鉴意义》，载《国家行政学院学报》2007 年第 3 期。

60. 金自宁:《风险行政法研究的前提问题》，载《华东政法大学学报》2014 年第 1 期。

61. 李洪雷:《深化改革与依法行政关系之再认识》，载《法商研究》2014 年第 2 期。

62. 王诗宗:《治理理论与公共行政学范式进步》，载《中国社会科学》2010 年第 4 期。

63. 赵鹏:《风险社会的自由与安全——风险规制的兴起及其对传统行政法原理的挑战》，载《交大法学》2011 年第 2 卷。

64. 朱新力、宋华琳:《现代行政法学的建构与政府规制研究的兴起》，载《法律科学》2005 年第 5 期。

65. 杨建顺:《公共利益辨析与行政法政策学》，载《浙江学刊》2005 年第 1 期。

66. 何海波:《晨光出现的正当程序原则》，载《法学研究》2009 年第 1 期。

67. 何海波:《中国行政法学研究范式的变迁》，载《行政法论丛》2008 年第 11 卷。

68. 王贵松:《法院对法律冲突的应对：现状与前瞻》，载《法商研究》2010 年第 2 期。

69. 章剑生:《现代行政法面临的挑战及其回应》，载《法商研究》2006 年第 6 期。

70. 沈岿:《行政法理论基础回眸——一个整体观的变迁》，载《中国政法大学学报》2008 年第 6 期。

71. 王锡锌:《行政管制的精细化和人性化——美国（管制灵活性法）

简述》，载《行政法学研究》2008 年第 4 期。

72. 王天华:《行政裁量与判断过程审查方式》，载《清华法学》2009 年第 3 期。

73. 王绍光:《中国公共政策议程设置的模式》，载《中国社会科学》2006 年第 5 期。

74. 王磊、胡鞍钢:《结构、能力与机制：中国决策模式变化的实证研究》，载《探索与争鸣》2010 年第 6 期。

75. 高秦伟:《行政过程中的政策形成——一种方法论上的追问》，载《当代法学》2012 年第 5 期。

76. 宋华琳:《英国行政决定说明理由研究》，载《行政法学研究》2010 年第 2 期。

77. 金自宁:《跨越专业门槛的风险交流与公众参与——透视深圳西部通道环评事件》，载《中外法学》2014 年第 1 期。

78. 徐文新:《专家、利益集团与公共参与》，载《法律科学》2012 年第 3 期。

79. 郭跃、汝鹏、苏竣:《科学家与公众对核电技术接受度的比较分析——以日本福岛核泄露事故为例》，载《科学学与科学技术管理》2012 年第 2 期。

80. 朱旭峰、田君:《知识与中国公共政策的议程设置：一个实证研究》，载《中国行政管理》2008 年第 6 期。

81. 杨寅:《〈行政程序法试拟稿〉立法思路评析》，载《法学》2003 年第 9 期。

82. 陈景辉:《捍卫预防原则：科技风险的法律姿态》，载《华东政法大学学报》2018 年第 1 期。

83. 张青波 :《自我规制的规制：应对科技风险的法理与法制》，载《华东政法大学学报》2018 年第 1 期。

84. 郑玉双:《破解技术中立难题——法律与科技之关系的法理学再思》，载《华东政法大学学报》2018 年第 1 期。

85. 金自宁:《科技专业性行政行为的司法审查——基于环境影响评价审批诉讼的考察》，载《法商研究》2020 年第 3 期。

86. 王绍光:《深度不确定条件下的决策——以新冠肺炎疫情为例》，载《东方学刊》2020 年夏季刊。

87. [美] 巴拉克・奥巴赫:《何谓规制》，李芹译，载沈岿主编、宋华琳执行主编:《行政法论丛》2020 年第 25 卷。

88. [英] 克里斯特尔・库普、马丁・洛奇:《何谓规制？跨学科的概念分析》，李芹译，载沈岿主编、宋华琳执行主编:《行政法论丛》2020 年第 25 卷。

89. 杨尚东:《转基因水稻风险评估的法律规制》，载《绿叶》2013 年第 12 期。

90. 金自宁:《风险规制中的信息沟通及其制度建构》，载《北京行政学院学报》2012 年第 5 期。

91. 沈岿:《司法解释的民主化与最高法院的政治功能》，载《中国社会科学》2008 年第 1 期。

92. 江必新:《行政法治理念的反思与重构》，载《法学》2009 年第 12 期。

93. 江必新:《行政法基本理论的反思与重构》，载《行政管理改革》2010 年第 4 期。

94. 翟小波:《自由主义民主的反思》，载《中外法学》2009 年第 1 期。

95. 王万华、沈岿等:《评王锡锌著〈公众参与和行政过程〉》，载姜明安主编《行政法论丛》(第 11 卷)，法律出版社 2008 年版。

96. 于立深:《概念法学和政府管制背景下的新行政法》，载《法学家》2009 年第 3 期。

97. 李猛:《现代化及其传统：对韦伯的中国观察》，载《社会学研究》2010 年第 5 期。

98. 郭巍青:《公众充权与民主的政策科学：后现代主义的视角》，载白钢、史卫民主编:《中国公共政策分析》，中国社会科学出版社 2006

年版。

99. 林明昕:《论“基本权利”与“基本国策”间之关系》，载《两岸公法发展新课题研讨会论文集》，清华大学法学院，2011 年 10 月 29—30 日。

100. 吴传毅、唐云涛:《“非直接利益冲突”的规律及制度性应对思考——对重庆万州事件、四川大竹事件、贵州瓮安事件的反思》，载《北京行政学院学报》2010 年第 2 期。

101. 蔡志强:《什邡事件对社会治理成长的启示》，载《学习时报》2012 年 7 月 23 日，第 4 版。

102. 蒋文能、刘典文:《管理、治理与公众参与——“限塑令”实施一周年案例分析》，载《学术论坛》2010 年第 6 期。

103. 朱芒:《行政立法程序基本问题试析》，载《中国法学》2000 年第 1 期。

104. 朱红军:《“公众参与”背后的政府考量》，载《南方周末》2007 年 12 月 20 日。

105. 谢良兵:《厦门 PX 事件：新媒体时代的民意表达》，载《中国新闻周刊》2007 年 6 月 11 日。

106. 朱红军:《“我誓死捍卫你说话的权利”——厦门 PX 项目区域环评公众座谈会全记录》，载《南方周末》2007 年 12 月 20 日。

107. 江必新:《行政法学研究如何回应服务型政府的实践》，载《现代法学》2009 年第 1 期。

108. 江必新:《行政法基本理论的反思与构成》，载《行政管理改革》2010 年第 4 期。

109. 王刚、宋锴业:《多因型抗争：对邻避运动肇因的多维审视——以 R 市反核电站建设为例（1983—2015 年）》，载《浙江大学学报（人文社会科学版）》2018 年第 4 期。

110. 魏娜、韩芳:《邻避冲突中的新公民参与：基于框架建构的过程》，载《浙江大学学报（人文社会科学版）》2015 年第 4 期。

111. 王向民、许文超:《制度缺失的理性行动：ＰＸ事件中政府与民众博弈的“内卷化”现象》，载《上海交通大学学报（哲学社会科学版）》2014 年第 6 期。

112. 李小敏、胡象明:《邻避现象原因新析：风险认知与公众信任的视角》，载《中国行政管理》2015 年第 3 期。

113. 应飞虎:《公共规制中的信息工具》，载《中国社会科学》2010 第 4 期。

114. 宋华琳:《中国行政法学总论的体系化及其改革》，载《四川大学学报（哲学社会科学版）》2019 年第 5 期。

115. 李洪雷:《面向新时代的行政法基本原理》，载《安徽大学学报（哲学社会科学版）》2020 年第 3 期。

116. 宋华琳:《中国行政法学分论研究：体系、课题与立场》，载《安徽大学学报（哲学社会科学版）》2020 年第 3 期。

117. 周尚君:《地方法治竞争范式及其制度约束》，载《中国法学》2017 年第 3 期。

（二）外文

1.Daniel A.Farber, Uncertainty, 99Georgetown law Journal901（2011）.

2.Evans,G.Durant,The Relationship Between Knowledge and Attitudes in the Public Understanding of Science in Britain. Public Understanding of Science（1995）.

3.O'Hare M.,Not on My Block You Don't: Facility Sitting and the Strategic Importance of Compensation.Public Policy,（1997）.

4.Frank B.Cross,The Public Role In Risk Control.24Environmental Law883（1994）.

5.Yelin,Judicial Review and Nuclear Power:Assessing the Risks of Nuclear Catastrophe.45GEO.Wash.L.Rev.969（1977）.

6.Lisa Schultz Bressman,Disciplinging Delegation After Whitman V.American

Trucking.87Cornell . L.Rev.452（2002）.

7.Jerry L Mashaw, Small Things Like Reasons Are put in a Jar:Reason and Legitimacy in the Administrative State.70Forham. L.Rev.17（2001）.

8.Wendy E.Wagner,The Science Charade In Toxic Risks Regulation.95Colum. L.Rev.1613（1995）.

9.Jones,Multitude of Counselors,Appellate Adjudication as Group Decision Making.54Tul.L. Rev533（1979）.

10.Paul R.Verkuil,The purposes and Limits of Independence Agencies.37Duke. L.J.257（1988）.

11.Marshall J.Berger,Established by Practice:The Theory and Operation of Independence Federal Agencies.52Admin.L.Rev.1111（2000）.

12.Vittes M E,Factors Contributing to NIMBY Attitudes.Waste Management（1993）.

13.Michael E,Kraft,Public and State Responses to High-Level Nuclear Waste Proposal:Learnging from policy failure.Policy Studies Review（1991）.

14.Dan Kahan,Culture Cognition and Public Policy,24yale Law and Policy Review1231（2006）.

15.Richard B.Stewart,Vermont Yankee and the Evolution of Administrative Procedure.1 Harvard.LRev. 8（1978）.

16.Ogden Gregory L,Analysis of Three Current Trends in Administrative Law:Reducing Administrative Delay,Expanding public participatin,and Increasing Agency Accountability.7Pepp.L.Rev566（1980）.

17.Jay S.Bybee,Advising the president: Separation of Powers and the Federal Advisory Committee Act.104Yale L.J.51（1994）.

18.Emily H.Meazell,Super Defence,the Science Obsession,and Judicial Review of Agency Science. 109MICH.L.Rev.733（2011）.

19.Glen Staszewski,Political Reasons,Delibrative Democracy, and Administrative law.97Iowa.L.Rev. 849（2012）.

20.Sheila Jasanoff,Procedural Choices In Regulatory Science.4Risk143（1993）.

21.Jeremy A.Blumenthal,Expert paternalism.64Florida Law Review721（2012）.

22.Adrian Vermeule,The parliament of Experts,58Duke law Journal2231（2009）.

23.Sidney Shapiro,OMB's Dubious Peer Review Procedures,34Enviromental Law Reporter1064（2004）.

24.Farrah Ahmed and Adam Perry,Expertise,Deference,and Giving Reasons. Public law（2012）.

25.Robert Post,Constitutional Restraints on the Regulations of Scientific Speech and Scientific Research:Commentary on "Democracy,Individual Rights and the Regulation of Science" .Sci Eng Ethics（2009）.

26.EricBiber,Which Science?Whose Science?How Scientific Disciplines Can Shape Environmental law.79University of Chicago Law Review471（2012）.

27.Martin Shapiro,Administrative law Unbounded:Reflections on Government and Governance.8Indiana Journal of Global Legal Studies369（2001）.

28.David Arkush,Democracy and Administrative Legitimacy.47 Wake Forest law review611（2012）.

29.David Arkush,Direct Republicanism in the Administrative process.81GEO.WASH.L.Rev.1458（2013）.

30.Edward L.Rubin,Bureaucratic Oppression: Its Causes and Cures.90Wash. U.L.Rev.291（2012）.

31.Jost Delbruck, Exercising Public Authority Beyond the State:Transnational Democracy and/or Alternative Legitimation Strategies?10Indiana Journal of Global Legal Studies1（2003）.

32.Timothy H.Jones, Administrative Law,Regulation,and Legitimacy,16Journal of Law and Society4（1989）.

33.Sidney A. Shapiro, Political Science: Regulatory Science after the Bush Administration, 4Duke Journal of Constitutional Law & Public Policy 31（2009）.

34.Sidney A. Shapiro, OMB's Dubious Peer Review Procedures, 34 Environmental LawReporter 10064（2004）.

35.Peter L. Strauss, Legislation that Isn't—Attending to Rulemaking's — Democracy Deficit, 98 California Law Review 1351（2010）.

36.Emily H. Meazell, Super Deference, the Science Obsession, and Judicial Review of Agency Science, 109 MICH. L. REV. 733（2011）.

37.Wendy Wagner, The Science Charade in Toxic Risk Regulation, 95 Columbia Law Review 1613（1995）.

38.Jeremy A. Blumenthal, Expert Paternalism, 64 Florida Law Review 721（2012）.

39.Sheila Jasanoff, Procedural Choices in Regulatory Science, 4 Risk 143（1993）.

40.Sheila Jasanoff, Transparency in Public Science: Purposes, Reasons, Limits, 69 Law &Contemporary Problems 21（2006）.

41.Jerry L. Mashaw, Small Things Like Reasons Are Put in a Jar: Reason and Legitimacy in the Administrative State, 70 Fordham Law Review 17（2001）.

42.Evelyn Atwater, Nuclear Courtrooms and Administrative law: Understanding the Fail-to-Prevail Trend in Anti-Nuclear Litigation,3 Penn Undergraduate L.J. 93（2015-2016）.

43.David A.Repka and Tyson R.Smith,Proximity,Presumptions and Public Participation: Reforming Standing At the Nuclear Regulatory Commisson,62 Admin. L. Rev. 583（2010）.

44.Matthew C.Stephenson, A Costly Signaling Theory of "Hard Look" Judicial Review, 58 ADMIN. L. REV.753（2006）.

45.Eric Biber, Which Science? Whose Science? How Scientific Disciplines Can Shape Environmental Law, 79University of Chicago Law Review 471（2012）.

46.Joel Yellin,High Technology and the Courts: Nuclear Power and the Need for Institutional Reform,3 Harvard Law Review94（Jan.1981）.

47.Michael Ray Harris, Standing in the way of JudicialReview: Assertion of the Deliberative Process Privilege in APA Cases,53SAINT LOUIS UNIVERSITY LAW JOURNAL349（2009）.

48.Sheila Jasanoff,Procedural Choices In Regulatory Science,3Technology in Society279（1995）.

49.Vittes M.E.,Pollock P.H.&LiLie S.A.,Factors Contributing to NIMBY Attitude,13Waste Management2（1997）.

50.Frank B. Cross, Paradoxical Perils of the Precautionary Principle, 53 Wash. & Lee L. Rev. 851, 859（1996）.

51.Cass R. Sunstein, Beyond Precautionary Principle 151 U. Pa. L. Rev.（2003）.

52.David Dana, The Contextual Rationality of the Precautionary Principle, 35 Queens L.J.（2009）.

53.Thomas O. McGarity, Public Participation in Risk Regulation, 1 Risk103（1990）.

54.Richard B. Stewart, A New Generation Of Environmental Regulation,29 Cap. U.L. Rev. 21（2001）.

55.B. J. Nordenstam & J. F. DiMento, Right to know: Implications of Risk Communication Research for Regulatory Policy, 23 U.C. Davis L. Rev. 333-374（1989-1990）.

56. 西脇由弘:《東大原子力法制研究会技術と法の構造分科会の活動について》, 2010 年 5 月 28 日，具体网址为 http:// www. nsc. go. jp / anzen / shidai / genan2010 / genan042 / siryo2. pdf。

57. 铃木達治郎・城山英明など :《安全規制における? 独立性? と社全的信頼》，载《社仝技術研究论文集》2006 年第 4 期。

58. 桑江良明:《の安全文化醮成に向けて一原子力分野の技術士が果たすべき役割一》，具体网址为 http://www. engineer. or. jp/dept/nucrad/open/materials/kuwae201009. pdf。

后记　目尽孤鸿落照边

本书是在我博士学位论文的基础上修改完成的。当再次落笔“后记”时，心中充满无限感慨，那些人、那些事不禁又浮现脑海，太怀念了！虽已经毕业五年多，但再回望燕园的求学四年，心中还是泛起丝丝暖意与留念。本书初稿第一次完成于2014年12月底，后经数次修改，于2015年3月提交匿名评审和答辩后即保持未变。此次集中修改已经是五年之后的2020年新冠疫情期间，而我也已经入职西南政法大学行政法学院并有了五年多的教龄。在疫情防控期间，虽行走自由受到很大限制，但也难得有如此充裕的时间再次审思自己的博士论文。

过去的五年，对于中国的核电发展而言，也是不平凡的，虽然在日本福岛核事故发生后，发展核电的战略遇到较大阻力，但总体而言，中国的核电建设是蹄疾步稳。一方面，中国的核电发电量持续增长，作用日益凸显。截至2019年12月底，我国运行核电机组达到47台，总装机容量为4875万千瓦，仅次于美国、法国，位列全球第三，核电总装机容量占全国电力装机总量的2.42%。另一方面，核电领域的制度建设也在加快推进，关涉核安全的法律体系已初步形成。2018年1月，我国核安全领域的基本法——《核安全法》正式施行，该法通过设立严格的标准、制定严密的制度实行严格监管，并对违法行为实施严厉的处罚，对保障核事业安全可持续发展、捍卫国家安全、维护公众权益、推动核电“走出去”，具有重要作用。除《核安全法》外，我国在2003年已颁布了《放射性污染防治法》，《原子能法》的立法工作也一直在积极推进中。事实上，这3部法律已构成了我国核技术利用的基本法律体系。反观五年前关于新行政法与核电风险规制研究中的基本框架和结论，印证之处颇多，不甚欣慰。修改保持了原有论文的框架和基本结论，更新了相关的学术文献，适当强化了原有相对薄弱的论证环节。

整个博士研究生期间，关于政府决策合法化的问题一直是我重点关注的领域。所谓的“决策”是行政主体在履行法定职责过程中形成公共政策的行政活动。合法化的决策就是要求行政主体不能任性而为，简单、随意地作出行政决定，必须基于实际情况，虚心听取各方意见，在科学、民主的指导下理性做出抉择。随着社会关系和规制对象的日益复杂化、专业化，政府决策更应当注重提升过程的科学性和民主性品质。尤其是在高科技风险规制决策过程，规制的真正制定者已不是议会，而是知识精英，传统的合法性判断框架已经名存实亡。

之所以选择“核电风险规制”作为研究政府决策合法性的切入口，也是基于若干因素的综合考量：首先，能源供给问题已经成为中国亟须解决的现实问题。政府已经下定决心大规模发展核电，“权力—权利”发生对峙的情形也会成为“新常态”，而在这一系列冲突之中，如何化解这些矛盾也自然成为行政法学研究的一个重点。其次，从入北大校园那一刻起，师友们就一直在热烈讨论“新行政法”的理念，一定要突破“行政行为—司法审查”传统研究范式的束缚，将自己研究的视野深入行政过程之中去，真正实现“面向行政的行政法学”的研究方向转变。幸运的是，在博士论文开题的那段彷徨日子里，自己的这些想法得到了导师王锡锌教授和沈岿教授极大的肯定和鼓励，并给予了我各种帮助，使我更加坚信这一研究方向是有价值的。最后，我们已经进入一个高新技术层出不穷的时代。既然现行的法律体系不能够为利益冲突各方提供一个适当地解决矛盾的办法，那么重新建构法律体系也就顺理成章。当然，本书的理论抱负绝不是仅仅停留于解决核电风险决策争议这一单一的事件上，而是想借此建构出一个能解决所有涉及高科技风险决策争议的法律体系。

初心虽好，但只有真正踏上研究的道路，才会体会到其中的艰辛。因为研究的对象是核电站，所以会涉及很多晦涩的专业知识，为了不在核电知识方面犯下常识性错误，我只能通过阅读、访谈专业人士等多种渠道去了解核电技术。值得庆幸的是，在此期间，受国家留基委的资助，我赴美国加州大学伯克利分校访学一年。正是得益于伯克利分校良好的学习氛围和便捷的资料查询系统，我可以全方面地了解发达国家是如何发展和监管核电技术的。在此，特别想感谢的是 Dan kahan 教授（耶鲁大学法学院）、Daniel farber（伯克利分校法学院教授）和 O’conell（斯坦福大学法学院教授），这几位教授的真知灼见使我受益匪浅，直到今日，仍不时通过电子邮件向诸位老师求教，他们及时地回应、解答常令我感激不已。但最为重要的是，让我欣喜地发现我研究的问题同样也受到外国同行的关注，吾道不孤！

倏忽之间，离开燕园也快有五年了，我走上了一条曲折但有意思的学术道路。在转向重点研究监察法学的旅途中，我从未放弃对行政决策过程规范化、法治化的思考，从未放弃建构出一个能解决所有涉及高科技风险决策争议的法律体系的理论抱负。事实上，监察法学与行政法学在知识结构上存在耦合关系。尽管监察制度改革以后，监察的对象与范围都大为扩充，但监察的重点还是应放置在行政过程之中，毕竟大部分的公共任务还是需要依靠行政权予以完成。而判断行政部门是否尽职履责时，最为重要的衡量标准就是其合法性。因此，监察制度的完善也需要依赖整个行政过程法律体系的建构。

在博士论文的后记中，我已经逐一感谢了北京大学宪法与行政法研究中心的各位老师，特别是对我的博士生导师王锡锌教授和硕士生导师谭宗泽教授表达了深深的感激，并向在我求学期间关心与帮助过我的数十位师友致以谢意。在本书的写作过程中，南开大学法学院的宋华琳教授给予我巨大的支持和帮助，也正是得益于宋老师的推荐才使此书有机会入选“青蓝文库”，也正是宋老师对我的写作提供了许多珍贵的建议、资料和帮助，提携后学不遗余力，在此深表感激之情。宋老师待人真诚、治学严谨与行政规制研究的深度都堪为吾辈楷模。中国法制出版社的王雯汀老师为本书的出版付出了大量的心血，细致入微的审校让人感动不已。另外，我的硕士生李文涛同学帮助整理文稿，使得本书能以最佳状态面世，在此一并感谢。选择核电风险规制作为主题研究，写作难度之大，困难之多是我始料未及的，当然最主要的还是自己才具有限，见识粗鄙，书稿仍存在很多值得完善的地方。现在怀着忐忑的心情将论文奉上，欢迎各位师友、同仁以及读者对本书提出宝贵的批评意见，你们的关注将是我不断前行的最大动力，对你们的指正也在此提前诚恳地鞠躬致谢。

最后，我要感谢我的家人。家庭永远是最温馨的港湾，这些年来，家人和我甘苦共担，风雨同舟。没有他们的默默支持与付出，我不可能宁静地享有读书、思考和写作的空间。因此，从某种意义上说，这本书也是整个家庭努力的结果，忝列“青蓝文库”的荣光更应该属于他们。然而学术清苦，能回报家人的实在太少，真是万般愧疚。

午夜命笔至此，再次回望本书的主题，曾经对其价值和意义的彷徨、质疑，仿佛都烟消云散。虽然当下法学界关注核电发展的人不多，同时自己也觉得本书还确有可继续完善之处，但它的开启意义要超过总结意义。我坚信这是学术上的真命题，随着法治与核电发展的不断深化，它必将为更多人关注。此刻的心情就借用子瞻先生的一句诗来表达吧，“目尽孤鸿落照边，遥知风雨不同川”。

谨以此书献给爱我的人和我爱的人。

杨尚东

2015 年 3 月 13 日初稿于北京大学畅春新园宿舍

2021 年 4 月 23 日改定于西南政法大学渝北校区敬业楼

图书在版编目（CIP）数据

高科技风险决策过程的法律规制：以核电的开发应用为分析对象／杨尚东著．—北京：中国法制出版社，2022.1

（青蓝文库）

ISBN 978-7-5216-2413-7

Ⅰ．①高…　Ⅱ．①杨…　Ⅲ．①核电工业—工业法—研究—中国　Ⅳ．①D922.292.4

中国版本图书馆 CIP 数据核字（2022）第 005348 号

策划编辑　马颖　王雯汀　　责任编辑　王雯汀　　封面设计　李　宁

高科技风险决策过程的法律规制：以核电的开发应用为分析对象

GAOKEJI FENGXIAN JUECE GUOCHENG DE FALÜ GUIZHI: YI HEDIAN DE KAIFA YINGYONG WEI FENXI DUIXIANG

著 者／杨尚东

经 销／新华书店

印 刷／北京虎彩文化传播有限公司

开 本／710 毫米 ×1000 毫米　16 开

印 张／18.5

字 数／262 千

版次：2022 年 1 月第 1 版／2022 年 1 月第 1 次印刷

书号：ISBN 978-7-5216-2413-7　　定价：69.00 元

北京市西城区西便门西里甲 16 号西便门办公区

邮政编码：100053　　传真：010-63141852

网址：http://www.zgfzs.com　　编辑部电话：010-63141824

市场营销部电话：010-63141612　　印务部电话：010-63141606

（如有印装质量问题，请与本社印务部联系。）